Sıfır Noktası

Pegasus Yayınları: 1101

Sıfır Noktası

Joe Vitale

Özgün Adı: At Zero

Editör: İbrahim Şener - Zeynep Ece
Son Okuma: Esra Kökkılıç Bal
Sayfa Tasarımı: Ezgi Gültekin
Kapak Uygulama: Pınar Yıldız

Baskı-Cilt: Alioğlu Matbaacılık
Sertifika No: 11946
Orta Mah. Fatin Rüştü Sok. No: 1/3-A
Bayrampaşa/İstanbul
Tel: 0212 612 95 59

2. Baskı: İstanbul, Nisan 2017
ISBN: 978-605-343-588-4

Yayıncı Sertifika No: 12177

Pegasus Yayıncılık Tic. San. Ltd. Şti.
Gümüşsuyu Mah. Osmanlı Sk. Alara Han
No: 11/9 Taksim / İSTANBUL
Tel: 0212 244 23 50 (pbx) Faks: 0212 244 23 46
www.pegasusyayinlari.com / info@pegasusyayinlari.com

Joe Vitale

***ZERO LİMİT*'in Nihai Sırrı**

Sıfır Noktası

HO'OPONOPONO İLE MUCİZELER PEŞİNDE

İngilizceden çeviren:

Ekin Duru

PEGASUS YAYINLARI

***Sıfır Noktası* hakkında övgüler**

"Joe'nun yeni kitabı tam beklediğim gibiydi—İNANILMAZ! İlginç öyküleri ve aydınlatıcı öngörüleri moralimi güçlendirdi ve ruhumu sevgiyle doldurdu. Bu, gerçekten mucizelere ulaşmanın bir yolu!"

—Janet Bray Attwood

New York Times'ın çok satan

The Passion Test kitabının yazarlarından

"Bu kitabın filmi çekilmeli. Hawaii şifa yöntemi Ho'oponopono'nun uygulanışını açıklayan gerçek bir başyapıt."

—Barnet Bain

Aşkın Gücü filminin yapımcısı

"*Sıfır Noktası*'nda Dr. Joe Vitale kendi uyanışını hızlandıran yöntemi bizimle paylaşıyor. O, son derece güçlü ve esinlendirici gerçek Ho'oponopono sırlarını bizimle paylaşan, hassas ve sezgileri güçlü biri. Eğer hiçbir kısıtlayıcı inancın bulunmadığı Sıfır Noktası'na ulaşmak istiyorsanız bu kitabı okumanızı şiddetle öneririm."

—Dr. Steve G. Jones

Klinik Hipnoterapist

"Joe Vitale *Zero Limit*'le dünyaya inanılmaz bir iyileştirme sistemi olan Ho'oponopono'yu tanıttı. Şimdi bir adım daha atıyor ve bu kadim sırların ardındaki gerçekleri ve sihri açıklıyor. Mutlaka okunmalı!"

—Nick Ortner

New York Times'ın çok satan

The Tapping Solution kitabının yazarı

Bize tüm sevgisiyle çağdaş Ho'oponopono'yu sunan
Morrnah Simeona'ya

YASAL UYARI

Bu kitaptaki bilgiler hastalığınıza tanı koyma, iyileştirme, tedavi etme ya da hastalıktan koruma amacı gütmemektedir. Eğer sağlığınızla ilgili bir kaygınız varsa her zaman bir doktora ya da sağlık personeline başvurmalısınız. Yazar ve yayıncı bu kitabı sizi eğitmek, eğlendirmek ve esinlendirmek için sunmaktadır.

YAZARIN DUASI

Ey, Sonsuz İlahi Zihin,
Sevgili Yüksek Benliğim aracılığıyla,
Bu kitabı, içteki ve dıştaki
Bütün olumsuzluklardan arındır ki,
Senin Varlığının mükemmel bir
aracı olsun.

İÇİNDEKİLER

Önsöz	*Dame D. C. Cordova*	xiii
Teşekkür		xxi
Giriş	Başlarken	1
Bölüm 1	İşler Sarpa Sarıyor	9
Bölüm 2	Bir Daha Asla Eskisi Gibi Olmayacaksın	19
Bölüm 3	Morrnah Deli mi?	29
Bölüm 4	Gerçek Ho'oponopono Lütfen Ayağa Kalksın	39
Bölüm 5	Aslında Suç Kimde?	47
Bölüm 6	Bu Programlar Nereden Çıktı?	53
Bölüm 7	Şalter İndi: Yalancı İlaç	57
Bölüm 8	Gizli Ayna	67
Bölüm 9	Çekim Yasasına Karşı Ho'oponopono	75
Bölüm 10	Yine de . . . Niyetler Çekingenler İçindir!	85
Bölüm 11	Dilek Kutusu mu, Armağan Kutusu mu?	91
Bölüm 12	Antiçekim Sanatı	97
Bölüm 13	Yeni Arınma Yöntemleri	101

Bölüm 14	Bir Sorununuz mu Var?	111
Bölüm 15	Beşinci Mucize	119
Bölüm 16	Zero Limit Etkinliğinin Diğer Sırları	125
Bölüm 17	Bu Gerçekten Yaşandı mı?	
	Koskocaman Bir Yalan	131
Bölüm 18	Kendi Dininizi Nasıl Oluşturursunuz?	139
Bölüm 19	Ho'oponopono Mucizesi	145
Son Söz	Nasıl İşlediğini Kavramak	149
Ek A	Ho'oponopono Soruları ve Yanıtları	153
Ek B	Beyaz Tahta Meditasyonu	157
Ek C	Dr. Joe Vitale ile Bir Röportaj, *Kory Basaraba*	163
Ek D	Zero Limit Soruları ve Yanıtları	197
Ek E	Dr. Hew Len İçinizdeki Çocuğu Ziyaret Ediyor	203
Ek F	Ho'oponopono Ayrıntılı Açıklama Listesi	
	Saul Maraney	215
Ek G	Başarı Öyküleri	243
Yazar Hakkında		277
Mucizeler Koçluğu (Miracles Coaching®) Önerisi		279

ÖNSÖZ

Morrnah Simeona ile İlgili Yaşadıklarım

Joe Vitale benden Morrnah Simeona –o harika *Kanuha Lapa'au* (Hawaii folklorunda "Sözcüklerle İyileştiren Rahip" ve "Sırların Bekçisi")– ile yaşadıklarımı paylaşmamı istediği an, onun yanındayken ulaştığım derin huzur ve rahatlama duygusunu yeniden yaşadım. O, beni Şili'de büyüten ve bana koşulsuz sevgi sunan anneannem Amelia'yı anımsatan harika bir insandı.

Elbette Morrnah'ın özel, hatta çok özel biri olduğunu fark etmek için uzun süre yanında kalmak gerekmiyor. O sanki akıp gidiyor, çevresindeki doğa değişiyor. İhtiyacı olan insanlara her zaman yardım elini uzatıyor. Size bakarken sanki fiziksel varlığınızın ötesini görüyor. O gerçek bir şifacı.

1984'te Kaliforniya'nın çok seçkin bir yöresi olan La Jolla'daki (San Diego eyaleti) La Jolla Farms Yolu'nda bulunan geniş arazimizde bizimle birlikte yaşamaya geldi. Arazi üzerinde, onun kaldığı ufak şirin kulübe dâhil, dört müstakil ev bulunuyordu.

Burada birkaç hafta konuk oluşunun ardından araziye gelen herkes yeni bir bahçıvan mı tuttuğumuzu yoksa yeni bir düzenleme mi yaptığımızı sormaya başladı; her şey son derece canlı, coşkulu ve güzel bir hal almıştı. Çevresindeki doğa değişime uğruyordu; bu, benim gibi otuzlu yaşlarının başında, başlangıcından bu yana dünyayı yöneten genel spiritüel ilkeleri öğrenmekte olan biri için son derece gizemli bir olaydı.

Para ve Siz turlarımdan döndüğümde, enerjimi yenilemek için bana özel geliştirilmiş Ho'oponopono uygulamaları yaptı. Uygulamadan sonra kendimi arınmış hissediyordum. Bu gerçekten harikaydı. Sürekli olarak bana bu süreçte *Ho'oponopono* sözcüğünü yineleyerek enerjimi temiz tutmamı öneriyordu.

Morrnah kesinlikle özel biriydi.

Kahuna sülalesinden gelmekteydi ve (eski Hawaii Huna öğretilerinin bir parçası olan) Ho'oponopono'yu çağdaşlaştırarak insanların bilinçdışında yer alan ve yaşamlarının her anını etkileyen travma ve olaylardan kurtulmalarına yardımcı olmayı seçmişti; bu son derece güçlü bir süreçti.

Morrnah'ın Hawaiililerin kuşaklar boyu gizli tuttuğu sırları açıklama kararı belli çevrelerde fazla sevilmemesine yol açtı ve bazıları onu aforoz etti. Morrnah insanlığa âşıktı ve tüm insanların bilinçdışı davranışlarından kurtulmalarını, bilinçaltlarının derinlemesine arınmasını destekliyordu. Amacı insanlara kendi kısıtlamalarından kurtulmayı öğretmek ve yüzyıllar boyunca oluşturulan aka kordonlarını keserek içlerindeki aile ile bağlantı kurmalarını sağlamaktı; bu konuda hem cesur hem de kararlı davranıyordu:

Aumakua: Au (yıkanma ya da yüzme anlamında)

Makua: Baba (hem Kutsal Ruh tarafından hem de O'nun içinde yıkanma anlamında)

Uhane: Anne (bilinç)

Unihiipili: Çocuk (bilinçdışı)

Yalnızca *Ho'oponopono* sözcüğünü söylemekle ortamın temizlendiğini öğrendim. Bu beni anında arındırıyordu.

Ama izninizle size önce Morrnah ile nasıl tanıştığımı anlatayım.

Hawaii'nin Büyük Adası Hilo'da büyüyen sevgili dostum Eric Smith 1983'te beni onunla ve onun Los Angeles'ta Dr. Stan Haleakala (şimdi Dr. Hew Len olarak tanınan bir başka harika insan) ile birlikte düzenlediği Ho'oponopono sınıfı ile tanıştırdı. Sanırım aylardan Kasım'dı; bu benim en sevdiğim aydır, yalnızca bu ayda doğduğum için değil aynı zamanda dünyanın en güzel dönemlerinden biri olduğu için: Kasım'da Kuzey Yarım Küre'de sonbahar, Güney Yarım Küre'de ise ilkbahar hüküm sürer.

Bu çok özel bir zamandı, asla unutulmayacak bir hafta sonu.

Sınıfta bir sürü harika insan vardı, aralarında Leslie Ann Warren gibi Hollywood simaları da bulunuyordu (bir keresinde *Will & Grace* isimli TV şovunda Will'in babasının sevgilisi olarak rol almıştı). Warren çok hoş bir insan.

Çok eğlenceli bir gruptu ve üç gün süren arınma boyunca yakın ilişkiler kurduk; insanlara, mekânlara ve eşyaya olan bağlantılarımızın oluşturduğu aka kordonlarımızı kestik. Bu bağlantılar ilişki kurduğumuzu anımsadığımız ve etkisinde kaldığımız insanları, yaşadığımız yerleri, kullandığımız arabaları, incinmemize ya da incitmemize yol açan durumları, aklımıza gelen ve utanç duyduğumuz her türlü deneyimi kapsıyordu. Bilinçaltımızda yer alan her türlü utancı, suçlamayı ve suçluluk duygusunu yazıya dökmemiz isteniyordu.

Kimi zaman tedirginlik duyduğumuzu söylesem abartmış olmam!

Özellikle cinsel ilişkide bulunduğumuz insanların listesini yapmak çok ilginçti. O zaman kişinin enerjisini korumasının ne denli önemli olduğunu kavradım. Biriyle cinsel ilişkide bulunmak yalnızca o kişinin enerjisini üstlenmenin değil aynı zamanda onun cinsel ilişkide bulunduğu herkesin enerjisini almanın en hızlı yolu, yani potansiyel olarak birisiyle yaşadığınız cinsel ilişki yüzlerce kişinin enerjisini içerebilir.

Morrnah ve Stan mükemmel öğretmenlerdi. Yıllardır yardımcı oldukları insanlarla ilgili harika öyküler anlatarak bize eğitim veriyorlardı. Bu öyküler burada paylaşılamayacak kadar çok sayıda ama bunlardan biri çok ilgimi çekti: Morrnah, Hawaii'de çekilen *Magnum PI* adlı TV dizisinin yıldızını, aktör Tom Selleck'i çok seviyordu.

Morrnah sürekli Tom Selleck'i arındırıyordu. Onunla bir yıl önce Hawaii'de tanışmıştım ve Morrnah gibi birinin onu sürekli arındırmasının onun için büyük bir nimet olduğunu düşünmeden edemiyordum. Daha sonra yıllarca spot ışıklarından uzak kalıp yeni eşi ve çocuğu ile çok daha sakin bir yaşam sürmeye başladığında bunda Ho'oponopono Duası'nın etkili olup olmadığını merak etmiştim. Onu yeniden *Blue Bloods* TV dizisinde görmek çok güzel.

Morrnah bize özellikle aktörlerin, ünlülerin, spor yıldızlarının, politikacıların –sürekli halkın gözü önünde olanların– kendilerine yöneltilen yansımalar yüzünden, enerji açısından tehlikede olduklarını açıkladı. Bu insanların tüm bu ilgiden, cinsel yansımalardan, olumlu ve olumsuz yansımalardan oluşan milyonlarca aka kordonu bulunabilirdi: Hayranlarının düşünceleri onların yaşam enerjisini, kişisel gücünü ve arınma yeteneğini azaltıyordu.

Aman Tanrım, bunu duymak çok şaşırtıcıydı. Marilyn Monroe gibi güzel seks sembollerinin bu yüzden mi böylesine zor bir yaşam sürdüklerini sorgulamaya başladım.

Olaylara farklı bir gözle bakmaya başladım.

O hafta sonundan sonra yaşamım değişti. Kendimi etkisini hayat boyu sürdürecek bir banyo yapmış gibi hissediyordum –enerjim sonsuza dek arınmıştı– ve şimdi enerjimin temiz ve arınmış kalmasını sağlamak benim sorumluluğumdaydı. Ho'oponopono sürecinin özetini sürekli yanımda taşıyorum. 1980'lerden beri bu özet yıllık takviminin arkasında yazılıdır. Onun kopyalarını çıkarıyor, bilgisayarıma, iPad'ime, iPhone'uma yüklüyorum. Bize Ho'oponopono kitabımızı arabamızda açık tutmamız, böylece arabamızın kendi bilinçaltını arındırmasını sağlamamız öğretildi. Bunun işe yaradığını düşünmeden edemiyorum. 1976'da –Ho'oponopono'dan önce– başımdan geçen önemsiz bir olaydan beri hiçbir araba kazası yaşamadım.

Endonezya'daki Bali dışında, dünyanın neresine gidersem gideyim her yerde Ho'oponopono sürecini uyguladım. Orada da uygulamaya kalkıştım ama son derece güçlü bir duygu bana "Hayır" dedi. Daha sonra doğru yönlendirildiğimi anladım. Bali'nin kendi ritüelleri, kendi enerjisi var. İçsel rehberimize uymak her zaman yararlıdır.

Morrnah ile en son 1989 yılının ortalarında konuştum. O zamanki iş ortağım Robert T. Kiyosaki (*Zengin Baba, Fakir Baba* serisinin yazarlarından) ile birlikte Hawaii Büyük Adası'nda o zamanki Kona Sörf Tatil Sitesi'ne (daha sonra iki kez el değiştirdi) Girişimciler İçin Geliştirilmiş İş İdaresi Okulu'nu açmak için gelmiştik; Keauhou Körfezi'nin yanında olan bu ada harika bir yerdi.

Morrnah'ı aradım ve Büyük Ada'ya gelip (burayı sevdiğini biliyorduk) sınıfta Ho'oponopono Duası'na öncülük etmesini istedim. Bana, "Şekerim, çok yorgunum... Eskisi kadar iyi değilim. Sen hallet," dedi.

Çok şaşırdım. Yüce Kahuna bana başarılı bir grup girişimci önünde halka açık bir Ho'oponopono ayini düzenlememi söylüyordu. Böyle bir dua konusunda biraz tedirgin oldum ve bunun olağanüstü bir sorumluluk gerektirdiğini düşündüm. Bana tüm bölgenin –körfezin, tatil sitesinin ve Büyük Ada'nın– bu dua ile programlanmış olduğunu ve kesinlikle endişelenmememi, başarılı olacağımı söyledi. Kendimi huzurlu ve hazır hissettim ve iyi bir iş çıkardım; zaten Ho'oponopono ile başka türlü olamazdı!

O zamandan beri sınıflarımızdaki ve dışarıdaki bütün Ho'oponopono'ları ben yönetiyorum. Çok yoğun ve çok başarılı olduk. Morrnah ile bir daha yüz yüze görüşemedim.

Birkaç yıl sonra, 1992 yılının başında vefat ettiğini öğrendim. Artık telefonu açıp onunla görüşemeyeceğim, onun o harika yöntemlerinden yararlanamayacağım, ayaklarının dibinde oturup bilgilenemeyeceğim için üzüldüm ama hâlâ –her zamanki gibi– onun varlığını hissedebiliyordum.

O yaşamımda her zaman olağanüstü bir güç oldu ve olmayı sürdürüyor. Morrnah ile, Dr. Haleakala'nın öğretileri ve dua, yaşamımda ve iş hayatımda muazzam olumlu etkiler oluşturdu.

Duanın bir bölümü Benim Huzurum adını taşıyor:

Huzur seninle olsun, bütün Huzurum.

Ben olan Huzur, benim olduğum Huzur,

Şimdi ve sonsuza dek ve ilelebet, her zaman için Huzur

Huzurumu sana veriyorum, Huzurumu seninle bırakıyorum,

Dünyanın Huzuru değil, YALNIZCA benimki,

Benim Huzurum.

O bize arabamıza, uçağa, trene ya da herhangi bir araca bindiğimizde onu 300 milyon Benim Huzurum ile sarmalamayı öğretti. Bunu özellikle uçağa bindiğimde hatırlıyorum, çok rahat uyuyorum. Korunduğumu biliyorum.

Anlatacağım birçok –bu kitaba sığmayacak kadar çok– Ho'oponopono öyküsü var ama emin olun, Ho'oponopono Duası'nın son 30 yıl boyunca benim için olağanüstü bir rehber (ve koruyucu) olduğunu dürüstçe söyleyebilirim.

Ho'oponopono sözcüğü sürekli dilimde. Onu mutlu ve kederli olaylarda kullandım. İçsel ailemle uyum sağlamamın huzurum için, başarılı bir küresel organizasyonu yönetmekte bana gereken zihin açıklığı için, yıllardır işbirliği yaptığım başarılı ortakları bulabilmem için, programlarımızda eğitim veren müthiş insanlar için, bunlara gelen katılımcılar için, sahip olduğum inanılmaz küresel bağlantılar için ve sevdiklerimle bağlarım için vazgeçilmez olduğunu biliyorum.

Başarım ve ilerlemem kesinlikle çok çalışmam, öğrettiğimiz geçerli ve bilinçli iş ilkelerini kullanmam sayesinde gerçekleşti ve hiç kuşkusuz kanatlarım Ho'oponopono sürecinin rüzgârıyla beslendi.

Sizin için de aynı şeyi diliyorum.

Duanın sonunu söyleyecek olursak:

Ho'oponopono sürecinde bulunan herkesi durmaksızın kutsuyorum.

Hepimiz özgürüz ve bu gerçekleşti! Bizler artık İlahi Yaratıcı'nın Kollarındayız.

Aloha!

—Dame D. C. Cordova

CEO, Girişimciler için Geliştirilmiş İş Okulları,

Para ve Sen Programı

www.Excellerated.com

TEŞEKKÜR

Bana bizzat Ho'oponopono'yu öğreten, *Zero Limit* kitabının eş yazarı olan, üç kez Zero Limit çalışmasına benimle birlikte önderlik eden ve akıl hocam olan Dr. Hew Len'e sonsuza dek minnet borçluyum. Bu eseri hazırlarken birçok kişiden destek aldım; başta editör olarak Suzanne Burns ve Mathes Jones ve katkılarıyla da D. C. Cordova, Saul Maraney ve Kory Basaraba bana yardımcı oldu. Özellikle Lori Anderson, Victoria Belue Schaefer, Daniel Barrett, Mathew Dixon, Mary Rose Lam, Michael Abedin ve Bruce Burns başta olmak üzere, dostlarıma teşvik ve desteklerinden dolayı minnettarım. John Wiley & Sons, Inc.'e ve özellikle Matt Holt'a çalışmama olan inançlarından dolayı sonsuz minnet duyuyorum. İnsanlara gerçek Ho'oponopono'yu öğrenmeleri ve gerektiği gibi uygulamalarında yardımcı oldukları için Prosper'daki Mucizeler Koçluğu (Miracles Coaching®) ekibime de teşekkür etmek istiyorum. Ve tabii ki eşim ve hayat arkadaşım Nerissa'ya her zamanki sevgi ve desteğinden ötürü teşekkür ediyorum. Unuttuklarım varsa, lütfen beni affetsinler. Son olarak, sevgili okurum, bu konuya duyduğun ilgi için teşekkürlerimi sunuyor ve bu kitabı tüm kalbimle sana armağan ediyorum. *Aloha Nui Loa.*

GİRİŞ

Başlarken

Şu anda bizi engelleyen tüm düşünce ve anılarımızın iyileştirmesi için, bireysel yaratım taslağımızı bilen Yüce Varlık'a başvurabiliriz.

—Morrnah Simeona

Yanılmışım. Çok yanılmışım. *Zero Limit* kitabımı bitirdiğimde tüm dünyanın bana teşekkür etmesini bekledim. Öykünün bir esin kaynağı olduğunu biliyordum. Onun mucizevi olduğunu biliyordum. Ve anlatılması gerektiğine inanıyordum.

Ama insanların ondan –ve benden– nefret etmesini hiç beklemiyordum.

Oysa Dr. Hew Len bunu biliyordu. Ona kitabımı bitirdiğimi söylediğimde bana, "Yayımlandığı zaman işler sarpa saracak," dedi. Ne demek istediğini anlamadım. Ama o bundan emindi. O bu anı yaşıyordu ama geleceği sezinliyordu. Öykünün anlamı onun için açıktı. Ben ise henüz karanlıktaydım. Güneş doğduğunda gözlerim kamaştı.

Öykünün devamını yazmaya karar vermemin iki nedeni vardı: Öncelikle *Zero Limit*'in mesajını (ve yayımlandığı zaman olanları) daha fazla açıklamak, ikincisi de sizlere gerçek Ho'oponopono'nun gizli yöntemlerini daha ileri düzeyde sergilemek.

Bu düşüncemi Dr. Hew Len ile paylaştım. O bu konuda isteksizdi çünkü Ho'oponopono üstatları sırlarını açıkladığı için ona çıkışmışlardı. Yeniden aynı şeyleri yaşamak istemiyordu. O yalnızca arınma ile dünyayı değiştirebileceğine inanıyordu. Ben ise davamı savunma gereğini duyuyordum. Dünyanın bu şaşılası aracı tanımasını istiyordum. Bu kitabı Dr. Hew Len ile değil, tek başıma yazmaya karar verdim.

Kitabın konusuna girmeden önce izninizle her şeyin nasıl başladığını özetleyeyim.

Her şey *Zero Limit* henüz yayımlanmadan önce başladı. Daha müsveddeyi yayıncıya vermeden önce kitap Amazon'da en çok satanlar arasına girdi. Nasıl mı? Ünlü *online* mağaza onu daha yayımlanmadan listesine aldı ve kitaptan bir alıntı en az bir yıl boyunca internette dolaştı. Milyonlarca insan bunu görmüştü ve o kadar çok kişi sipariş verdi ki kitap yayımlanmadan önce çok satanlar arasına girdi.

İşte 2005'te internette dolaşan ve milyonlarca insanın kitabı istemesine yol açan makale:

Dünyanın En Olağandışı Terapisti

Üç yıl önce Hawaii'de bir koğuş dolusu çılgın suçluyu hiçbirini görmeden tümüyle iyileştiren bir terapistten söz edildiğini duydum. Psikolog suçlunun dosyasını gözden geçiriyor ve sonra kendi ruhunu inceleyerek bu kişinin hastalığını nasıl oluşturduğunu saptıyormuş. Adam kendisini iyileştirirken hastasını da iyileşiyormuş.

Bu öyküyü ilk duyduğumda bunun bir şehir efsanesi olduğunu düşündüm. Bir insan kendini iyileştirerek bir başkasını nasıl sağlığına kavuşturabilirdi? En yetenekli uzman bile çılgın bir suçluyu nasıl iyileştirebilirdi?

Bu son derece anlamsızdı. Mantıklı değildi, bu yüzden öyküyü önemsemedim.

Ancak aynı öyküyü bir yıl sonra yine duydum. Terapistin Ho'oponopono denilen Hawaii kökenli bir iyileştirme yöntemi kullandığını öğrendim. Bunu daha önce hiç duymamıştım ama aklımdan da çıkaramadım. Eğer öykü doğruysa daha fazlasını öğrenmem gerekiyordu.

Ben her zaman "bütün sorumluluk" dendiğinde, bunun düşündüğüm ve yaptığım her şeyden sorumlu olduğum anlamına geldiğine inanmışımdır. Bunun ötesi benim elimde değildir. Sanırım çoğu insan da bütün sorumluluğun bu olduğuna inanıyor. Bizler kendi eylemlerimizden sorumluyuz, başkalarınınkinden değil. Akıl sağlığı yerinde olmayan insanları iyileştiren Hawaiili terapist benim bütün sorumluluk konusundaki bakış açımı değiştiriyordu.

Terapistin adı Dr. Ihaleakala Hew Len. İlk telefon görüşmemiz sanırım bir saat sürdü. Ondan terapist olarak çalışmalarının tüm öyküsünü anlatmasını istedim. O da Hawaii Devlet Hastanesi'nde dört yıldır görevli olduğunu açıkladı. Akıl sağlığı yerinde olmayan suçluların kaldığı bölüm tehlikeli bir yerdi. Psikologlar bir ay içinde işten ayrılıyordu. Çalışanlar ya rapor alıyor ya da istifa ediyorlardı. Görevliler koğuşta sırtlarını duvara vererek yürüyor, hastaların saldırısına uğramaktan korkuyorlardı. Burası yaşanacak, çalışılacak veya ziyaret edilecek bir yer değildi.

Dr. Hew Len bana hastalarını hiçbir zaman görmediğini söyledi. Orada bir büroda oturup dosyalarını inceliyordu. Dosyalara bakarken kendi üzerinde çalışıyordu. Kendi üzerinde çalıştığında ise hastalar iyileşmeye başlıyordu.

"Birkaç ay sonra, zincirli olması gereken hastaların serbestçe dolaşmalarına izin verilir olmuştu," dedi bana. "Ağır ilaç tedavisi görmesi gerekenlerin ise ilaçları kesildi. Ve asla buradan çıkma şansı olmayanlar taburcu edildiler."

Çok şaşırdım.

"Bu kadar da değil," diye devam etti, "çalışanlar da işe gelmekten zevk almaya başladılar. İşe gelmemeler ve istifalar ortadan kalktı. Hastalar taburcu edildiği ve tüm görevliler düzenli olarak işe geldiği için personel sayımız gereğinden fazla hale geldi. Bugün o koğuş artık kapalı."

Bu noktada o önemli soruyu sormam gerekiyordu: "Bu insanların değişmesine yol açan, kendinizle ilgili yaptığınız şey neydi?"

"Ben yalnızca onları yaratan parçamı iyileştiriyordum," dedi.

Anlamamıştım.

Dr. Hew Len bana yaşamınızdaki bütün sorumluluğun –bu sizin hayatınız olduğu için– hayatınızdaki her şeyden sorumlu olduğunuz anlamına geldiğini açıkladı. Kelimenin tam anlamıyla, tüm dünyayı yaratan sizsiniz.

Vay. Buna inanmak çok zor. Yaptığım ya da söylediğim şeyden sorumlu olmam başka bir şey, yaşamımdaki herkesin söylediği ya da yaptığı her şeyin sorumluluğunu üstlenmek ise bambaşka bir şey. Öte yandan, işin gerçeği şu ki eğer yaşamınızın bütün sorumluluğunu üstleniyorsanız o zaman gördüğünüz, duyduğunuz, tattığınız, dokunduğunuz ya da yaşadığınız her şey sizin sorumluluğunuz oluyor çünkü bu sizin hayatınız.

Bu da terörist eylemleri, başkanı, ekonomiyi –hayatta yaşadığınız ve hoşlanmadığınız her şeyi– iyileştirmek size düşüyor demek. Tüm bunların varlığı YALNIZCA sizin bir yansımanızdan ibaret. Sorun onlarda değil sizde ve bunları değiştirmek için sizin değişmeniz gerekiyor.

Bunu değil kabullenip yaşamak, kavramanın bile zor olduğunun farkındayım. Bütün sorumluluğu kabullenmektense suçlamada bulunmak çok daha kolay ama Dr. Hew Len ile konuşurken, onun için iyileştirme ve Ho'oponopono'nun anla-

mının kendini sevmek olduğunun farkına varmaya başladım. Eğer hayatınızı düzene sokmak istiyorsanız onu iyileştirmek zorundasınız. Herhangi birini iyileştirmek istiyorsanız –bu akıl sağlığı bozuk bir suçlu bile olsa– bunu kendinizi tedavi ederek yapabilirsiniz.

Dr. Hew Len'e kendisini nasıl tedavi ettiğini sordum. Bu hastaların dosyalarını incelerken kendisiyle ilgili tam olarak ne yapıyordu?

"YALNIZCA tekrar tekrar 'Özür dilerim' ve 'Seni seviyorum' diyorum," diye açıkladı.

Hepsi bu mu?

Hepsi bu.

Yani kendini iyileştirmenin en iyi yolu kendini sevmek; eğer kendini iyileştirirsen dünyayı da iyileştirirsin. Bunun nasıl olduğuna bir örnek vereyim: Bir gün biri bana tedirgin edici bir e-posta yollamıştı. Eskiden bunun üstesinden gelmek için duygusal düğmelerime basar ya da bu tatsız iletiyi gönderen kişiyle anlaşmaya gayret ederdim. Bu kez Dr. Hew Len'in yöntemini denemeye karar verdim. İçimden sürekli olarak "Özür dilerim" ve "Seni seviyorum" dedim. Bunu herhangi birine yönelik olarak söylemiyordum. YALNIZCA dışımdaki koşulları oluşturan içsel durumumu iyileştirmesi için sevgi duygusunu uyandırmaya çalışıyordum.

Bir saat kadar sonra aynı kişiden bir e-posta daha aldım. Bir önceki e-postada yazdıkları için özür diliyordu. Bu özrü sağlamak için herhangi bir eylemde bulunmadığımı unutmayın. Hatta onu yanıtlamamıştım bile. Yine de "Seni seviyorum" diyerek içimde onu oluşturan şeyi bir şekilde iyileştirmiştim.

Daha sonra Dr. Hew Len'in düzenlediği bir Ho'oponopono atölyesine katıldım. Kendisi şimdi 70 yaşında ve yaşlı bir şaman olarak inzivaya çekilmiş durumda. Çekim Yasası Sırrı *kitabımı beğendi. Bana kendimi iyileştirdiğim sürece kitabımın titreşimlerinin de artacağını ve okuyanların da bunu hissedeceğini söyledi. Sözün kısası, ben iyileştikçe okurlarım da iyileşecekti.*

"Peki zaten satılmış ve piyasada bulunan kitapların durumu ne?" diye sordum.

"Onlar piyasada değil," diye yanıtlayarak gizemli bilgeliği ile beni bir kez daha şaşırttı. "Onlar hâlâ senin içinde."

Sözün özü, senin dışında bir yer yok.

Bu gelişmiş yöntemi yeterince açıklayabilmek için ayrı bir kitap yazmak gerekir. Şu kadarını söyleyeyim, yaşamınızdaki herhangi bir şeyi iyileştirmek istediğinizde bakmanız gereken tek bir yer var: Kendi içiniz.

Bunu sevgiyle yapın.

2005'teki bu yazı dünyayı *Zero Limit* kitabına hazırladı ve onun daha yayımlanmadan çok satan olmasını sağladı. Tabii 2007 Temmuz ayında kitap yayımlandığında işler kızıştı ve sarpa sarmaya başladı.

YALNIZCA alıntıyı okumuş olan insanlar henüz görmedikleri kitapla ilgili yorumlarını göndermeye başladı. Yıllar önce Houston'daki zorlu yıllarımdan beri tanıdığım eski dostlarım, kendilerine iş konusunda yardımcı olduğum ve tavsiyeler verdiğim kişiler bana karşı cephe aldı. Beni öykünün tamamını uydurmakla suçladılar. Dr. Hew Len'in hayal ürünü, akıl sağlığı bozuk hastaları tedavi etmesi öyküsününse bir şehir efsanesi olduğunu ileri sürdüler. Beni bir Hawaii geleneğinin sırlarını para karşılığı satmakla suçladılar. Bazıları da hiçbir sır içermeyen bir kitabı satarak para kazandığımı iddia etti.

Haksızlığa uğramıştım. Kırılmıştım. Şaşkına dönmüştüm ve aklım karışmıştı. Kendimi suçlu gibi hissediyordum. Ho'oponopono'nun beni güçlendireceğini sanmıştım.

İnsanlar nasıl oluyor da bu sonuçlara varıyordu? Ne de olsa, Dr. Hew Len ve ben birlikte epeyce zaman geçirmiştik: Seminerler düzenlemiş, birlikte fotoğraf çektirmiş, radyoda programlara çıkmış ve *Zero Limit*'in ses bantlarını hazırlamıştık. YouTube'da film kliplerinde yer almıştık. Tüm bunları *beraber* yapmıştık. Onun gerçek olduğu kuşkusuzdu.

Bir de henüz yayımlanmamış olduğu için kitabı okumayan ama yine de eleştirip ondan ve benden nefret ettiklerini söyleyenler vardı. Bana sövüp sayanlar ve yolladığım e-postaları kara listeye alanlar... Bir bilgisayar virüsü oluşturup ona benim adımı verenler ve daha fazlası.

Bir yanda da kitaba ve bana hayran olan bir topluluk vardı. *Zero Limit* yayımlandıktan sonra resmî olarak çok satan bir kitap oldu. Binlerce, belki de milyonlarca insan burada anlatılan basit tedavi yöntemini öğrendi ve yaşamları değişti. İnsanlar bunu yalnız kendileri için kullanmakla kalmayıp okullarda, hapishanelerde ve hastanelerde öğrettiler ve mucizevi sonuçlar elde ettiler. Kitap birçok yabancı dile çevrildi. Başka ülkelerde konuşma yapmaya çağrıldım. Dr. Hew Len'in atölyelerine katılanların sayısı 30'dan 800'ün üzerine çıktı. O artık bir guru idi. Ho'oponopono popüler hale geldi.

Ama her şey güllük gülistanlık değildi. En iyi dostum bana karşı cephe aldı. Karısı oluşturduğum e-posta grubuna son derece sevimsiz bir e-mektup göndererek beni yerden yere vurup karaladı. Bu son derece acı veren ve yürek burkan bir olaydı. Onların sevgi ve hoşgörü sahibi olmadıkları ortadaydı; ne Ho'oponopono ile ne de başka bir biçimde.

Tüm bunlar neden yaşandı?

Dostlarımdan biri başarının saygısızlığa yol açtığını söylüyor. Ben bunun bir inanç sorunu olduğu kanısındayım. Dr. Hew Len buna programlanma diyebilir. Yine de yaşamımdaki en önemli kitap yazılıp yayımlandığında *bir şey* olduğunu itiraf etmeliyim. Ben bunu kendimi arındırma ve temizleme fırsatı olarak değerlendiriyorum ama bundan fazlası da var. Geriye baktığımda bunun kendi farkındalığımı hızlandırdığına inanıyorum.

Zero Limit'i yazdığımda farkındalığın üç aşaması olduğunu söylemiştim. Aslında eksik söylemişim, dört aşaması var. Dördüncü aşama Zero Limit'in ötesine geçiyor ve İlahi Varlık'ın *içinizde* bulunduğu yere ulaşıyor. Bu yeni kitapta tüm aşamaları açıklayacağım.

Zero Limit'i yazdıktan sonra yaşamla başa çıkmanın yolunu bulduğumu sanmıştım. Oysa o kadar tatsız olaylarla karşılaştım ki kendimi daha ziyade bir kurban gibi hissettim. Tüm bunlar beni teslimiyete ve Ho'oponopono'dan sürekli olarak yararlanmanın önemine yönlendirdi. Bugün aydınlanma mucizesine inanıyorum.

Gerçek Ho'oponopono hakkında daha fazla bilgi edinmek istiyorsanız daha önceki kitabımın bıraktığı yerden başlayın, böylece doğru noktaya ulaşırsınız.

Çağdaş Ho'oponopono'nun kaynağını merak ediyor ve Dr. Hew Len'in çılgın öğretmeninin kim olduğunu öğrenmek istiyorsanız, bunların yanıtını bu kitapta bulacaksınız.

Ama sıkı durun. *Zero Limit*'in çılgın bir yolculuk olduğu kanısındaysanız *Sıfır Noktası*'nı okuyuncaya kadar bekleyin. Bu sizi yakabilir. Dünyanızı alt üst edebilir, sarsabilir, tepetaklak edebilir.

Hazırsanız sayfayı çevirin.

Mucizelere hazır olun.

Mahalo,

Ao Akua

—**Dr. Joe Vitale**

35.000 fit yükseklikteki bir uçakta

Ağustos 2013

BÖLÜM 1

İşler Sarpa Sarıyor

Ego diye bir şey yok. Hepsi YALNIZCA veri, veri, veri.

—Dr. Ihaleakala Hew Len

Zero Limit müsveddemi 2006 yılının sonunda Maui'deki Zero Limit semineri sırasında yayıncıya teslim ettim. Bu benim için çok keyifli bir dönemdi. Kitap neredeyse kendi kendini yazdı. Onu iki hafta içinde bitirdim ve bu çok şaşırtıcıydı. Diğer kitaplarımı yazmam yıllar almıştı. İki hafta mı? Bu bir mucizeydi. Kitabı birlikte kaleme aldığımız Dr. Hew Len YALNIZCA birkaç sayfasını okuduktan sonra onay verdi. "İlahi Varlık çok iyi olduğunu söyledi," dedi. Gurur duydum. Neden duymayacaktım ki? İleride çok kötü şeylerle karşılaşacağımdan haberim yoktu.

İkinci olay, Dr. Hew Len'in kitap yayımlandığında "İşler sarpa saracak" demesiydi. Ne demek istediğini anlamadım ama endişelenmedim de. Yolumun çizildiğini ve korunduğumu hissediyordum. Ruhum pırıl pırıldı ve kendime güvenim tamdı. Arınmayı sürdürecektim. Hiçbir şey beni yolumdan döndüremezdi.

Yanılmıştım.

Seminerdeki ilk gecemde, tanışma yemeğinden hemen önce, hayran olduğum bir yazar ve spiritüel öğretmenden son derece öfkeli bir telefon aldım. Ona yolladığım müsveddeyi onaylamıştı ama anlaşılan okumamıştı. Okuduktan sonra birtakım itirazları oldu; bunlardan biri ismini vermediğim halde ondan söz etmemdi. Kendisinden söz edildiğini fark edince bana çok kızmış ve uyarmak için beni aramıştı.

Aslında kötü niyetli davranmamıştım. O bölümde başarılı kişilerin bile kör noktaları olabildiğine ve kargaşa yaratabileceklerine işaret etmiştim. Onu bir örnek olarak göstermiş ama ismini vermemiştim. Öfkesi beni şaşırttı çünkü o da çoğu kez yaşadığı zorlukları ders alınması için kitaplarında kullanırdı. Bu bir sır değildi. Oysa insanlar kendi güvensizliklerini ve yorumlarını kitaplar dâhil her şeye yansıtırlar. Hoşlanmadığı bir şeyle karşılaşmıştı ve bunun bütün sorumluluğunu üstlenmek yerine (ki Ho'oponopono'nun ve Zero Limit'in asıl amacı budur) bana saldırmıştı.

O zaman (ve bugün de) kendisine hayran olduğum için bu beni çok fena incitti. Onunla ilgili kısmı kitaptan çıkardım ama üzüntüm geçmedi. Daha sonra onu aradım ve olayı tatlıya bağladım ama sarsılmıştım. Bu nasıl olabilirdi? Eğer Dr. Hew Len'in öngördüğü şey buysa, daha kitap basılmadan bunlar oluyorsa, daha sonra başıma neler gelecek diye merak ettim. Hiç bilemiyordum. İşler sarpa sarmaya başlamıştı ve kitap basıldıktan sonra durum daha da kötüleşti.

Giriş'te sözünü ettiğim gibi, (henüz basılmamış olduğundan) kitabı okumamış olanlar hem onu hem de beni suçladılar. Benim Dr. Hew Len ve onun Hawaii'deki akıl sağlığı bozuk suçluları nasıl iyileştirdiğiyle ilgili öyküyü uydurduğumu söylediler. Kimileri kitabı yetersiz buldu; kimileri de beni, bir Ho'oponopono seminerindeki tüm sırları açıklamadığım için kınadı. Benim kitabı kullanarak diğer ürünlerimi pazarlamaya çalıştığımı ileri sürdüler. Kimileri de Dr. Hew Len gerçekse, deli kabul edilmesi gerektiğini savundular.

Tüm bunlar en azından akıl karıştırıcı ve tedirgin ediciydi. Tek bir kitap nasıl oluyor da insanların böyle patlamasına yol açabiliyordu, hem de yalnız sevgiyle yazılmakla kalmayıp sevgiyi ve hoşgörüyü savunan bir kitap?

Aynı zamanda kitabı okuyan binlerce insan değişim yaşıyordu. Gerçekten minnet duyan kişilerden telefonlar, mektuplar ve e-postalar yağıyordu. Umuda, şifaya ve kurtuluşa kavuşmuşlardı. Bu çok sevindiriciydi ama sırtıma saplanan oklar hâlâ canımı acıtmaktaydı.

İşler yoluna girmeden önce daha da kötüleşti.

Eğittiğim, yardımcı olduğum, yol gösterdiğim ve esinlendirdiğim, maddi yönden sıkıntı yaşayan yakın bir dostum vardı. *Online* iş alanında yeteneği çok sınırlıydı ama kendisinden, yaratıcılığından ve mizah anlayışından hoşlanıyordum. Bana yardımcı olmasında ve onunla birlikte çalışmakta yarar görüyordum.

Ayakları üzerinde durmasına yardımcı olmak amacıyla ona hiçbir karşılık beklemeden gerekli her şeyi sağladım. Bir *online* iş kurmasına ve e-posta listesi hazırlamasına yardımcı oldum. Ürünler ve pazarlama konusunda yardım ettim. Bu yüzden maddi kayba uğrasam bile özel düzenlemelerde bana yardımcı olduğu için ona ödemede bulundum. Bu yüzden minnettarlık duyuyor ve bunu da gösteriyordu; çoğu kez yanımdan ayrılırken yanağımı öpüyor ve "Seni seviyorum, Joe," diyordu.

2009 yılında bir dizi konuşma yapmak için Rusya'ya gidiyordum ve onu da davet ettim. O birinci sınıf bir uçak seyahati yaptı, ben de bir yol arkadaşına sahip oldum. Aynı zamanda bana sahnede yardımcı olmayı da kabul etti çünkü günlerce konuşmak çok yorucu olabiliyordu. Bu anlaşma her açıdan kârlıydı. Her ikimizin de Rusya ile ilgili korkuları vardı (yetişme çağında nükleer saldırılarla ilgili bir sürü öykü duymuştuk; işte verilerin taşıdığı önem) ama bavullarımızı topladık, derin bir nefes aldık ve gezegenin öbür ucuna doğru uçtuk.

Rusya turu hiç de kolay olmadı. Program çok yüklüydü ve neredeyse bir işkenceydi.

Uçaktan iner inmez, duş yapmaya ya da tıraş olmaya bile vakit bulamadan doğrudan Moskova'daki bir televizyon programına götürüldüm. O kadar şaşırmıştım ki dilim tutuldu. Anlaşmamıza göre Rusların her istediğini yapmak zorunda olduğumu biliyordum. TV programına çıktım. Aynı gece, bir mağazada saatlerce kitap imzaladım. Bundan sonraki iki hafta boyunca programım çok doluydu. Dostum bana destek olmak için gelmişti ama ben sürekli çıkıp konuşur, sunumlar yapar, röportajlara katılır, kitap imzalarken o zamanının çoğunu odasında kalıp uyumakla geçirdi. Bu beni rahatsız etmedi. Biraz dinlenebildiğine memnundum. Bunu hak etmişti.

Rusya'dan ayrılışımız bile cehennemden kaçış gibiydi.

Vizemizin gezimizin bitiminden önce sona erdiğini fark ettik. Birileri evrakımızda bir karışıklığa yol açmıştı. Seyahat belgelerimiz olması gerektiği gibi değildi. Kendimi bir dünya savaşı filminde gibi hissediyordum. Her şey gerçek dışıydı. Amerikan konsolosluğu, dostuma "o gece yarısından önce ülkeyi terk etmek için ne gerekiyorsa yapmamızı" söyledi.

Bu çok sıkıntılı bir durumdu. Arka sokaklardan götürüldük, Rusya'daki askerî kontrol noktalarından geçirildik, sürekli pasaportlarımızı gösterdik ve sonunda vizelerimizin bitmesine dakikalar kala, gece yarısından az önce, Finlandiya'daki ormanlara bırakıldık. Şimdi Helsinki'ye ulaşmamız ve Birleşik Devletler'e kalkacak yeni bir uçak bulmamız gerekiyordu (bu da bana çok pahalıya patlayacaktı) ve bu hiç de kolay değildi.

İşin en kötü yanı bu da değildi.

Sağ salim evimize döndükten sonra dostum bir tür sinir krizi geçirdi. Dönüşümüzün üzerinden 72 saat geçmeden bana son iki yılı kapsayan beklenmedik ve tümüyle uydurma bir fatura yolladı. Dostluk adına ya da kendini borçlu hissettiğinden yaptığı her şeyi faturalamıştı. Ona büyük miktarda borçlu olduğumu ileri sürüyordu. Buna inanamadım.

Anlaşmamızda Rusya'ya gelmesi için ona herhangi bir ödeme yapmam söz konusu olmadığı halde oradayken ona bir miktar para vereceğimi söylemiştim. Yurt dışındaki çalışmalarımla ilgili ödemeler tam olarak yapılmamıştı ve son anda eve dönecek uçak bulmak bana 10.000 dolara mal olmuştu. Bununla beraber, onun Rusya'daki desteği, benden beklenenlerle başa çıkmama yardımcı olmuştu. Sürpriz bir armağan olarak ona beğendiğini bildiğim bir arabayı almayı planlamıştım ama dönüşümüzün üstünden üç gün geçmeden bana öfkeyle saldırması nedeniyle elim ayağım birbirine dolandı. Neye uğradığımı şaşırdım. Çok sarsılmıştım. Neden böyle davrandığına anlam veremiyordum.

Onunla buluşmayı denedim. Aradım. Sesli mesaj bıraktım. Eğer oturup konuşursak neyin yanlış gittiğini bulacağımızı düşünüyordum. Bir ara, sırf aramızı düzeltmek için, ona ödeme yapmayı önerdim. Öfkeyle bana "Boş ver" diye yanıt yazdı. Öfkesini kusmayı sürdürdü, internette benimle ilgili çok kötü şeyler yazdı. Tanıdığım insanlara –hatta yanımda çalışanlara– iletiler göndererek onları kendi yanına çekmeye çalıştı. Adımı lekelemek için bin türlü aşağılık, acımasız, sinsi ve kötü niyetli davranışta bulundu.

Bu yaşadıklarımdan duyduğum acıyı tam olarak aktarmama olanak yok. Bu, uyanıp eşinizin ya da en iyi dostunuzun öldüğünü görmek gibi bir şey. Acılar içinde kıvranıyordum. Derinden yaralanmıştım. En iyi dostum nasıl böyle şeytani davranışlara kalkışabilirdi? Bunu anlayamıyordum. Tüm bunlar para için miydi? Bir dostluğu, bir iş ortaklığını, spiritüel bir beraberliği *para* uğruna yok mu sayıyordu? Maneviyat neredeydi? Öğrenmesine yardımcı olduğum Ho'oponopono'ya ne olmuştu? *Kalbi* neredeydi?

İşin garibi, Ho'oponopono ile onun sayesinde ilgilenmeye başlamıştım. Bu öyküyü duyup bir broşürde görmüş, bana sözünü etmişti. Ho'oponopono'nun ne olduğu konusunda hiçbir fikri yoktu. Konuyu çok ilginç bulmuş ve daha fazla bilgi edinmek istemiştim, bu yüzden bu öykünün nereden kaynaklandığını ve arkasında neyin ya da kimin bulunduğunu araştırmaya başlamıştım. Sonunda Dr. Hew Len ile tanışmış ve *Zero Limit*'i yazmıştım.

Dostumun kişisel sorumluluk, sevgi ve bağışlama ilkelerini kavradığını sanıyordum. Onun ilk kez katılacağı Ho'oponopono toplantısının giderlerini karşılamıştım ama ya Rusya'da karşılaştığımız zorluklar ya da başka bir nedenle düğmelerine basıldığında sorumluluğu üstlenememişti. Beni suçluyor ve daha da ileri gidiyordu. Ho'oponopono'da buna *ino* denir; kasıtlı olarak ve kinle yapılan eylem demektir. Bu, akla gelebilecek en ciddi günahlardan biridir.

Ve o *bana* bunu yapmıştı.

İşte olabilecek en kötü şeylerden biri.

Arındım... arındım... arındım.

Bu olaydaki rolümü enerji düzeyinde inceledim ve buna nasıl yol açtığımı anlamaya çalıştım. Yaşamlarımızın birbirine dolaşık olduğunu biliyorum. Bizler bir enerji dansıyız. Hiçbir şey boşlukta oluşmuyor. Dostum ve ben bir programı paylaşıyorduk, bir akıl virüsünü. Dr. Hew Len'in bana öğrettiği her şeyi elimden geldiğince anımsamaya çalıştım; tek çıkar yolun arınmak, arınmak ve arınmak olduğunu bilerek.

Dostum için üzülmeye başladım. Bir şekilde zihnine egemen olan bir programa kapıldığını anlamaya başladım. Daha önce ailesi ve dostlarıyla sorunlar yaşadığını biliyordum. Bunlara tanık olmuştum. YALNIZCA bunun bizim ilişkimizde de yaşanacağı ve bana yönelik olacağı aklıma gelmemişti. Gerçekten bir programın onu pençesine aldığına ve dizginlerini eline geçirdiğine inanıyordum. Ona yardım etmek, onu bir şekilde iyileştirmek istiyordum. Hiç durmadan arınarak bu programı kendimden silmeye çalıştım ve böylece ondan da silebileceğimi umdum.

Gerçek Ho'oponopono açısından olup bitenler onunla değil, benimle ilgiliydi.

Eğer kendini kurban gibi hissetmeye hakkı olan biri varsa o da bendim. Eğer birinin elinde dostumun bana ihanet ettiğiyle ilgili bir kanıt varsa o bendim. Birbirimize gönderdiğimiz e-postaları, başkalarına yolladığı e-postaları, alenen ve gizlice yaptıklarının kanıtı olarak hâlâ saklıyorum. Başka biri tüm bunları ona karşı kullanabilir ama ben bunu yapmayacağım.

Dr. Hew Len'in bana sık sık söylediği gibi, "Senin dışında hiçbir şey yok." Her şey içimizde.

Dostumun her yaptığı ile ilgili bütün sorumluluğu üstlenmeye zorladım kendimi; bende ve bizde tüm bu olayı oluşturan, cezbeden ve sergileyen programı araştırdım.

Dostum başka bir yere taşındı, sanıyorum bunu hep yapmak istemişti. Bu kâbus gibi senaryoyu benimle olan iş ilişkisini yok etmek için mi oluşturdu? Parasal sorunları olduğunu tahmin ediyorum. Bir günah keçisine mi ihtiyacı vardı? O zaman elinin altında ben vardım. Bunu suçlamak için söylemiyorum çünkü gerçek Ho'oponopono'da suçlama yoktur. Amacım YALNIZCA insan beyninin saçmalıklardan bir anlam çıkarma çabasını göstermek. Onun hedefleri konusunda doğru mu yanlış mı düşündüğüm konusunda hiçbir fikrim yok, zaten önemli olan bu değil. Önemli olan, Dr. Hew Len'in haklı çıkması. İşler *gerçekten* sarpa sardı.

Dostumla paylaştığımız programın tetiklediği krizle ilgili ne yaptım? Hiçbir şey.

Bir avukata ya da bir devlet dairesine başvurmadım. Bu sevecen, hoşgörülü ya da gerçek Ho'oponopono'ya uygun bir davranış olmazdı. Her ne kadar dostum adımı lekelemek için elinden gelen kötülüğü yaptıysa da (bütün sorumluluk ve arınma konularını bildiği için bu daha da üzücüydü) karşılık vermedim.

Bunun yerine arındım; derin acımı, uğradığım ihaneti ve haksızlığı hissettim ve bunu İlahi Varlık'a havale ettim. Dr. Hew Len'in bana öğrettiklerini uyguladım. Sorumluluğu üstlendim. Durumu sahiplendim. Olumsuz hiçbir açıklama yapmadım; bu öyküyü sizinle paylaşmamın tek nedeni de alınacak daha büyük bir dersin olması (birazdan buna geleceğiz). Olayı içime gömdüm ve orada arındırdım.

Aynı zamanda Ho'oponopono'nun daha gelişmiş bir şeklini uyguladım, bunu da kitabın ilerleyen bölümlerinde sizinle paylaşacağım. Tüm bu yöntemlerin birleşimi benim eski dostumla ilgili görüşlerimdeki enerjiyi özgür kılmama yardımcı oldu. Olay kendiliğinden duruldu. O karalama kampanyasına son verdi. Ortalığı kaplayan toz duman dağıldı. Yaşam devam etti. İş hayatı her zamanki gibi yürüdü, YALNIZCA artık hayatımda o yoktu. Aramızdaki sevecen ilişkiyi özlüyorum ama endişe içinde olmaktansa özgür olmayı yeğliyorum.

İlginçtir, bu kitabı yazarken beni aradı ve birlikte bir Ho'oponopono etkinliği düzenlememizi istedi. Bu, arınmamın işe yaradığını ve artık huzura kavuştuğumuzu mu gösteriyordu? Evet. Yine de teklifini kabul etmedim. O geçmişte kalmıştı, ben onu arındırmış ve özgür bırakmıştım. Onu seviyorum, affediyorum ve iyi dileklerimi gönderiyorum.

Artık ileriye yönelelim.

Buradan alınacak daha büyük ders nedir?

Lütfen şunu iyice anlayın, bu olayın hiçbir yanı dostumun ya da benim hatam değildi. Kimsenin hatası değildi. Olan şeyin nedeni, *programdı.*

Önemli olan bunu kavramak. İçimde oluştuğunu fark ettiğim programın bütün sorumluluğunu üstlendim. Bu programı arındırdım ve olay çözümlendi.

Bu, öğrenilmesi gereken ilk ders. Bu öyküyü sizinle paylaşmamın nedeni de bu. Yazarlar ve gurular için bile tek gereken, saf bir sevgiye ulaşmak için Ho'oponopono uygulamasından yararlanarak programları, anıları ve diğer verileri arındırmaktır. Dr. Hew Len'in sık sık söylediği gibi, "Ben YALNIZCA arındırmak için buradayım."

Bu kitapta göreceğiniz gibi, yaşam daima önünüze zorluklar çıkarır. Yaşamın yapısı böyle. Bu kısır döngüden kurtulmak ancak Ho'oponopono uygulaması ile mümkün. Dört cümleyi –*Seni seviyorum, Özür dilerim, Lütfen beni affet, Teşekkür ederim*– söyleyerek varlığından bile haberdar olmadığınız programları ve inançları yok ediyor, yaşam içindeki maceranızı kolaylaştırıyorsunuz. Ne kadar arınırsanız o kadar çok veriyi ortadan kaldırır, İlahi Varlık'a ya da Sıfır'a o kadar çok yakınlaşırsınız.

Bu gerçekten bu kadar kolay mı? Her zaman işe yarıyor mu? Neden yaşam iyileşmeden önce daha beter bir hal alıyor?

Benimle kalın; bu maceranın daha derinlerine inelim...

BÖLÜM 2

Bir Daha Asla Eskisi Gibi Olmayacaksın

Ho'o; yapmak, oluşturmak ve yaratmak anlamına gelir.

Pono; denge, iyilik, hatasızlık, kusursuz düzen demektir.

Ho'oponopono; bir durumu düzeltmek için kusursuz düzen ve denge yaratma yoludur.

—Joe Vitale

Ho'oponopono uygulamasının dört temel cümlesini *–Seni seviyorum, Özür dilerim, Lütfen beni affet, Teşekkür ederim–* öğrendikten sonra insanlar çoğunlukla yaşamlarında olumlu olaylardan çok olumsuzluklarla karşılaştıklarından yakınıyorlar.

Bu neden böyle?

Bir süre bir yerde duran bir bardak suyu düşünün. Bunu karıştırdığınızda içindeki tortu harekete geçer ve bir kısmı su yüzüne çıkar. Tüm pisliklerden kurtulmak için sürekli temizlik yapmak zorundasınız. Zihnimizdeki program derin ve bulanık yerlerde bulunmakta, bu yüzden ışığı görmeden önce karanlıkta kalırız. Oysa temiz su elde etmek için tortuları temizlememiz gerekir. Temizlik, kelimenin tam anlamıyla, arındırır.

Bu bilinçdışı programlanmaya *veri* denir, İlahi Varlık'ın sesini duymanızı engelleyen çöplüktür bu. Bir Zero Limit toplantısında birisi Dr. Hew Len'e ego ile İlahi Varlık arasındaki farkı sordu. Dr. Hew Len şöyle yanıtladı:

Her şeyden önce, ego diye bir şey yoktur. Bunu biliyor muydunuz? Böyle bir şey yok. Bunun ego olduğunu ileri süren verilerdir ama böyle bir şey yok. Bu YALNIZCA veri. Anlatabiliyor muyum? YALNIZCA veri. Dile gelen veri ve siz veriden söz ediyorsunuz, dolayısıyla kontrol sizin elinizde değil. Önemli olan veriyi yakalamanız ve onu yok etmenizdir. Siz zaten mükemmelsiniz ve bizler verileri ortadan kaldırarak sizin ışığı görmenizi istiyoruz.

Üzerine gidilmesi gereken üç tür veri var, ben birine ***SS*** *diyorum, Sonsuz Sıfır. Bu nötr halinizdir. İkincisi, İlahi Varlık'ın, Sıfıra ulaşıp size esin kaynağı olmasıdır, buna da* ***SSE*** *adını veriyorum. Bu esinlenmedir ve sizin akışta olduğunuz anlamına gelir. Hiçbir çaba gerektirmez ve rahatça oluşur. Bir de bellek dediğimiz bir şeye sahibiz ve bellek rahata karşıdır. Rahatsız olur, Kaynaktan ve kendinizden uzaklaşırsınız.*

Zihniniz YALNIZCA bu üç konumdan birinde olabilir. Bir orta yol yoktur. Aynı anda hem orada hem de burada bulunmazsınız.

Zero Limit yayımlandığında insanları ve onların programlarını kışkırttı. Çoğu zaman konuyu dile getirenin o kişi değil veriler olduğunu kendime anımsatmak zorunda kaldım; yakınmalara yol açan veriler *–program–* idi.

Siz de bunu yaşamış olmalısınız. İstemediğiniz bir şey söyler ve bunun nereden çıktığına şaşırırsınız. Ho'oponopono'ya göre bu, bilinçdışınızdaki *programdan* kaynaklanmaktadır. Buna yol açan olay meydana gelip düğmeye basıncaya kadar onun orada olduğundan haberiniz bile yoktur. O halde dikkatli olmalısınız çünkü kötü şeyler olabilir.

Son bölümde sözünü ettiğim, Rusya seyahatimizden sonra sinir krizi geçiren eski dostumla ilgili olarak sorulması gereken soru şu: "Bunun nedeni o muydu, yoksa harekete geçen program mıydı?" Aradan geçen sürede insan olarak her yaptığımızın programlanmamızdan kaynaklandığı öğrendim. Şahsen ben farkındalığın dördüncü evresinde yaşayan birine hiç rastlamadım. Onlar hakkında yazılanları okudum ama ben onlardan biri değilim. Ben hâlâ üçüncü evredeyim (teslimiyet). Dördüncü evre (aydınlanma) Tanrı'nın lütfudur ve ona ulaşıncaya kadar eylemlerimizin çoğunu bilinçdışı hedeflerimiz yönlendirir.

Bunun şaşılacak bir yanı yok. Nörobilim ne kadar bilinçsiz olduğumuzu ortaya koyuyor. Sandığımızdan çok daha fazla güce ve denetim olanağına sahibiz ama çoğumuz, bunlardan yararlanmak şöyle dursun, varlıklarının bile farkında değiliz. Yetiştirilme tarzımız ve devraldığımız geçmişimizle programlanmış robotlar olarak yaşamımızı sürdürmekte, önceden belirlenmiş tepkiler sergilemekteyiz.

İnsanlar, bana, size ya da bir başkasına saldırdıklarında asıl hedef nadiren ben, siz ya da bir başkasıdır. Bu onların sahip olduğu *programdan* kaynaklanmaktadır. Asıl sorun şu: Bunu başkasında görebiliyorsanız sizde de bulunmaktadır. Dr. Hew Len'in çok bilinen bir sözü var: "Bir sorun yaşadığınızda, orada olduğunuzu hiç fark ettiniz mi?"

Oradasınız *çünkü* siz de o sorunun bir parçasısınız. Ya da daha açık bir deyişle, siz *programın* bir parçasısınız. İçinizdeki program aynı programa sahip başka birini kendine çekti. Bu aynaya bakmak gibi bir şey. Aynada gördüğünüz kişi sizsiniz, yaşamda gördüğünüz kişi de sizsiniz. Bu bir tür dışa yansımadır. Bunu İÇİNİZDE yaşamadan varlığını bilemezsiniz. Her şey içinizde oluşur. Dışarısı YALNIZCA bir yansımadır. Bu yüzden gördüklerinizin ve yaşadıklarınızın bütün sorumluluğunu üstlenmek bu kadar önemlidir. Birçok bakımdan dışarıda hiçbir şey yoktur çünkü bunları ancak içinizde fark edersiniz. Ve yine her şey içinizde olanın yansımasıdır. Her şey bir ayna gibi. Bu paylaşılan bir programdır. Arındığınızda programı arındırıyor ve çözümün bir parçası oluyorsunuz.

Dr. Hew Len de bir koğuş dolusu akıl sağlığı bozuk suçluya bu şekilde yardımcı oldu. Onların üzerinde çalışmadı; kendi üzerinde çalıştı. Onları kendi içindeki programın bir parçası olarak algıladı. Geleneksel tedavi yöntemleri bu hastaları iyileştirmekte başarısızlığa uğramıştı. Dr. Hew Len *kendi* kişisel görüşleri üzerinde çalışarak onları değiştirdi. Bu yansımaları temizlemesi sonucunda hastalar iyileşti.

Şunu anlamanız gerekiyor: Bu kitaba ya da herhangi bir kişiye baktığınız veya bir deneyim yaşadığınız anda, çok ender olarak bunu olduğu gibi görürsünüz.

2011 yılında Vanderbilt Üniversitesi psikologları son zamanlarda gördüklerimizle ilgili anılarımızın görsel algımızı kirlettiğini, o anda gördüklerimizi gerektiği gibi anlama ve gereğini yapma yeteneğimizi zedelediğini keşfettiler. "Bu araştırma, görsel bir olayın anısını kısa bir süre zihnimizde sakladığımız takdirde anımsadığımız dönemle ilgili görsel algımızın 'kirlendiğini' göstermekte," diyor bu çalışmanın eş yazarı ve Centennial Psikoloji Profesörü Randolph Blake.[1]

Örneğin, birkaç yıl önce eşim direksiyondayken arabası birden yanmaya başladı. Neyse ki eşim dumanı fark etti ve arabayı kenara çekip dışarı çıktı ve yardım istedi. Araba birkaç dakika içinde küle döndü. Bu olay evimizin yakınında olduğu için eşim beni aradı ve hemen yanına koştum. Beraber arabanın yanıp kül oluşunu izledik. Bu son derece tedirgin edici ve unutulmaz bir olaydı.

---

1 http://newss.vanderbild.edu/2011/07/memories-visual-perception/.

Ertesi hafta boyunca burnumuza hep duman kokusu geldi. Bir sabah kahvaltıdayken eşim dışarı baktı ve ince bir pus tabakası gördü. İkimiz de bunu dumana benzettik. Panik içinde dışarı koşup yanmakta olan bir ev aradık ama böyle bir şey yoktu. Bu YALNIZCA her sabah oluşan sisti. Birkaç gün öncesinde arabayı alevler içinde görmenin yarattığı sarsıcı deneyim yüzünden beynimiz var olmayan bir duman görmemize yol açmıştı.

Öte yandan, burada söz konusu olan, bir görüşü o ana taşımanın ötesindedir. Evet, tabii ki bir korku filmi izlerseniz oradaki canlı, sarsıcı görüntüler aklınızda kalır; bir süre etrafınıza bakarken bunun ürküntüsünü hissedersiniz. Görüntüler hâlâ belleğinizde olduğu için beyniniz bu dakikaları süzgeçten geçirir.

Dr. Hew Len bana zihinsel ve fiziksel olarak varlığımızın her aşamasını etkileyen bilinçdışı anılara sahip olduğumuzu öğretti. Şöyle dedi: "Eğer bilinçaltınız sizi ezen bilgilerle doluysa sizi terk eder. Bunu biliyorsunuz. Çekip gider. O bölümünüz yok olur, artık bomboş bir evdesinizdir. Eviniz boşaldığında ne olur? Cin çarpmışa dönersiniz. Hayaletler ortaya çıkar. Önemli olan evinizde kalmanızdır. O bölümün sizi terk etmemesi için sürekli Sıfır Noktası'nda bulunmanız gerekir."

"Bir kanser hücresi, kişiliğini yitirmiş bir hücredir. Kim olduğunu bilmemektedir. Ve kim olduğunu bilmediği için büyük bir kargaşa yaratır. Bir şeyleri yok eder. Dayak yemişe döner. Tıpkı sizin gibi. Kim olduğunuz hakkında bir fikriniz yoksa olanlar olur. Anılar sizi yerinizden yurdunuzdan eder. Sıfır Noktası'nda olmak yerine belleğiniz gelip sizi yerinizden eder. Artık cehennemdesinizdir ve her türlü sorun ortaya çıkıp size musallat olur."

Bilinçdışındaki anıların daha belirsiz ama etkin bir yanı daha var. Örneğin, bir partide ilk kez tanıştığınız birinden hemen hoşlanırsınız ya da hoşlanmazsınız. Bu, çoğunlukla kafanızdaki programdan kaynaklanır. Aslında gördüğünüz o kişi değildir. O kişiye yansıyan kendi programınızı görmektesinizdir. Çoğu insanın kendi ebeveynlerine benzeyen ya da benzemeyen kişilerle evlenmesine şaşmamak gerek. Eskiye ait bu görüntüler o anda görmekte olduklarını maskeler.

Benim otorite sahipleriyle ilgili sorunlarım vardı. Patronlara karşı çıkıyordum. İşe gitmekten nefret ediyordum. İçimden üstlerime bir güzel söyleniyordum. Onlar benim "üstlerim" değildi, YALNIZCA daha yüksek mevkilerdeydiler ve daha fazla ücret alıyorlardı. Benden üstün değillerdi ama benim psikolojim onların bana dayılandıklarını hissettiriyordu. Emekli bir deniz piyadesi çavuşu olan babamla ilişkim otoriter davranan herkese yansımaktaydı. Patronu bir kişi olarak değil, bir başka baba modeli olarak görüyordum. Tabii bunu bilmiyordum. Bu programı silmem için uzun süre arınmam gerekti.

Aklınızın oyunlarından muaf olduğunuzu sanmayın. Bunun başkalarının başına geleceğini ve sizin yaşamayacağınızı düşünmek kolaydır. Bu bile sorumluluktan kaçınmak isteyen beynin oynadığı bir oyundur. Aslında, *şu anda bile* gerçeği görmemektesiniz.

1,5 kiloluk beyninizde 100 milyar nöron bulunmaktadır. Her an beyninizin içinden 11 milyon duyusal görüntü geçer ama bunlardan YALNIZCA 40'ını algılarsınız. Kırkını! Geri kalan 10.999.960 bilgi parçacığına ne oldu? Beyniniz onları süzgeçten geçirdi ve varlığınıza yararlı olmadıkları için dosyalayıp kaldırdı.

Peki neyi eleyeceğini nasıl biliyor? Şunu iyi anlayın: Beyniniz sahip olduğu anılara dayanarak bir dünya görüntüsü oluşturur. Başka bir deyişle, geçmiş deneyimleriniz beyninizin size neyin gerçek olduğunu söylemek için yararlandığı, anılarınızın yarattığı bir gerçeklik şablonudur. Şu anda olup bitenler beyninizin değerli ve gerçek olarak saptadıklarına uygun değilse, bilinçsiz bir varlık olarak siz bunu asla bilemezsiniz. Bu bilgiyi görmeniz bile söz konusu değildir. Beyniniz sizi bundan koruyacaktır. Beyniniz aslında gerçeklik yaratan bir aygıttır ama büyük bir olasılıkla siz, şimdiye kadar bunun farkında değildiniz.

"Bazıları Çekim Yasası'na inanırken diğerleri neden karşı çıkıyor?" diye sormalarına şaşmamak gerek. Gayet basit. İnananlar, kendi inançlarını desteklediği için bu bilgiye inanıyorlar; inanmayanlar da, aynı şekilde, Çekim Yasası'nı yok sayan ve *kendi* inanışlarını destekleyen bilgiden yana oluyorlar.

Çekim Yasası bir gerçek mi? *Herhangi* bir inancı destekleyecek verileri çekebildiğinize göre Çekim Yasası bir gerçek.

Gerçek Ho'oponopono'nun açığa çıkardığına bakılırsa, anılarımız bizim şu anın saf gerçeğini yaşamamızı engelliyor. Her ne kadar 11 milyar verinin birdenbire üstünüze üşüşmesini istemeseniz de dünya görüşünüze uymadığı için esin kaynaklarınızın önünü kesmek de istemezsiniz.

Birçok bilim insanına göre dünyayı olduğu gibi gören YALNIZCA bebeklerdir. Gelen bilgiyi filtreleyen daha az veriye sahip oldukları için gerçeğin sansürlenmemiş yüzünü görürler. Dr. Hew Len'in sık sık dediği gibi: "Yeni doğmuş bir bebeğin gözlerine sahip olun. Ancak o zaman görebilirsiniz."

Acı da olsa sizinle bir başka örneği paylaşmak istiyorum.

Yıllar önce eşimle birlikte kocaman bir ev gördük ve çok beğendik. 20 dönümlük çok güzel, gözlerden uzak ve tepelik bir arazi üzerine inşa edilmiş koskocaman bir yapıydı ve o zamanki gereksinimlerimize uygundu. Son derece pahalı ve lüks bir bina olduğu için olağanüstü büyük miktarda kredi almamız gerekiyordu. Başvurumu yaptım ve onay aldım. Yaşadığımız evi kapatma ve yenisine taşınma planları yapmaya başladık. Noel'i yeni evimizde kutlamayı tasarlıyorduk. Son derece heyecanlıydık.

Evi kapatmadan üç gün önce bankadan aradılar ve krediye yeni koşullar eklediler. Muhasebecim ve hukuk müşavirim bunları imzalarsam pişman olacağımı söyledi. O günlerde bankaların insanları mali sıkıntıya sokmak için uyguladıkları bir yöntemdi bu. Bu tuzağa düşmek istemiyordum. Bu büyük evi almaktan vazgeçtim. Her ikimiz de hayal kırıklığına uğramıştık. Evi kapatmaktan vazgeçtik.

Her şeyin hallolduğunu sanıyordum.

Yanılmıştım.

Evi satmak isteyenler boşanmak üzere olan iki avukattı ve almaktan vazgeçtiğim için benden davacı olmaya karar verdiler. Böyle bir şeyin mümkün olduğuna inanamıyordum. Kontratta yer alan ve satın almaktan vazgeçmemi yasaklayan bir satır yüzünden beni mahkemeye verebiliyorlardı. Ancak üç ayrı avukat gezdikten sonra bana yardımcı olması için istediğim gibi birini bulabildim.

Dava neredeyse üç yıl sürdü. Üç yıl! Yeminli olarak tanıklık etmek zorunda kaldım; karşı tarafın avukatı beni her konuda sorguladı, evi neden satın almadığımdan merhum eski karımla olan ilişkime kadar. Anlaşılan bu duruşmalarda her şey olabiliyor. Son derece sıkıcı ve acı verici bir süreç yaşadık. En acısı da davacıların bunu açgözlülük ya da intikam için yapıyor olmasıydı. En ufak bir sevgi belirtisi yoktu. İnsanların böyle işlere kalkıştığını görünce yüreğim burkuluyordu.

Birçok stres azaltma yöntemi ve şifa tekniği biliyorum, bunların hepsinden yararlandım ama hiçbiri işe yaramadı. Üç yıl boyunca hemen her gün arındım. Hiçbir şey olmadı ya da bana öyle geldi.

Dr. Hew Len bir Zero Limit toplantısından önce Austin'e beni ziyarete geldiğinde onu havaalanının bagaj teslim bölümünde karşıladım. Bu ilginçti çünkü orada ona kendi duygusal bagajımda ne olduğunu anlatmaya başlamıştım. Öykümü dikkatle dinledi.

"Hâlâ kartvizitini taşıyor musun?" diye sordu. Bir zamanlar bir arınma aygıtı olduğunu söylediği, üstünde Francine ismindeki arabamın resmi bulunan kartı kastediyordu. Yanımda olduğunu söyledim.

"Kartı çıkar ve seni dava eden insanların görüntülerini kesip atmak için kullan," dedi. "YALNIZCA bunun çok minik parçalara bölündüğünü ve sonra yok olduğunu imgele."

Bana geliştirilmiş bir Ho'oponopono arınma yöntemi öğretmekteydi. Dediğini aynen uyguladım. Ama hiçbir şey değişmişe benzemiyordu. Hatta avukat çift benden 3 milyon dolar tazminat istediklerini beyan etti. Donakaldım. Gerçekte hiçbir kayba uğramamışlardı. Hâlâ eve sahiptiler ve varsaydıkları bir gelir kaybını talep ederek benden davacı olmuşlardı.

Bu tatsız durumu yakın arkadaşlarımla paylaştım. Kimse bunun neden başıma geldiğini açıklayamıyordu. Derken kendi yazdığım *Çekim Yasası Sırrı* kitabımda, bir ders aldığınızda deneyime gerek duymazsınız dediğimi anımsadım.

"Buradaki ders ne?" diye sordum kendime. "Buradaki ders *ne?*"

Aylarca ruhumun derinliklerini araştırdıktan sonra, içimdeki bir programın bana kontratları okuma konusunda bir ders vermek için bu durumu oluşturduğu sonucuna vardım.

Kontratta bu sorunun kaynağı olan o satırı çıkarması gereken emlak komisyoncusuna güvenmiş, içimdeki dürtüye rağmen sözleşmeyi inceden inceye okumamıştım. İçimden gelen uyarıyı göz ardı etmiştim. Sonuç cehennem olmuştu. Duygularıma güvenme ve sözleşmeleri okuma konusunda dersimi aldıktan sonra kendimi özgür hissettim.

Sonra bir mucize gerçekleşti.

Avukat çift, uzlaşmak istedi. 3 milyon dolar tazminat talebinden vazgeçtiler. Davayı sürdürmek istemiyorlardı. Bu üzücü olay kısa sürede dostça çözümlendi. Konu kapandı.

Genelde mahkemeler yıllar sürer ama bu dava arındığım anda sona erdi. Bu benim için bir başka mucizeydi.

Dikkat edin, dersimi alıncaya ve program ortadan kalkıncaya kadar arınmayı sürdürmek zorundaydım. Program yok olunca olay da bitti. Ama bunun için bütün sorumluluğu üstlenmem gerekiyordu.

Bir gün bir avukat bana şöyle demişti: "İnsan beyninde kendilerinin sorumlu olduklarını söylemelerine izin vermeyen bir şey var. Aleyhlerinde bir sürü kanıt varken bile inkâra kalkışır ve kendi eylemlerini haklı göstermeye çalışırlar."

İşte bu nedenle Ho'oponopono'da *Özür dilerim, Lütfen beni affet* sözcükleri yer almakta. Bu beyanlar yaşadıklarınızda sizin payınızı fark etmenize yardımcı olur. İlginç olan, insanların en fazla bu iki beyanda bulunmakta zorlanmasıdır. Bunlar çoğu insanın düşünmek bile istemediği beyanlardır.

Öte yandan, yaşamınızda çözmeniz gereken bir şeylerin yer alması sizin hatanız değildir ama bunun sorumluluğu size aittir.

Eğer yaşamınızda ciddi bir sorunla uğraşıyorsanız bunun sizinle ya da bir başkasıyla ilgisinin olmadığının farkına varın. *Sorun programdadır.* Bu bir virüs ya da bakteri gibi sizin içinizdedir. Daha ziyade psikolojiktir. Ho'oponopono'da buna anı deniyor. Bunun nereden kaynaklandığı hakkında hiçbir fikrimiz yok ve bilmemiz de gerekmiyor. Tek yapmamız gereken onu ortadan kaldırmak.

Nasıl mı? Gerçek Ho'oponopono'yu uygulayarak. Ama eski programları ortadan kaldırmanın yeni yollarını açıklamadan önce, bugünkü bilgilerimiz ışığında Ho'oponopono'nun tarihçesine bir göz atalım.

Bu garip yöntem nasıl ortaya çıktı?

BÖLÜM 3

Morrnah Deli mi?

Günümüzdeki Ho'oponopono'nun bütün amacı sizdeki verileri silmektir.

—Dr. Joe Vitale

Morrnah Simeona garip biriydi. Dr. Hew Len de başlangıçta öyle düşünmüştü. Hew Len üç kez onun seminerlerinden çıkıp gitmişti. Geri gelip oturarak onun şeytanlar, cüceler ve ruhlarla ilgili gizemli sözlerini dinlese bile, iki yıl boyunca onun deli olduğunu düşünmeyi sürdürdü. Ama bir şey onu bu kadına çekiyordu. Kadının 1992'de ölümüne kadar ona sadık kaldı ve onun güncelleştirdiği Ho'oponopono geleneğini izledi.

1976 yılında Morrnah grup içinde iyileşme sağlayan geleneksel Ho'oponopono tedavi yöntemini kendi içinde iyileşmeye uyarladı. Morrnah bir *Kahuna* yani sırların bekçisi kabul ediliyordu. Oysa bunları sır olarak saklamadı. Kurslar verdi ve sırları birkaç dolar karşılığında herkese açıkladı. Çoğu kez hemşireler ondan hastaneleri arındırmasını istediler ama o buralara bir kova ve süpürge ile gitmedi. Oraya koridorlarda yürüyen, gece boyu asansörlere binen ya da tuvalet sifonlarını çeken ruhları yok etmek için gitti. Morrnah hemşirelerin huzura kavuşmasını sağlamak üzere hastanelere şifa vermeye gitti. Anlaşılan başarılı da oldu. Başka hastanelerdeki hemşireler de ondan aynı hizmeti istediler.

Morrnah, grup şifası yöntemi olan geleneksel Ho'oponopono'da tecrübeli olmasına rağmen daha çok kendisinin yarattığı içsel yönelime odaklanmaktaydı. Hawaii âdetlerine ve inançlarına saygı duymakla birlikte, insanların kendi iç dünyalarına özen göstermelerinin sonucu olarak dış dünyalarının değişeceğine inanıyordu. Bir Hawaii geleneğinden yola çıkarak çağdaş bir kişisel gelişim yöntemi yaratmıştı.

Sıklıkla *aka kordonlarını* ya da insanlarla nesneler arasındaki bağları keserseniz özgür olacağınızı söylerdi. Akayı, yani görünmez bağı, başka biriyle telefon hattı aracılığıyla kurulan bağlantıya benzetiyordu. Ona göre, bir kişi, yer ya da nesne ile belli bir zaman geçirirseniz onunla aranızda bir bağlanma yaratırsınız; bu görünmez hat o kişi, yer ve nesneden ayrılsanız bile varlığını sürdürür. Aynı zamanda öteki kişi, yer ya da nesnede de var olmaya devam eder. Her dokunduğunuz şeyle aranızda bağlantı oluşturan bir örümcek ağını düşünürseniz, ortaya çıkan karmaşıklığı sezinleyebilirsiniz. Hatta satın aldığınız antikaların, aldığınız ve verdiğiniz armağanların da aka kordonları olduğunu söyleyecek kadar ileri gidiyordu. Ona göre dikkatli olmanız ve her zaman bağlantıları yok etmeniz gerekiyor.

Bir keresinde, Dr. Hew Len'den bir sunumda kullandığı bir beyzbol topunu imzalamasını istedim çünkü onun enerjisini *almak istiyordum.* Ünlü vücutçu ve film yıldızı Steve Reeves'e ait birtakım malzemeleri topladım çünkü onun enerjisini *istiyordum.* Peki ya sahip olduğum ve nesilden nesle geçerken kimlerin sahip olduğunu bilmediğim antikalar? Onlarla da aka kordonlarımı bilinçli olarak kesmem gerekli, yoksa onların programlarını evime taşıyabilirim.

Morrnah, İlahi Varlık'ın bizim aracılığımızla harekete geçebilmesi için *tüm* aka kordonlarını kesmemiz gerektiğine inanıyordu. Hastanelere gittiğinde x-ışını diyebileceğimiz görüşüyle, öbür dünyaya göçmüş olan ruhların hâlâ etrafta dolaştığını görebiliyordu. Onun Ho'oponopono yöntemi karmik temizlikti. Ruhların bu gezegenle bağlarını kestiği zaman onlar yollarına devam ediyordu. Morrnah'ın yöntemi en sevdiği Arınma Duası'nı söylemekti. Bunu Hıristiyanların duası ile eşdeğer tutuyor ama bağlantılardan arınmak için kendininkini yeğliyordu. Ona gelen ilham nedeniyle böyle yapıyordu. Bunu dilediğimiz gibi kullanmamız için dünyaya armağan etmişti. Dr. Hew Len ve ben hâlâ onu kullanıyoruz. Sözleri şöyle:

Ey Ruh, Üst Bilinç, lütfen [______________________
Bu boşluğu inançlarınız, duygularınız ve düşüncelerinizle doldurun ______________________] ile ilgili duygularımın, düşüncelerimin kaynağını belirle.
Bu kaynağa varlığımın bütün seviyelerini, katmanlarını, bölgelerini ve yönlerini taşı.
Onu incele ve Tanrı'nın gerçeği ile kusursuz biçimde çöz.
Zamanın başlangıcından bugüne bütün nesilleri aşarak gel.
Bu kaynağa dayanan her bir olayı ve onun uzantılarını şifalandır.
Lütfen bunu Tanrı'nın iradesine uygun olarak, bugünkü 'Ben'e ulaşıncaya,
Işık ve gerçekle doluncaya kadar yap.
Doğru olmayan algılarım için Tanrı'dan bağışlanma, sevgi ve huzur diliyorum.
Bu duygu ve düşüncelere katkıda bulunmuş her kişi, yer, koşul ve olayın bağışlanmasını diliyorum.

Morrnah bir bağlantıyı kesmek istediğimizde bu duayı dört kez okumamızı söylerdi. Duayı ezberlerseniz, bilincinize ulaşmasını daha kolaylaştıracağınızı hissetmişti ama okuyarak da dua edebilirdiniz.

Bir keresinde, bir tıp doktoru ona bir hastası öldüğü zaman duyduğu üzüntünün hastanın ruhuna işleyip işlemediğini sordu. "Evet," dedi. Ağır bir söz, değil mi? Morrnah bizim başkalarıyla bağlarımız olduğunu ve duyguların bunları daha da güçlendirdiğini açıkladı. Eğer onları serbest bırakmak istiyorsak kendimizi serbest bırakmalıyız. Kendimizi serbest bırakmak içinse yukarıdaki duayı söyleyerek Ho'oponopono yöntemini uygularız.

Morrnah'a göre bizler bilgisayarız. Yüklenmesinde çok az rol oynadığımız programlarla doluyuz. Doğumdan önce başlayan bir zaman çizgisinde doğduk. Morrnah ölümden sonra yaşama inanır ve her birimizin eşsiz olduğunu söylerdi. Ona göre, dünyaya beraberimizde getirdiklerimiz gördüklerimizin çok ötesindeydi. Zihinlerimiz artık çoğuna ihtiyaç duymadığımız verilerle programlanmıştı ve bunların hepsi İlahi Varlık'ın bize ilham vermesini engelliyordu.

Dr. Hew Len ondan öğrendiklerini bana aktardı. Tek amacımız kendimizi arındırmak. Başka biriyle bir sorun yaşadığımızda bile sorun ne bizden ne de diğer kişiden kaynaklanır. *Zero Limit*'i okuyan çoğu kişi için sorun buydu. Yazılanların ya üstünü örtüyor ya da onları yanlış anlıyorlardı. Günümüzdeki Ho'oponopono'nun bütün amacı *sizdeki* verileri silmektir.

Morrnah programlanmış olanı silmenin yolunun onun duası olduğunu tekrar tekrar öğretti. Duayı dört kez tekrarlamak yeterliydi. Aynı zamanda kimsenin bundan haberdar olması gerekmediğini söylüyordu. Tek yapmanız gereken o kişinin adını söylemekti.

Aslına bakarsanız Dr. Hew Len her Zero Limit seminerinden önce böyle arınıyordu. Benden tüm katılımcıların listesini isterdi. Tek istediği onların isimleriydi. Bu isimlerin her birine bakar ve o kişi ile arasındaki aka kordonlarını zihninde keserdi.

Çoğunlukla da bir kurşun kalemin ucundaki silgi ile her bir isme vurur ve sessizce "Çiğ Damlası" ya da "Sil" derdi. Her isim için

Morrnah Duası'nın tamamını okuduğundan kuşkuluyum. Listeyi elinde tutup hepsi için dua etmiş olabilir.

İçsel huzurunuz için bunlardan herhangi birini yapmanızın önemini ne kadar belirtsem az. O kişinin sizin iç dünyanızdaki etkisi dışında başka hiçbir şeyin önemi yok. Eğer biri düğmenize basarsa, tekrar tekrar arının.

Morrnah'ın kayda alınan son konferansında sorulan sorulardan biri, bir kişinin zihnine belli bir düşüncenin aşılanıp aşılanamayacağı hakkındaydı. Bunu çok ilginç buldum. Kendi satorimden (anlık uyanışımdan) bu yana İlahi Varlık ile iletişimin çift yönlü bir yol olduğunun farkındayım. İlahi Varlık'tan esin alabilmek için kendinizi arındırabilirsiniz ve İlahi Varlık'a isteklerinizi *iletebilirsiniz*.

Morrnah, "Evet, bir başkasının bilgisayarına bir düşünce yerleştirebilirsiniz," demişti. Bu beni şaşırttı. Dr. Hew Len ise, "Başkalarının işine karışmayın. Onların karmasını karıştırırsınız ve bu yüzden de büyük bir bedel ödersiniz," diyordu. Oysa Dr. Hew Len'in öğretmeni olan Morrnah başka birini etkileyebileceğinizi söylüyordu.

Bunların hangisi doğruydu?

Her ikisi de. Bir başkasına bir niyetinizle ilgili duygu yüklü bir ileti gönderebilir, bunun o kişiye ulaştığını hayal edebilirsiniz. Niyetinizin o kişinin iyiliği ve sağlığına yönelik olduğunu umuyorum. Eminim Morrnah da bunun böyle olmasını isterdi.

Öte yandan, burada bir sorun ortaya çıkıyor. Birisi için en doğru olanı kim bilebilir? Benim sizin zaman çizginizle ilgili bilgim yok. Siz de benimkini bilmiyorsunuz. Bazen her şey ortada gibidir, insanlar acı çekmektedir ve bu yüzden onlara yardım edersiniz. Ama çoğunlukla büyük resmi göremeyiz. Çektikleri acı onlara bizim göremediğimiz ya da tahmin edemediğimiz bir lütuf getiriyor olabilir.

Morrnah iyileştirmeye odaklanmıştı. Eminim düşüncelerin olumlu niyetlerden oluşmasını isterdi. Birtakım üfürükçülerin kara büyü ile uğraştıklarını açıkça itiraf ediyordu. Böylelerinin onu kullandıklarını ve ona zarar vermeye çalıştıklarını da açıklamıştı. İyi ve çok da iyi olmayan güçlerin bulunduğunu biliyordu.

Aslında Hawaii'deki ilk Kahunalar çoğunlukla "dua ederek insan öldürdüğü" söylenen kötü ruhlu büyücülerdi. Julius Scammon Rodman'ın *Hawaii'nin Kahuna Büyücüleri* kitabında beyaz büyüden çok kara büyü uygulamalarından söz edilir. Burada sevgiden çok nefret; beyaz ışıktan çok da vudu vardır. Günümüzdeki Ho'oponopono'nun içerdiği sevgi ve hoşgörü yoktur. Kötü amaçlara yönelik kara sanat vardır.

Scott Cunningham, *Cunningham'ın Hawaii Sihir ve Ruhsallık Rehberi* isimli kitabında bazı Kahunaların "ruhları yıkıcı görevlere gönderdiklerini" yazıyor.

Bunların bir kısmı anlaşılabilir. Hıristiyanlar buraya ancak 1820'de ulaştılar ve hemen Hawaiililerin dinlerini değiştirmeye ve onları uygarlaştırmaya başladılar, ünlü hula dansı gibi âdetleri yasakladılar. Daha önce insanlara korku, batıl inançlar, paranoya ve daha fazlası egemendi. Araziden, karanlıktan ve başkalarından çok korkuyorlardı. Eğer doğru davranır, kurbanlarını keser ya da bir büyücü veya üfürükçüyü görevlendirirlerse rüzgâr, toprak ve deniz tanrıları onlara zarar vermezdi. Kendilerini koruyan herkesin sihirli gücü olduğuna inanıyorlardı. Bu güçler çoğu kez bir tehditle karşı karşıya gelindiğinde lanetlemeye ve hatta öldürmeye yarıyordu. Bu bir zamanların Huna'sı idi, psişik bir silahtı.

Morrnah son gerçek, eski tarz Kahunalardan biri olarak biliniyordu ama o gücünü iyi yönde kullanıyordu. Aradaki fark, Morrnah'ın tüm öğretilerinin *kendini iyileştirmeye* odaklanmasıydı. Sizin sağlıklı olmanız başkalarını etkilemek için yeterliydi. Bir keresinde Morrnah bir hastaneye gidip müdürle görüştü. Hastanenin daha yeterli ve işlevsel olması için müdürün kendini iyileştirmesi gerektiğini açıkladı. Onunla birlikte oturup duasını yaptı. Söylediği gibi, ertesi gün hastane daha iyi duruma gelmişti.

Başkalarını hiçbir şey söylemeden etkilemek yeni bir şey değil. 1800'lerin ortalarında Yeni Düşünce olarak ortaya çıkan ve zamanla çok çeşitlenecek Yeni Çağ şifasına dönüşen yaklaşımın babası sayılan Phineas Parkhurst Quimby şöyle yazmıştır:

Felsefenin asla açıklama getiremediği tartışmasız gerçek, insanların farkında olmadan birbirlerini etkileyişidir. Benim hastalık tedavisinde dayandığım ilkeye göre, bu tür olaylar olabilmektedir ve insanın kesinlikle habersiz olduğu etkiler altında kalabildiği de, nedenini bilmediğinden etkiye devamlı açık olduğu da kuşkusuz kanıtlanabilir.

Bu, Dr. Hew Len'in kaotik bir deliler koğuşuna kendi huzur dolu titreşimlerini nasıl ulaştırabildiğini ve belli bir süre sonra insanların farkında olmadan düzene girmesini nasıl sağladığını açıklamaya yardımcı olabilir. Mahkûmlar onun açığa vurulmamış sükûneti sayesinde rahatladılar. Tek bir söz söylemeden onları etkilemişti. Morrnah hayal dünyasının gerçek dünya kadar somut olduğuna inanıyordu. Çoğu kez arınmak için suya ihtiyacınız olmadığını, örneğin suyu *hayal* edebileceğinizi ileri sürüyordu. Böylece arınabilirdiniz. Dr. Hew Len sık sık, normal suyu mavi bir şişeye doldurup bir saat güneşte bırakarak mavi güneş suyu denilen temizlik aracını elde edeceğinizi söyler ama Morrnah tek yapmanız gerekenin mavi güneş suyunu hayal etmek olduğunu öğretti. Her şey zihinde oluşuyordu.

Bir keresinde deneyimli bir Ho'oponopono uygulayıcısının arınma grubuna katıldım. Adam olmadık yerlerde büyük harflerin yer aldığı şöyle bir e-posta gönderdi: "Meditasyon, gelip senin ve her şeyin üstüne inen kocaman bir Gökkuşağı Damlası ile açıldı. Damla erirken fiziksel kaygılarının anılarını dağıtmak üzere çalıştı. Sonra da Damla bu parçaları eritti. Bu işlem birkaç dakika sürdü. Sonunda sana bir Gökkuşağı Kurabiyesi verildi. Bu kurabiye özellikle kilolarınla ilgili deneyiminde kullanacağın bir araçtır. Ondan sık sık ısırıklar al. Kurabiye yiyerek kilo verdiğini varsay. Meditasyon bitti. Her şey yolunda!"

Morrnah ve diğer Ho'oponopono uzmanları için imgeleme tıpkı fiziksellik kadar gerçektir. Odaklandığınız tek şey sizsiniz, başka hiç kimse değil: *Sizsiniz.*

2006'daki ilk Zero Limit etkinliğinde Dr. Hew Len'in iki öğrencisi odanın arka tarafında oturdular. Heykel gibiydiler. Hiçbir şey söylemediler. Hiçbir duygu belirtisi göstermediler. Orada tümüyle sessiz ve hareketsiz oturup gözlem yaptılar. Batılı giysiler içinde olmasalardı geçmişten gelen keşişler oldukları sanılabilirdi.

Onlara ne yaptıklarını sorduğumda "İşimizi," dediler. Sanıyorum onlar Dr. Hew Len'e odanın arınmasında yardımcı olmaya gelmişlerdi, böylece orada bulunanlar İlahi Varlık'a daha çabuk ulaşabileceklerdi. Onların kendilerini arındırmaktan başka bir şey yaptıkları kanısında değilim. Kendilerini iyileştirmeye odaklanmaları sayesinde hepimizdeki mevcut veriler yok oluyordu.

Unutmayın, tek amaç kendi iyiliğinizdir. Dr. Hew Len'in Sıfır Noktası dediği yerde bir başkasına yardımcı olma isteğini duyabilirsiniz ama bu bir esinlenme olmalıdır, bencilce bir istek değil.

Bu arada arınmaya devam edin.

Morrnah yaşamın tümüyle kutsal olduğunu düşünüyordu. Buna kesinlikle inanıyordu. Bunun hiçbir istisnası yoktu. Cansız nesneleri canlı olarak görüyordu. Onun için hayat somuttu. *Her şey* canlıydı ve yaşıyordu. En önemli şeyin tüm yaşama saygı göstermek olduğunu söylerdi.

Dr. Hew Len'in masalarla, iskemlelerle, halılarla ve odalarla konuşmasına şaşmamak gerek. Onların iyi olup olmadığını denetliyor. Onları canlı olarak görüyor. O da hayata inanıyor. Arınmayı sağlamak için kesmesi gereken aka kordonlarını araştırıyor.

Dr. Hew Len'in odalarla konuşmasını her zaman garipsemiştim ama gitar koleksiyonum genişledikçe her gitarın benimle konuştuğu duygusuna kapıldım. Müzisyenler çoğu kez gitarların içinde şarkıların bulunduğunu söylerler. Bir gün elime Huss & Dalton yapımı bir gitar aldım ve onu tutarken birdenbire olağanüstü bir melodisi ve sözleri olan bir parçayı çalıp söylemeye başladım. Bu daha sonra *İyileştiren Şarkı* albümümdeki "Hayalet Tren" şarkısına dönüştü ama bunu gitar bana söyleyene kadar böyle bir melodi ortada yoktu. Artık Dr. Hew Len'in nesneler ile konuşmasını sorgulamıyorum. Artık ben de gitarlarla konuşuyorum.

Morrnah daha da ileri gidiyordu. "Odaları arındırabilirsin," dedi bir keresinde, "peki ya toprağı?" Toprağın kutsal olduğunu ve arınması gerektiğini söyledi. İş makineleri gelip inşaat başlayınca toprak kirlenmeye başlıyordu. Onun da arınması gerekiyordu.

Bu kitabı yazarken Florida'da yaşayan, bilinmez âlemi görme yeteneğine sahip bir avukat olan Mark Anthony bana bir kitap metni gönderdi. O kendine medyum avukat diyor. Eseri -kendi deneyimlerine ve araştırmacıların bulgularına dayanıyor- varlıkların yaşadığı görünmez bir dünyanın kanıtlarıyla dolu.

Morrnah sık sık hastanelerdeki görünmez ruhlara artık bu dünyadaki işlerinin bittiğini, ölmüş olduklarını fark etmelerinde ve evrimlerine doğru yol almalarında yardımcı olmasını isteyen çağrılar alırdı. Dr. Hew Len çoğu kez hayaletlerle ilgilenilmemesi gerektiği, çünkü ilginizin onları size çekeceği konusunda uyarılarda bulunurdu. O size düşen tek görevin kendinize özen göstermek olduğu kanısındaydı.

Bununla beraber, hem Morrnah hem de Dr. Hew Len henüz işleri tamamlanmamış ruhlarla karşılaştıklarında onları arındırıyorlardı. Nasıl mı? Ho'oponopono Duası'nı tekrarlayarak. Her ikisi için de bu dua aka kordonlarını kesen ve verileri salıveren, böylece söz konusu kişilerin özgür kalmasını sağlayan bir arınma aracıydı.

Bir defasında Morrnah'dan Pearl Harbour'ı arındırması istendi çünkü göçüp gitmiş olanların ruhları hâlâ burada dolanmaktaydı. Morrnah bunu kabul etti.

Aynı zamanda arınmayı kendimizin yapmadığına inanıyordu. Bu inancını, "Dua YALNIZCA rahatlamamızı sağlayan bir uygulamadır," diye açıklıyordu. Dr. Hew Len bunu dilekçe diye tanımlıyor. Arınmanız bir taleptir. Bu konuda ancak İlahi Varlık bir şeyler yapabilir. Kimi zaman kişinin ödemek zorunda olduğu karmik bir borcu olabilir ve İlahi Varlık bunun ödendiğini bildirene kadar ne kadar Ho'oponopono yaparsanız yapın, faydası olmaz.

Özet olarak, arının ve oluruna bırakın. Arının ve güvenin. Ho'oponopono uygulayın ve inanın. Sürece güvenin. Bunun dışındaki her şey egonun istemidir ve dizginler egonun değil İlahi Varlık'ın elindedir.

Şifa topluluklarında çok sayıda insan iyileşemedikleri için suçlanır. Size şunu ya da bunu yapmalısınız derler ve hiçbir şey olmazsa bu sizin hatanız olur. Ne yazık ki böyle şifacıların yarardan çok zararı dokunuyor. Çağdaş ve gerçek Ho'oponopono'da *kimse* suçlu değildir. Asla. Veriler yüzünden sorunlarla ya da zorluklarla karşılaşır ve bu verileri silmeye çalışırsınız. Öte yandan verinin silinip silinmemesi size bağlı değildir.

Aslında sonuç beklentisi *daha fazla* veri demektir. Başka bir deyişle, beklenti bir inançtır. İnanç veridir. Bu yüzden Dr. Hew Len sürekli olarak her yerde tek yapılması gerekenin arınma olduğunu söylüyor. Gerisi İlahi Varlık'a kalmış.

Bazılarının Morrnah'ı garip bulmaları şaşırtıcı değil. Sonuçları garanti edemiyordu. Arınacağını garanti ediyordu ama sonuçlar ona bağlı değildi.

Bunun üzerinde düşünün.

Ve arının.

BÖLÜM 4

Gerçek Ho'oponopono Lütfen Ayağa Kalksın!

Berraklık yaşamınızdaki en önemli servetinizdir.

—Dr. Ihaleakala Hew Len

Peki bu Ho'oponopono nereden gelmiş?

Dr. Hew Len sık sık bunun diğer galaksilerden geldiğini söyler. İşte üzerinde kafa yorabileceğiniz bir konu. Bana bunun Atlantis gibi kayıp bir kıta olan, varlığı tartışılan Lemurya'dan gelmiş olabileceğini söyledi. Elle tutulur gerçeklerin peşinde koşan bir yazar olarak, bu olasılıkları pek geçerli bulamadım.

Doğrusu nedir?

Özgün biçimiyle, Ho'oponopono, aile içindeki ilişkileri iyileştirmek ve sorunları çözmek amacıyla kullanılan bir araçtı. En az yüzyıllık bir geçmişi var; kaynağı bilinmiyor ama Polinezya olduğu sanılıyor.

Morrnah eski Ho'oponopono ekolünü anlamak için *Nana I Ke Kumu (Kaynağa Bakın)* isimli kitabın birinci cildini salık veriyor, "Ho'oponopono'ya aslında aile içi bir sorunda ya da bu sorunun en fazla etkilediği kişilerce başvurulur."

Hawaiili terapistler, rahipler, danışmanlar ya da aile reisleri tarafından kullanılan bu yöntemde, aile bir daire şeklinde oturur, fikir ayrılıklarını, kinlerini, öfkelerini ve buna benzer duygularını dile getirirdi. Amaç duygularını dışa vurmak, seslerini duyurmak ve sonunda affedilmekti.

Bugün de kullanılmakla beraber uygulanışıyla ilgili çeşitli yorumlar yapılmaktadır. Çoğu kişi bunun bozulduğu kanısında. *Nana I Ke Kumu* kitabına göre, "Bir yüzyıl önce Hıristiyanlık buraya ulaştığında Ho'oponopono yok oldu." Eski ekolün uygulaması şu aşamaları takip ediyordu:

- Başlangıç sesleri (dua)
- Çözülecek ya da iyileştirilecek sorunun beyanı
- Her bireyin düşüncelerinin ve eylemlerinin öz-irdelemesi
- Tümüyle dürüst davranmak
- Liderin tartışmaları yönetmesi ve grubu yönlendirmesi
- Tanrı'ya ve birbirlerine karşı işledikleri günahların dürüstçe itirafı
- Zarar görmüş tarafların zararının karşılanması kararı
- Kapanış sesleri (dua)

Hıristiyanlık dönemi öncesinde, yukarıdaki geleneksel Ho'oponopono uygulamasından sonra bir hayvan kurban edilirdi. Hıristiyanlığın kabulünden sonra ise ayinden sonra yemek verilirdi. Morrnah burada YALNIZCA meyve yenmesinin yeterli olduğunu söylüyor.

Dr. Hew Len ile benim öğrettiğimiz Ho'oponopono, Morrnah'ın öğretisinin güncelleştirilmiş şekli. Temelde geleneksel Ho'oponopono ile aynı ama başka birilerinin yanımızda bulunması gerekmiyor. Her şey kendi içimizde gerçekleşiyor. Morrnah her şeyin sizinle ilgili olduğunu söyler. Dr. Hew Len daha ileri giderek başka kimseye ihtiyaç olmadığını belirtir. Bu yüzden Ho'oponopono'yu öğretmek ya da bununla ilgili ürünler yaratmak gerekmiyor. Tek ihtiyacınız olan sürecin kendisi, tek yapmanız gereken bunu uygulamanız. Gerekiyorsa (tıpkı Dr. Hew Len'in Morrnah ile ve benim de Hew Len ile çalıştığım gibi) bir bireysel çalıştırıcınız olabilir.

Bir keresinde Dr. Hew Len'e Ho'oponopono alanında eğitim almam gerekip gerekmediğini sordum. Bana hiç düşünmeden ve duraksamadan, "Hayır," diye yanıt verdi. "Sen zaten ona ulaşmış durumdasın."

Aynı fikirde değildim, bu yüzden Morrnah ya da Dr. Hew Len ile çalışmış kişilerle buluşmayı sürdürdüm. Öğrenebileceğim her şeyi elde etmek istiyordum. Oysa tek yaptığım zaten aşırı yüklü zihnime daha fazla veri eklemek oldu.

Harika. Arındıracaklarım artmıştı.

Gerçek Ho'oponopono nedir? Uygulamakta olduğunuz şey.

O YALNIZCA bir araçtır, olmazsa olmaz bir din değildir. O farkındalığa doğru atılan bir adımdır. O günden bugüne birçok insan Ho'oponopono ile ilgili ürünler yarattı. Doğal olarak, Dr. Hew Len bile birçok ürünü satışa sundu. Örneğin, Ceeport çıkartmalarını. Bu resmi yaratması için esin gelmişti. Ceeport, "Limana (yani Sıfır haline) dönerken, sil, sil, temizle." demekti. Tanesini 10 dolara sattığı kartvizitinde de aynı resim var. Bu girişimine her zaman hayranlık duydum. Çoğu kişi insanlara kartvizitini verme yolları arar. Dr. Hew Len onları *satıyor.*

Bir keresinde biri Ho'oponopono'dan esinlenerek satış için ürün yaratma konusunda soru sorduğunda Dr. Hew Len, "Eğer bu fikir bir esinden doğuyorsa ne âlâ," demişti.

Esinlenmenize bağlı olarak bu ürünleri ister kullanın ister kullanmayın. Ama kendinize bunlara gerçekten ihtiyacınız olup olmadığını sorun. Ho'oponopono'da değiştirilecek tek kişi sizsiniz. Düğmenize basan ne ya da kim olursa olsun yöntemi kendi üzüntüleriniz üzerinde kullandığınızda gerçek Ho'oponopono uygulamaktasınız. Başka hiçbir şeye ihtiyacınız yok.

Her ne kadar bu kitabı (ve *Zero Limit*'i) satın almanız ve bunları tanıdığınız kişilere aktarmanız beni çok memnun edecekse de yaşadığınız sorunla ilgili her şeyi yapacak olan sizsiniz. Başkalarına "Temizle şunu," demenin çok çekici olduğunu biliyorum ama gerçek Ho'oponopono böyle uygulanmıyor.

Herhangi bir sorunu başka birileri çözemez.

Bunu YALNIZCA siz yapabilirsiniz.

Geleneksel Ho'oponopono şuna benziyor: Biri bir nedenden ötürü tedirgin. Bunu çözmek için konuyla ilgili herkes bir toplantıya çağrılıyor. Bu toplantıda sıkıntılar dile getiriliyor ama bu her zaman sevgi ya da hoşgörü ile yapılmıyor. Grubun lideri herkesi sorumlu tutuyor ve toplantı tam bir sonuca ulaşıncaya kadar sürüyor, yani grubun içinde koşulsuz sevgi yeniden kazanılıncaya kadar.

Çağdaş Ho'oponopono ise şöyle: Bir nedenden dolayı tedirginsiniz. İçinize dönüyor, acınızı hissediyor ve İlahi Varlık'a (Tanrı, Gaia, Tao, Sıfır Noktası, Doğa, vb.) bu duruma yol açan ya da onu oluşturan içsel programınızı (veri, düşünce ya da inanç) ortadan kaldırması için yakarıyorsunuz. Huzura kavuşuncaya kadar bu temizlenmeyi, arınmayı, silmeyi ya da onarımı yineliyorsunuz.

Birinci senaryoda başkalarına ya da onların desteğine ihtiyacınız var. İkincisinde ise kimseye ihtiyacınız yok. Dr. Hew Len, Morrnah ve ben ikinci yaklaşımı öğretmekteyiz.

Örneğin, arkadaşlarımdan birinin dâhil olduğu gruptan bir kadınla sorunları vardı. Kadın herkesi sinirlendirecek şeyler söylüyor ya da yapıyordu. O grubun içinde olmadığım ve tüm bu düğmelere basan kadını tanımadığım için bunlardan rahatsız olmuyordum. İşin içinde değildim. Ama dostum bunun tamamen içindeydi.

Dostum çaresizlik içinde bana, "Durumu çözemediğim için Ho'oponopono'yu denedim," dedi.

Başka bir deyişle, yaşadığı sıkıntıyla farklı bir şeyler söyleyerek ve yaparak başa çıkmaya çalışıyordu. Ama bu işe yaramadı. *Zero Limit*'ten öğrendiği yöntemi denemeye karar verdi. Sonunda iç huzura kavuştu ve uyuyabildi.

İçinde bulunduğu durumla ilgili olarak Sıfır Noktası'na ulaşmayı başarmıştı.

İşte bir başka örnek: Yıllar önce annem acil servise kaldırıldı. 13 yıldır hastaydı. Durumu ağırlaşmıştı. Acı çekiyordu. Yaşamsal organları çalışmıyordu. Tüm aileye haber verildi. Randevularımı iptal ederek onun yanına gittim.

YALNIZCA beş hastanın bulunduğu yoğun bakımdaydı. Ben oradayken bu hastalardan üçü öldü. Annemin bitkin ve solgun haline bakarken kendimi aciz hissettim. Hatta biraz da öfkelendim. Kendine daha iyi bakmış olması gerektiğini düşündüm. Allak bullak olmuştum ve korkuyordum. Ne yapacağımı bilemiyordum. Doktorlar bile onu YALNIZCA hayatta tutmaya çalışıyor ve başka bir şey yapmıyor gibiydi. Huzursuzdum ve elimden hiçbir şey gelmiyordu.

Ho'oponopono'yu anımsadım. Önemli olan benim iç huzura kavuşmamdı ve bu huzur ona ihtiyacı olanı sağlayacaktı, bu kalmak da olabilirdi gitmek de. Kendi üzerimde çalışmaya başladım. Onu iyileştirmeye uğraşmadım. Onu nasıl iyileştirebileceğimi bilmiyordum. Ona yardım etmek için ne yapmam gerektiğini bilmeme olanak yoktu. YALNIZCA allak bullak olduğumu biliyordum, bu yüzden kendi üzerimde çalıştım. Huzura kavuşmam gerekiyordu.

İyileştirme ve şifacılarla ilgili araştırmalarımdan benim iyi durumda olmamın çevremdekileri etkileyebileceğini öğrenmiştim. Tüm bildiklerimi uyguladım.

Orada oturup iç dünyama baktım ve "seni seviyorum; özür dilerim; lütfen beni affet; teşekkür ederim" sözcüklerini tekrarladım. Bunları ona yönlendirmiyor ve yüksek sesle söylemiyordum. Kimse ne yaptığımın farkında değildi ve muhtemelen meditasyon yaptığımı, dua ettiğimi ya da çaresizlikten sessizce oturduğumu sanıyorlardı. Ziyaret saati sona erinceye kadar bu uygulamayı sürdürdüm.

Bu, yıllar önceydi. Annem hâlâ sağ. Bizimle kalıyor. Tümüyle iyileşmiş değil ama hâlâ yaşıyor, soluk alıyor, konuşuyor, bir şeyleri paylaşıyor ve iletişim kuruyor. Kimi günler çok kötü, kimi zaman bana bakıp, "Sen seviyorum," diyor. Bazı tatil günlerinde salona gelip evdekilerle birlikte oturuyor.

Onun asıl bakıcısı babam. İkinci Dünya Savaşı'nda deniz piyadesi olan babam 60 yıldan daha uzun süredir annemle evli; ona bakmayı kendine görev edindi, dolayısıyla ailenin geri kalan kısmı ve ben geri çekilip nasıl uygun görürse öyle davranmasına izin veriyoruz. Bu arada, annemin ömrünün uzaması gerçek bir mucize.

Annemin hayatını uyguladığım Ho'oponopono mu kurtardı? Uygulamam ona ekstra yıllar mı sağladı, yoksa YALNIZCA beni huzura mı kavuşturdu?

Bilmiyorum. Böyle bir şeyin nasıl değerlendirilebileceği hakkında hiçbir bir fikrim yok. Ama iç huzurumun annemin yanında olmamı, o ana odaklanmamı sağladığını biliyorum ve belki bu gerçek bir mucize. Belki de benim o anın gerçeğini sorgulamadan ya da talepte bulunmadan kabullenmem annemi gerekeni yapması için özgür kıldı; yani yeterince iyileşip eve dönmesi için.

Healing Words (İyileştirici Sözler) kitabının yazarı, tıp doktoru ve araştırmacı Larry Dossey'e göre, "Araştırmacılar şifacıların görselleştirme, bağlantı kurma ya da belli hedeflere yönelme eğilimlerinden tümüyle kurtulmaya çalıştıkları takdirde çok daha etkin olacaklarını ileri sürüyorlar." Bunun devamında da, "Tanrı'nın dediği olur" yaklaşımının iyileştirme için en iyi yol olduğunu açıklıyor.

Henry Ward Beecher'ın dediği gibi, "Bir insanın gücü Tanrı'nın gittiği yolu keşfetmek ve o yola yönelmekten kaynaklanır."

Tabii ki bunu söylemek yapmaktan daha kolaydır. Annemi yoğun bakımda ölümle pençeleşirken görmek son derece sarsıcıydı. Bir tek şey istiyordum, o da iyileşmesiydi. Oysa gerçek Ho'oponopono en iyi sonucun benim değil İlahi Varlık'ın elinde olduğunu öğretir. Ben YALNIZCA iç huzuru sağlamaya çalışarak işleri oluruna bırakacak inanca sahip olmalıyım.

Bu konuya daha ayrıntılı bakalım.

BÖLÜM 5

Aslında Suç Kimde?

Suç insanlarda değil; kişide değil. Suç programda.

—Dr. Ihaleakala Hew Len

Bir dostum uğradı ve beni *Zero Limit* hakkında soru yağmuruna tuttu.

"Bir *çocuk* nasıl kısıtlayıcı inançlara sahip olabilir?"

Bu soruya yol açan, Dr. Hew Len'in bir deri hastalığına yakalanmış olan kızının Morrnah tarafından iyileştirilmesiydi.

"Çocuk bu hastalığa neden yakalanmıştı? Çocuklar masum değil mi?"

Hayata programlanmış olarak başlarız. Epigenetik bilimi büyük büyükbabalarımızın yaptıklarının çoğunlukla bugünkü çocukta ortaya çıktığını doğruluyor. Bizler üzerinde hiçbir şey yazılı olmayan beyaz tahtalar değiliz. Tertemiz bir sayfa ile doğmuyoruz. Programlanmış olarak geliyoruz ve sonra da buna ebeveynimizden, başkalarından, aldığımız kültürden gelen daha başka şeyler ekleniyor.

Dostuma Mucizeler Koçluğu (Miracles Coaching®*)* programımda çalışan birinin doğumdan hemen sonra ikizlerini yitirdiğini söyledim. Anne kendini suçlu hissediyor, nerede yanlış yaptığını merak ediyordu. Doktor onun hiçbir yanlışı olmadığını söyledi. Bu onun suçu değildi.

Bir başka olay da tanıdığım ünlü bir vücutçunun kalp krizi geçirmesiydi. "Neden?" diye soruyordu. Her zaman yediklerine dikkat etmiş, egzersiz yapmayı hiç ihmal etmemişti. Her şeyi gerektiği gibi yapmıştı. Doktor ona bunun *yaptıkları* ile hiçbir ilgisi olmadığını, o daha doğmadan önce aile bireylerinin yaptıklarından miras kalan sistemden kaynaklandığını anlattı. Bu olaya yol açan kesinlikle kendisi değildi.

Dostum durumu anlamıştı. "Öyleyse çok fazla arınmamız gerek," diye özetledi. İşte Ho'oponopono'nun püf noktası bu. Temizlenmesi gereken o kadar çok veri var ki, arınmamızı hiç durmadan sürdürmek zorundayız.

Bir akşamüstü, Dr. Hew Len, birlikte düzenlediğimiz bir etkinliğin ardından Austin merkezinde yürüyüşe çıkmış. Otobüs durağında bekleyen bir yabancıya günaydın demiş. Hiçbir yanıt alamamış. Dr. Hew Len birdenbire çok öfkelenmiş. Tek istediği dostça bir selamlaşmaymış. Bu, arınmaya ne kadar ihtiyaç duyduğumuzu gösteriyor. Dr. Hew Len 25 yıldan uzun süredir arınmakta ve bir yabancının ilgisizliği içerlemesine yol açabiliyor.

Arınmaya devam edin.

En fazla arındırmanız gereken yer bilinçdışınızdır. Programlanmış olduğunuz şey burada yer alır, benimki de öyle. Ben yıllardır arınmaya çalışıyorum; bu sayede bir dönüm noktasına ulaşıp İlahi Varlık ile bütünleştiğim anlar oldu. Ama işim bitmedi. Sizin de öyle. Eğer bunu okumaktaysanız daha yapacak çok işiniz var. Burada sizi ya da kendimi yargılamıyorum. Hepimiz insanız. Programlar miras aldık. Bunda kimsenin bir suçu yok. Ama kendimizi arındırarak dünyayı temizleme sorumluluğunu taşıyoruz.

Yaşamla bütünleşmek ve şimdi memnuniyet hissetmek istiyorsanız arınmayı sürdürün. Memnuniyet diyorum, oysa daha önceleri hedefin şimdi mutlu olmak olduğunu söyler ve mutluluğun bir seçenek olduğunu eklerdim, ta ki bir dostumla sohbet ederken söylemlerim üzerinde yeniden düşünmem gerekinceye kadar.

Mathew Dixon son derece usta bir modern Flamenko gitaristi ve benim de gitar hocamdır. *Mavi iyileştirme* isimli ilk CD'mi hazırlarken bana yardımcı oldu. Daha sonra Ho'oponopono'dan esinlenen iki popüler albüm çıkardık: *Sıfıra Hizalanma* ve *Sıfır Noktası'nda.* Beni görmeye geldiğinde çoğunlukla gitar ya da müzik hakkında değil, yaşam ve Ho'oponopono ile ilgili sohbet ederiz.

Bir gün Mathew mutluluğun geçici bir kavram olduğunu ileri sürdü. YALNIZCA sevgi peşinde koştuğumuzu ve bu uğurda her şeyi yapmaya hazır olduğumuzu söyledi. "Oysa asıl istediğimiz memnuniyettir." dedi. Bu bana *sakinlik* sözcüğünü çağrıştırdı. Başka bir deyişle, bizler huzurlu olmayı istiyoruz. Bunun bir tanımı mutluluk olabilir. Bir diğeriyse memnuniyettir.

Çoğumuz mutlu, huzurlu ya da memnun değiliz. Çoğu kez, ne kadar aydınlandığınızı görmek için ailenizi ziyaret edin, derim. Onlar sizin düğmelerinizin yerini bilir. Çok azımız ailemizle uzun süre beraber olmaktan hoşnut oluruz. Ben ailemi görmeye gittiğimde psişik bir kalkan kullanırdım. Gerginleşir, birilerinin yaşam tarzımı eleştirmesini beklerdim. Oysa bugünlerde eve huzur içinde gidiyorum. Arınmamı sürdürüyorum ve bir şekilde ailemde de bir değişim görüyorum.

Arınmak zorundasınız; hiç durmadan. Memnuniyetin yolu budur. Bu arada neredeyse gizemli ve insanüstü birtakım yararlar da oluşabilir (bunlardan daha sonra söz edeceğim). Herhangi bir ödül peşinde olmamalısınız. Herhangi bir şeye ulaşmak için arınmak bir programdır. *Şimdi* burada olmak için arınırsınız. Mucize *şimdidir.*

Güç *şimdi* vardır. Asıl ödül *şimdi*. Yine de şimdi ve burada bulunan hiç kimseyi tanımıyorum ve arınmamı sürdürüyorum.

Tüm bunlar nereden çıktı? Bu dört cümle neden işe yarıyor?

Bu cümlelerin nereden kaynaklandığını ortaya koyan hiçbir araştırmaya rastlamadım. Bunların birtakım Hıristiyan inançlarıyla ("Özür dilerim" ve "Lütfen beni affet" ile pişmanlığı dile getirmek gibi) ilgili oldukları sonucunu çıkarmak kolay olurdu. Aynı zamanda eski Hawaii inançları da tanrılara ya da iyileştiren veya inciten bir İlahi Varlık'a sığınmak için belli özdeyişler yaratmış olabilirler. Bu dört cümlenin bir grup terapisinde birinin "Lütfen evinize domates fırlattığım için beni affedin" demesinin ve sözlerini af dileyerek ("Özür dilerim") sonlandırmasının ardından diğerinin "seni seviyorum" demesinden kaynaklandığı da söylenebilir.

Ne şekilde ortaya çıkmış olurlarsa olsunlar, bu dört cümle artık burada. Artık binlerce kişi çok sayıda şikâyetten kurtulmak için bunları tekrarlıyor.

Peki, bu cümleler neden işe yarıyor?

Bunu açıklamak daha da zor. Bu YALNIZCA inançtan kaynaklanabilir. Plasebo çok etkilidir. Dr. Hew Len'in hastanede bir koğuşun kapatılmasına yol açan ünlü öyküsü ile bu cümlelerin büyülü gücü olduğuna inanmak kolaylaşıyor.

Öte yandan, bu cümlelerin *gerçekten* sihirli bir gücü olabileceğini göz ardı edemeyiz. Bu güç sizin onlara olan inancınızdan ya da inancınız ne olursa olsun onları söylemenizden kaynaklanıyor olabilir, bunu kimse kesin olarak iddia edemez. Bir bilim insanını bunları kullananlar ile kullanmayanlar üzerinde bir çalışma yürütürken hayal edebiliyorum. Belki o zaman bunların nasıl işe yaradığını *anlayabiliriz*. Böyle bir çalışma ortamında bile o kadar çok değişken unsur var ki, bu bile kesin bir sonuca ulaşamayabilir (Kayıtlara geçsin diye söylüyorum, Dr. Hew Len bir keresinde bana insanların bir meditasyon sırasında bu cümleleri söyleyerek tansiyonlarını düşürdüklerini gösteren bir çalışma gönderdi ama bu o kadar küçük bir grubu kapsıyordu ki önemsenecek bir şey değildi).

Çoğu kez bu dört cümlenin daha uzun bir süreci tetikleyen sözcükler olduğunu açıkladım. Örneğin, "Özür dilerim" dediğimde aslında, "Bu olaya yol açan program için özür dilerim" diye düşünmekteyim. "Lütfen beni affet" dediğimde ise aklımdan, "Düşünce tarzımın farkında olmadığım için lütfen beni affet" diye geçirmekteyim. "Teşekkür ederim" dediğimde, "Bu programı benliğimden çıkardığın için teşekkür ederim" demek istiyorum. "Seni seviyorum" dediğimde ise Kaynağa geri dönüyor (İlahi Varlık ya da Sıfır Noktası) ve içimdeki beyaz tahtayı temizliyorum.

İyi haber, bugün daha çabuk sonuç almamızı sağlayan daha çok sayıda arınma yöntemine sahibiz; bunları bir başka bölümde inceleyeceğiz. Şimdilik Ho'oponopono şifasının ardındaki fikirleri bilimin nasıl desteklediğine bir göz atalım.

BÖLÜM 6

Bu Programlar Nereden Çıktı?

Siz zaten mükemmelsiniz.

—Dr. Ihaleakala Hew Len

Nöroplastisite alanına bayılıyorum. Müthiş güçlü bir alan. Beyninizin plastik gibi şekillendirilebileceğini ileri sürüyor. Ayrıca sizin tarafınızdan yeniden biçimlendirilebiliyor ve yeniden kontrol altına alınabiliyor; kendi başınıza yönlendirebileceğiniz bir nöroplastisite. Bu, Ho'oponopono'nun nasıl işlediğini açıklamaya yardımcı oluyor.

Dr. Jeffrey Schwartz, tıp doktoru Rebecca L. Gladding ile birlikte kaleme aldığı son kitabı *You Are Not Your Brain* (Sen Beynin Değilsin) isimli kitabında neredeyse tüm alışkanlıkların dört aşamalı bir süreçte değiştirilebileceğini söylüyor. Artık kendi kendinizi sabote etmeye bir son verebilir ya da herhangi bir kötü alışkanlığınızı sonlandırabilirsiniz. Özgür kalabilirsiniz.

Ben Dr. Schwartz ile görüştüm. Bu tıp doktoru, psikiyatrist ve araştırmacı olağanüstü bir enerjiye ve derin bir inanca sahip ve işini çok seviyor. Martin Scorsese'nin Howard Hughes hakkında yaptığı *Göklerin Hâkimi* isimli filmin danışmanlığını yaptı. Schwartz hâlâ bizim gibi insanlara istediğimize ulaşmak ve istediğimiz gibi olmak için beynimizi yeniden donatmayı öğretiyor.

Öğretisi sizin maddeden daha fazlasına sahip olduğunuz kavramına dayanıyor. Bu nedenle beyninizden ayrılabilir, onun farkında olabilir ve onu yeniden donatabilirsiniz.

Schwartz aynı zamanda bir bilim insanı ve 2002'de *The Mind and the Brain: Neuroplasticity and the Power of Mental Force* (Akıl ve Beyin: Nöroplastisite ve Zihinsel Güç) isimli büyüleyici bir bilimsel kitap yazdı. Öte yandan dinî inanca da sahip ve bunu söylemekten çekinmiyor.

Düşüncelerin kaynağını açıklamıyor ama bunlardan bazılarının yararlı olduğunu, diğerlerinin ise beynin aldatıcı iletileri olduğunu ileri sürüyor. Bunlara kulak vermeyi ama boyun eğmemeyi öğrenebileceğinizi savunuyor. Schwartz'a, *Çekim Yasası Sırrı* gibi kitaplarımın çoğunda, onun beynin aldatıcı iletileri dediklerine kısıtlayıcı inançlar adını verdiğimi söyledim. Bunlar hedefiniz için yararsız fikirlerdir. Schwartz obsesif-kompulsif (saplantılı-zorlanımlı) bozuklukları olanların beyin taramalarında, beyinlerinden gelen zararlı iletilerin saptandığını açıkladı. Sorun hastalarda değil, beyinlerindeydi. Yeni beceriler edinerek beyinlerini eğitebilirlerdi (Dr. Schwarts *Brain Lock – Beyin Kilidi* isimli ilk kitabında obsesif-kompulsif bozukluktan söz ediyor).

Bu hepimiz için geçerli. Beynimiz her zaman bize yardımcı olmayabilir. Burada bize söylenen, sorun ne olursa olsun onu değiştirebileceğimiz. Önemli olan bunu öğrenmek. Schwartz'ın dört aşaması her koşulda –BlackBerry ya da iPhone tutkusu, alışveriş tutkusu, aşırı oburluk, abur-cubur yeme, dolandırıcılık, işleri savsaklama, uyuşturucu alışkanlığı, vb.– uygulanabilen evrensel bir çözüm.

Başka bir deyişle, aklınıza düşen "Bu Ho'oponopono denen şey bir işe yaramaz" gibi fikirler sizden değil, beyninizden kaynaklanmaktadır.

Schwartz bunlara aldatıcı beyin iletileri diyor ve kendinizi bunlardan uzak tutamazsanız bunların size ait olduğunu *sanabilirsiniz.* Arınmak bunları belleğinizden silmenizi sağlar. Arınmakla bunları bir daha ortaya çıkamayacak şekilde alt edersiniz.

Özetle, bunlarla başa çıkabilmeniz için Schwartz'ın önerdiği dört aşama şöyle:

Adım 1: Yeniden isimlendirmek: Beyinden gelen aldatıcı iletileri ve bunların yol açtığı tedirgin edici duyumları tanımlayın; onlara gerçek isimlerini verin.

Adım 2: Yeni bir çerçeveye oturtmak: Beyinden gelen aldatıcı iletileri önemseme tarzınızı değiştirin; bu düşüncelerin, itkilerin, dürtülerin sizi neden rahatsız ettiğini belirleyin. ("Bunu yapan ben değilim, YALNIZCA benim beynim!")

Adım 3: Yeniden Odaklanma: Dikkatinizi somut ve yaratıcı bir eyleme ya da zihinsel sürece yönlendirin; sahte ve kandırıcı itkiler, düşünceler, tutkular ve duyumlar size hâlâ baskı yapıyor ve tedirginlik veriyor olsa bile.

Adım 4: Yeniden Değerlendirme: Bu düşünce, itki ve tutkuları oldukları gibi görün; bunlar gerçek olmayan, aldatıcı beyin iletilerinin yol açtığı duyumlardır ve çok az ya da hemen hiçbir değer taşımamaktadırlar.

Bedeninizi çalıştırdığınız gibi aklınızı da çalıştırabilirsiniz. Bundan sonra ben buna Beyin Yogası diyeceğim. Bu bilgi size beyninizin pilotu olmayı öğretecek, artık duvara toslamanıza yol açan bir uçuşta yolculuk yapmayacaksınız. Schwartz gibi nöroplastisite öncülerinin kitapları ve araştırmaları beni heyecanlandırıyor ve esinlendiriyor. Bunlar direnç, gayret ve stratejiyle her istediğimizi elde edebileceğimizi kanıtlıyor.

Daha önemlisi, şimdinin içinde bulunacağınız noktaya ulaşabilirsiniz. *Şu anı* yaşayabilir, İlahi Varlık'ın fısıldadığı hedefleri ve esinleri duyabilir ve herhangi bir tereddüt ya da korku duymadan bunları yerine getirebilirsiniz.

Buna ulaşıncaya kadar arının, arının, arının.

BÖLÜM 7

Şalter İndi: Yalancı İlaç

Cmabrigde Üivernisetsi'nin bir aratıraşnısma gröe halfrer hnagi şildeke dilirsize diliszin ömneli oaln ilk ve son hiarfn yirenin bamzoluamdısır. Giresi kışarık da osla oyanbukisiliriz. Buunn nenedi inasn binyenin her hafri diğel bir süzcöğü büütn oralak okamudısır.

Beyniniz gerçekleri anlamak için kestirme bir yol oluşturacak ve varlığınıza yönelik tehditleri araştıracak şekilde planlanmıştır. Bunu yapma yollarından biri boşlukları doldurmaktır, tıpkı siz yukarıdaki abuk sabuk yazıları okurken beyninizin yaptığı gibi. Bununla beraber, bu eşsiz yetenek algılamada sorun da yaratabilir. Zihniniz yanılabilir ve siz bunun farkında bile olmazsınız.

2005 yapımı *Kontrol* filmi bunun en güzel örneğidir. Film zehirli iğneyle ölüm cezasına çarptırılan bir sosyopata ikinci bir şans tanınmasıyla ilgili. Bu sosyopatın tek yapması gereken herkesin sorunlu kişilere huzur sağlayacağını umduğu yeni bir ilacı denemek (kobay olmak). Katili oynayan aktör Ray Liotta istemeyerek bunu kabul eder.

Canlandırdığı katil karakter zamanla sakinleşir, pişmanlık duyar ve gerçekten değişmiş görünür. Oysa kısa bir süre sonra bu deneyde yer alan diğer insanların hepsinin öldüğünü öğreniriz. Yalnız Ray sağ kalmıştır. Neden?

Filmin sonunu açıklayıp keyfinizi kaçırmak istemiyorum bu yüzden YALNIZCA şunu söyleyeyim, beklentileriniz ulaştığınız sonuçları yaratır. Beklentilerinizin ne olduğunu bilinçli olarak bilmek zorunda değilsiniz. Çevrenizdeki insanlardan ve geçmişinizden yararlanarak beklentilerinizle ilgili birtakım sonuçlara ulaşırsınız.

Bu noktada Ho'oponopono devreye girerek yardımınıza koşar.

Dr. Hew Len'e göre geçmişimiz programımızın bir parçasıdır. Hayattan ve birbirimizden beklentilerimiz daha önceki deneyimlerimizde ulaştığımız sonuçlardan kaynaklanır. Başka bir deyişle, şu anı asla net olarak görmezsiniz. Onu filtreden geçirirsiniz.

Kontrol filmindeki bu sosyopat son derece şiddet içeren bir ortamda yetişmişti. Hırs ve kinden kaynaklanan suçlara tanık oldu. Bilinçdışında kendi yaşamının da gördükleri gibi olacağı sonucuna vardı. Tabii ki bu doğru değildi çünkü böyle olmak zorunda değildi. Yine de zihni belli sonuçlara ulaştı ve o da farkında olmadan bunları gerçekleştirdi.

Öykünün devamında adam kendisiyle ilgili yeni sonuçlara ulaşmasına yardımcı olacak birine rastlıyor ve önemli ölçüde değişmeye başlıyor. Neden? Çünkü kendisine dair yeni bakış açısı onun için yeni bir yaşam tarzı yaratıyor; şiddet eğilimli olmak yerine yardımsever bir kişiye dönüşüyor.

Ho'oponopono size bu yaşamın salt geçmişinizden ibaret olmadığını öğretir.

Dr. Hew Len amiplerden ve evrenin başlangıcından önceki yaşamlardan veriler taşıdığımızı söylüyor. Bu, şimdiki yaşamınızdaki farkındalığınızla taşıyabileceğinizden çok daha fazla. Yükünüz ağır. Yaşamınızdan çok öncesinde bir yolculuk için bavulunuzu tıka basa doldurmuşsunuz. Henüz bavulunuzu boşaltmadınız, bu yüzden gördükleriniz ve yaşadıklarınız bu anın arılığını ender olarak yansıtmakta.

Bu sözcükleri okurken bile zihniniz bunları size daha önceden oluşmuş bir programın süzgecinden geçirerek sunuyor. Eğer size kuşkucu olmak öğretilmişse bu kitabı belli bir açıdan okursunuz. Eğer benden ve kitaplarımdan hoşlanıyorsanız, belli bir beklentiniz olur. Benden hoşlanmayanlar arasındaysanız bu kitabı başka bir açıdan okursunuz.

Peki, kitap nerede?

Eğer kişisel verilerinize ve beklentilerinize bağlı olarak bu sözcükler çeşitli yorumlara açıksa, bu kitabın gerçeği nerede?

İşte beynin nasıl çalıştığına ışık tutacak bir başka deneme. Aşağıdaki cümleyi okuyun ve kaç tane F harfi gördüğünüzü söyleyin:

FINISHED FILES ARE THE RESULT OF THE YEARS OF SCIENTIFIC STUDY COMBINED WITH THE EXPERIENCE OF YEARS.

Bu örnek beyninizde bir arıza olduğunu ortaya koyuyor (Bu arada, burada altı F var. *Of* sözcüğündekini fark ettiniz mi?)

İşte bir başka deneme: Musa Peygamber gemisine her cinsten kaç hayvan aldı?

Eğer bu soruyla daha önce de karşılaştıysanız muhtemelen yanıtınız "iki" olacak. Ama yanıldınız. Hayvanları toplayan Musa değil, Nuh Peygamber idi.

Wray Herbert, *On Second Thought* (Tekrar Düşününce) isimli kitabında üniversite öğrencilerinden bir egzersiz programından önce talimatları okumalarının istendiği bir çalışmadan söz ediyor. Gruplardan biri net, okunaklı, siyah Arial yazı tipiyle yazılmış olanı okuyor. Bir diğer grup "Japonların fırça darbeleriyle elde yazılmışa benzeyen" metni okuyor.

Sonra öğrencilerden egzersize başlamaları isteniyor. Talimatları rahatça okuyabilenler bunu kolayca yapıyor. Oysa zor okunan metinle karşılaşan öğrenciler bu programın çok zor olacağı kanısına kapılıyor. Hiçbir şekilde uygulamaya kalkışmıyorlar.

Herbert'in yazdığına göre, "Japonların fırça darbeleriyle uğraşmak zorunda kalan öğrenciler spor salonuna girmeye bile yeltenmediler. Okuma çabalarından bitap düşmüşlerdi."

Dikkat edin, öğrenciler talimatın yazılış şeklinin kararlarını etkilediğinin *bilinçli* olarak farkında değillerdi. Bu onların farkındalığının dışında gelişti. Yazı tipi onları etkiledi.

Beyniniz her zaman anlık yargılamalarda bulunur. Etkili olmaya ve sizi güvenceye almaya çalışır ama tembeldir. Öte yandan, yukarıdaki örneklerde görüldüğü gibi, bu kestirme yollar sizin yaşamın gerçeğini görme ve dilediğiniz değişiklikleri oluşturma yeteneğinizi kısıtlayabilir. Çevrenizdeki her şeyin ve herkesin sizi etkilemekte olduğunu göremeyebilirsiniz. Bu tümüyle bilinçdışında gerçekleşmektedir.

Ho'oponopono sizi bu zihinsel arızaları yaratan geçmiş programlanmanızdan kurtulmaya ve geçmişteki her şeyi affederek sevgiyi bulmaya, bu anı kabullenmeye çağırıyor. Sizin bu anın farkına varmak için arınmanıza yardımcı olmak istiyor.

Bu çok zor bir iş. Dr. Hew Len bunu yaşamımız boyunca gerçekleştiremeyeceğimize inanıyor (Ben onun kötümser olduğunu düşünüyorum ama bu benim verim). Her koşulda, yapılacak şey arınmak. Bu kitapla, yaşamınızla, beklentilerinizle ilgili olarak arının, aklınıza gelen ve *şu anın mucizesi* olmayan her şeyle ilgili olarak arının.

Kontrol filmi beklentiniz bilinçdışında bile olsa ona ulaşabileceğinizi gösterdi. Ama o bir filmdi.

Gerçek hayatta ne olur?

Bir blog yazısında büyüye inanmaktan söz ettim. Biri bana yazarak eski savaşçıların kendilerini oklardan ve kurşunlardan korumak için büyülü yelek giydikleri söylentilerinin doğru olup olmadığını sordu. Ona göre bu büyülü bir düşünceydi ve gerçekle ilgisi yoktu.

Bunu garipsedim.

Eğer savaşa gidiyor olsaydım büyülü yelek dâhil beni koruyacağı söylenen her şeyi giyerdim, hem de çabucak. İşe yarayacağını bilsem başıma spagetti çubukları takar ya da tavşan ayaklarından yapılmış bir kolye takardım.

Bence kendinizi güçlü hissetmenizi sağlayacak, duadan ayinlere ve takılara kadar her türlü şeyden yararlanmamak biraz budalaca bir davranış olur. Savaş gibi ürkütücü bir deneyimi atlatmanıza yardımcı olacak her şeyden yararlanmalısınız.

Öte yandan dostumun sözleri üzerinde biraz daha duralım. Büyülü düşünceler ne zaman bir sorun oluşturur?

Plasebolar –"hastaya fizyolojik olmaktan çok psikolojik açıdan yararlı olmak üzere önerilen zararsız hap, ilaç ya da uygulamalar" olarak tanımlanırlar– konusundaki araştırmalarım, bir şeye inandığınız takdirde inancınızın onu gerçekleştirdiğini doğruluyor.

Diz sorunları olan kişileri dizlerinden ameliyat olduklarına inandırdığınızda –bu kişiler anestezi altındayken dizlerinde kesikler yapılmış ama ameliyat edilmemişler– gerçekten iyileştiklerini kanıtlayan şaşırtıcı bilimsel çalışmalar var.

Geçenlerde bir araştırma verilen ilacın plasebo olduğunu bildiğinizde bile bunun işe yaradığını ortaya koydu.

Bu yeni bir haber değil. Ben inancın gücünü 1960'larda Claude Bristol'un *The Magic of Believing* (*İnanmanın Büyüsü*) isimli başyapıtını okuduğumdan bu yana biliyorum. İnancınız gerçeği şekillendirir. Kendiniz ya da dünyanız hakkında bir şeyin gerçek olduğuna inanırsanız bununla ilgili koşulları kendinize çekebilirsiniz.

Aynı şey olumsuz inançlar için de geçerlidir.

Nosebo, olumsuz beklentidir ve kendine uygun koşulları rahatlıkla oluşturabilir. Başka bir deyişle, eğer bir şeylerin ters gideceğine ya da zararlı bir sonuç doğuracağına inanırsanız bu beklentiniz gerçekleşir.[2]

Bu ilginç bir duruma yol açıyor.

Eğer inancınız gerçeğinizi bu denli etkiliyorsa inancınız ne zaman gerçekle ters düşer? Örneğin, savaşa giderken büyülü bir yelek giymekle kendinizi mi kandırıyorsunuz? Mevcut gerçeğe karşın olumlu bir sonuca inanmak kendini aldatmak mıdır? Kanıtlar aksini gösterirken olumsuz bir sonuç beklemek yanlış mı olur?

Muhtemelen.

Evet, büyülü bir yelek giyer ya da kutsanmış bir yüzük takarken kendinizi aldatıyor olabilirsiniz. Ancak bu aldanmanın kendisi yaşamınızı kararlılıkla sürdürmenize yardım edecek bir inanç olabilir ve hatta hayatta kalmanıza ve başarılı olmanıza yardımı olacak fazladan bir üstünlük sağlayabilir.

Farklı bir açıdan bakarsak, Diğer seçeneğiniz ne? Savaşa hiçbir şeysiz gitmek mi? Hiçbir güce sahip olmadan yaşamak mı?

Burada inancınız egemen olduğu için olumluya ya da olumsuza inanma ya da *hiçbir şeye* inanmama özgürlüğüne sahipsiniz *(hiçbir şeyi* italik harflerle yazdım çünkü hiçbir şeye inanmamak da *bir şeye* inanmaktır).

Kimileri gerçeğin Bilim denen büyük tanrı ile başlayıp bittiğine inanıyor, oysa bilim her zaman daha önceki sonuçların tersi sonuçlara

---

2 www.washingtonpost.com/ac2/wp-dyn/A2709-2002Apr29.

ulaşıyor. Plasebolar içeren bugünkü bilim, inancınızın çevrenizdeki gerçek denilenden çok daha önemli olduğunu kanıtlıyor.

Eğer bilim gerçek konusunda belirleyici unsur ise, neden tüm bilim insanları aynı fikirde olmuyor? Örneğin, neden altıncı hisse (duyu ötesi algıya) inanan bilim insanlarının yanı sıra buna inanmayanlar var?

Vay canına, ben bilimin nihai karar olduğunu sanıyordum.

Psychology Today gibi popüler bilimsel dergileri okumayı bıraktım çünkü bunların YALNIZCA son zamanlardaki çalışmalara yer verdikleri ortada. Bunları yeterince incelerseniz yeni çalışmaların eskileriyle çeliştiğini göreceksiniz. Bu böyle sürüp gitmektedir.

Kısacası, gerçek nedir?

Uyanış Kursu isimli kitabımı ve işitsel programımı yayımladığımdan bu yana, gerçeğin bir yanılsama olduğunun altını çiziyorum. Bu yeni bir fikir değil. Budha ve başkaları, özellikle ikilem karşıtı öğretmenler de aynı şeyi söylediler. Farkındalığın dördüncü aşamasına ulaştığınızda yanılsamayı görürsünüz.

Einstein'in dediği gibi, "Sürekli olsa bile gerçek YALNIZCA bir yanılsamadır."

Bir kez daha yineleyelim, büyülü zırh ya da yelek giymekte ya da böyle bir şey yapmamakta özgürsünüz. Büyüye de inanabilirsiniz gerçeğe de inanabilirsiniz.

Her ikisi de inancınızı yansıtır. Temelde her ikisi de gerçektir.

Eninde sonunda, gerçek olarak gördüğünüz şeye kendi açınızdan bakmaktasınız ve bu açı sizin inançlarınızdan oluşmaktadır.

Benimle karşılaştıysanız, konuşmamı dinlediyseniz, resimlerimi gördüyseniz ya da televizyonda veya filmlerde izlediyseniz yüzükler ve boncuklar taktığımı fark etmişsinizdir. Bunların bir kısmı benim markalarımdır ve bazıları gerçek dinsel sembollerdir. Bunların bana yardımcı olduğuna inanıyorum. Konuşma yapacağım zaman yaklaşık

4 milyar yaşında olduğuna inanılan (yani dünyadan daha yaşlı olan) Gibeon gök taşının bir parçasından yapılmış bir mücevher takarım. Bu hem çok güzel hem de bunu taktığımda enerjim artıyor. Ayrıca onu on yıl önce eşim Nerissa armağan etti, dolayısıyla duygusal bir değeri de var (*Attrack Money Now* ya da *Instant Manifestation* kitaplarımın kapağındaki resimlerimde bunu taktığımı görebilirsiniz).

Burada önemli olan nedir? Ona inanıyor olmam.

Öyleyse aslında gerçek nedir?

Gerçek şu: Ben hayatta her yaprak kıpırtısından ürkerek yaşamaktansa büyülü bir evrene inanmayı ve yaşamımın mucizelerle açan bir tomurcuk olduğunu düşünmeyi yeğliyorum.

Aynı zamanda Sufilerin "Eşeğini sağlam kazığa bağla sonra Allah'a ısmarla." sözünü de doğru buluyorum. Blogumdaki büyülü düşüncelerle ilgili yazım üzerine soru soran dostuma dönersek, büyülü yeleğe inanmalı ama bu arada kendini korumak için ne gerekiyorsa onu da yapmalısın.

Gerçeği yeniden yaratmanın özü bu. Evet, büyü var ve evet fiziksel dünyada da senin eylemlerin var. En akıllıca yaklaşım bu ikisini harmanlamaktır.

Büyüdeki en ciddi tehlike, YALNIZCA ona güvenmektir.

The Happiness Advantage (Mutluluk Avantajı) kitabında Shawn Achor, hayata tozpembe bakmak yerine iyimser bakmanızı öneriyor. Bunu şöyle açıklıyor: "Anlaşılacağı gibi, iyimser bakmak önemli sorunları gözümüzün önüne sererken bir yandan da olumlu şeylere odaklanmamızı sağlar."

Bu bölümü Bruce Barton'un benim *The Seven Lost Secrets of Success* (Başarının Yedi Kayıp Sırrı) adlı kitabım hakkında söylediklerini aktararak sonlandırayım. 1927'de yayınlanan *What Can A Man Believe?* (İnsan Neye İnanabilir?) adındaki kitabında şöyle yazıyor:

İşine inanmak, ülkesine inanmak, kendine inanmak, diğer insanlara inanmak; dünyayı harekete geçiren güç budur. Öyleyse her şeyden çok daha üstün olan bu gücün evreni yöneten Büyük Gücün YALNIZCA küçük bir parçası olduğuna inanmak neden mantık dışı olsun?

Özetle, savaşa gitsem kesinlikle büyülü bir yelek giyerdim ve kendimi güvenceye almak için mümkün olan her şeyi yapardım. Büyülü yeleğin kendi başına bir gücü olabilir de olmayabilir de ama benim ona inanmam bu gücü sağlayacaktır.

Başka bir şekilde söylenecek olursa, plasebo aslında gerçek değildir ama *etkisi* gerçektir.

İnançlı olun ve eşeğinizi sağlam kazığa bağlayın!

Ve bu arada, arınmayı sürdürün!

BÖLÜM 8

Gizli Ayna

Kendinizi inançlı ve güvende hissettiğiniz zaman her konuda konuşabilirsiniz. Bir şeylerin oluşmasına izin verir ve onları kolayca yok edebilirsiniz. İnanmak birinci derecede önem taşır.

—Dr. Joe Vitale, *The Miracles Manual*
(Mucizeler El Kitabı), 1. cilt

2013 başlarında Miracles Coaching® (Mucizeler Koçluğu) programımı yürüten şirket benimle *online* satılacak bir ürün geliştirmek istediğini bildirdi. Şirket bunun düzenli bir gelir sağlayacağı ve benim eğitim programım için önemli bir kaynak oluşturacağı kanısındaydı. Bunun çok iyi bir fikir olduğunu düşündüm ve kabul ettim.

Bunun nasıl bir ürün olacağı konusunda kimsenin en ufak bir fikri yoktu. Reklam yazarları ile telefonlaştık ve fikirler geliştirmeye başladık. Onlara çalışmamın çoğunun yaşamın bir ayna olduğu kavramına dayandığını, bu yüzden belki metafor ya da araç olarak kullanılabilecek bir ayna içeren bir ürün oluşturabileceğimizi söyledim. Buradan hareketle Gizli Ayna fikrine ulaştım. Bu ilginç bir isme benziyordu. Ama ben dâhil hiç kimsenin bunun ne olduğunu bilmediğini itiraf edeyim.

Aylar geçti; sonunda dört kişiyi uçakla gelip benden –kamera karşısında canlı olarak– eğitim almak üzere davet etmeyi kararlaştırdık. Bir realite şovu gibi, bu olay filme çekilirken ben onlara yardımcı olacaktım ve sonra bunu bir ürüne dönüştürecektik.

Filmin çekileceği gün, Teksas'ta Wimberley'deki Brewster's Pizza'da kamera ekibi hazırdı. Hatta henüz belirlenmeyen ürünün bir parçası olarak antika bir ayna bile kiralamıştık. Kameralar kayıttayken insanlarla tanıştım ve onlarla yaşam ve başarı konusunda sohbet ettim.

Buraya kadar her şey yolundaydı.

Derken sıra gelenlerle tek tek görüşeceğim ve her birinin 30 dakika ya da daha kısa bir sürede bir farkındalık yaşamasına yardım edeceğim bölüme geldi.

Bunu nasıl yapacağım hakkında hiçbir fikrim yoktu.

Her ne kadar onlarca yıllık kişisel gelişim deneyimi olan ve bir sürü teknik bilen biri olsam da bir yabancının kamera karşısında değişmesini sağlamaya çalışmak son derece sinir bozucuydu. Neredeyse elim ayağım tutmaz olmuştu.

Paniğe kapılmaya başladım.

"Ya bunu başaramazsam? Ya kamera karşısında aptal gibi görünürsem? Ya bu insanlara yardımcı olamazsam? Ya her şeyi berbat edersem?" diye düşündüm.

Sonra Mindu Audley'in *What If It All Goes Right* (*Ya Her şey Yolunda Giderse*) isimli kitabında sözünü ettiği *Ya doğruysa* yöntemini anımsadım. Kitapta insanlara "Ya bu işe yararsa? Ya insanlara yardım edersem? Ya her şey eğlenceli olursa?" gibi olumlu sorular yöneltmemizi öneriyordu.

Bu enerjimin yönünü değiştirdi. Kendimi mutlu ve daha iyimser hissettim ama yine de bu kahrolası Gizli Ayna yönteminin ne olduğunu öğrenmek zorundaydım.

İmdat!!!

Tuvalete gittim, kapıyı kilitledim ve aynaya baktım.

Kendi kendime *–hemen şimdi–* arınmaya ihtiyacım olduğunu söyledim ve o dört cümleyi yüksek sesle tekrarlamaya başladım. Kendi kendimle değil, İlahi Varlık'la konuşmaya odaklanmaya özen gösterdim. Korkum programlanmıştı. Bu bir veriydi. Geçmişten geliyordu. Nasıl, neden ya da kim olduğu umurumda değildi. Bunun *arınmasını* istiyordum.

Birkaç dakika sonra derin bir soluk alıp kendime kendimi sevdiğimi, ne olursa olsun sevmeye devam edeceğimi söyledim ve dışarı çıkıp sete girdim.

O anda Gizli Ayna yönteminin ne olduğunu anladım. Her şey zihnimde yerli yerine oturdu: Aynayı, benim yönlendirerek ve eğitim vererek insanların sorunlarını anlamasına yardımcı olmamı ve her birinin hedefine ulaşmasını içeren üç aşamalı bir uygulamaydı.

Şöyle bir şey:

1. Önce çelişen niyetler konusunu açıkladım. Bu, zihniniz bilinç düzeyinde bir şey isterken bilinçdışınızın başka bir şey istemesi durumudur. Bu çelişki sonuç alınmasını engeller. Örneğin, eğer siz bilinçli olarak daha fazla kazanmak istiyorsanız ama bilinçdışınızda paranın kötü olduğunu ileri süren bir program varsa para kazanmanız engellenecektir. Bilinçdışınızdaki görünmez ve güçlü yanınızdan kaynaklanan çelişkili niyet baskın çıkacaktır.
2. Sonra Gizli Ayna'yı açıkladım. Bu, eğittiğim kişilerin zihinsel olarak geleceğe seyahat ettikleri bir tür hayalî deneyimdir. Bu gelecek, evrene paralel ama ileride, onların bugün yaşadıkları

endişelerin *ötesinde* bulunuyor. Orada kendilerinin gelecekte bugün yaşadıklarıyla nasıl başa çıktıklarını görecekler. İnsanların gerçek bir ayna kullanmasını sağlıyorum ve buna uyanık bir trans içinde (gözler açık olarak) bakmaları için yönlendiriyorum. Gelecekteki kişiliklerine bugün ne yapmaları gerektiğini sorabiliyorlar.

3. Sonra esinlenilmiş eylemi açıkladım. Bu, zihninizde su üstüne çıkan ve uyanıkken içinde bulunduğunuz gerçeklikte kendini gösteren fikirler doğrultusunda eyleme geçme anlayışıdır. Çünkü bir şeyler harekete geçmeden hiçbir şey oluşmaz, eylem başarının vazgeçilmezidir.

Tüm bu süreçte içimden geldiği gibi konuştum. Kendimi serbest bıraktım. Güven duydum. İnandım. İlk eğittiğim kişi kameranın önünde 30 dakikadan kısa bir süre içinde değişime uğradı. Diğerlerinde de aynı şey oldu, böylece Gizli Ayna doğdu. Kısacık bir dua ettim: "Teşekkür ederim."

Aylar sonra, 2013 sonlarına doğru, şirket internette Gizli Ayna'nın tanıtımını yaptı. Bu bir sürü yoruma ve siparişe yol açtı. Yeni ürün büyük bir ilgi gördü ve görmeye devam ediyor.

İşte üzerinde durduğum noktayı destekleyen başka bir öykü.

Onyıllar önce Houston'da yaşarken Hermann Park'a gider ve oradaki golf sahasının çevresinde koşu yapardım. O zaman fazla kilolu olduğumdan ayaklarımda topuk dikeni oluşmuştu. Bunlar topuğun dışında ya da içinde oluşan kireçlenmedir. Benimkiler her iki topuğumun da arkasındaydı. O kadar büyüklerdi ki doktorlar bunları birbirine göstererek boyutlarını tartışıyorlardı. Hastanelerde gösteri malzemesi olmuştum. Doktorlar röntgenlerimi elden elde gezdiriyorlardı. Ama hiçbiri ağrılarımı gideremedi.

Zamanla bu dikenler son derece ızdıraplı bir hale geldi. Yürürken topallıyordum. Sonunda sağ ayağımdaki adalede ufak bir yırtılma oldu. Sürekli ağrı çektiğimden araba kullanamaz duruma geldim. Hemen her rahatsızlığın iyileştirilebileceğine inandığım için bilinçli olarak bir tedavi yöntemi araştırmaya başladım.

Bu amaçla doktorlara, şifacılara, terapistlere, masörlere, ortopedistlere, spor uzmanlarına, akupunktur uygulayanlara, şifalı otlarla tedavi edenlere ve daha birçoklarına başvurdum. Özel ayakkabılar ve kalıplar satın aldım. Duyguları özgür kılan yöntemler denedim, koruyucu meleklerime yakardım, çeşitli pomatları denedim ve internette araştırdım.

Masörlerden biri ayağıma bir hormon iğnesi yaptı; bu sayede bir ay kadar ağrılarım kesildi. Ama sonra tekrar başladı. Bu masör ameliyat olmamı önerdi ama bunun kesin sonuç vereceğini garanti edemiyordu. Ben de yanaşmadım.

Gittiğim bir proloterapist sağ topuğuma birkaç kez şekerli su zerk etti, bu yaşamım boyunca en fazla acı çektiğim olaydı. Bunun arı sokması gibi bir şey olduğunu söylemişti, oysa daha çok tarih öncesi bir canavarın doktorun burnu kadar büyük olan pençesiyle ayağıma saldırmasına benziyordu. İnanılmaz bir acı duydum. Yaralı bir hayvan gibi inledim.

Bu da işe yaramadı. Her çareye başvuruyordum. Herkes akıl veriyordu. Kadının biri, "Yerinde olsam hemen ameliyat olurdum," dedi. İyi niyetli birçok insan gibi o da bunun benim için en doğrusu olduğuna inanıyordu. Sürekli olarak arınıyor, birtakım yolları deniyor ve attığım her adıma dikkat ediyordum (gerçekten çünkü çok acı çekiyordum).

Ne yapmam gerekiyordu?

Derken bir gün, Hawaii'de, Dönüşümsel Liderlik Kurulu üyelerinin toplandığı mekânda, kumsalda parasız Chi Kung tedavisi yapıldığını belirten bir duyuru gördüm. Zihnimde bir şimşek çaktı. Beynimde *parasız* ve *kumsalda* sözcükleri yankılandı. Öte yandan kimi zaman Qigong da denilen, Çinlilerin iyileştirme yöntemi olan

Chi Kung konusunda zaten eğitim almıştım ve bu konuya çok meraklıydım. Denemeye değer olduğunu düşündüm. Bu iyi bir fikir gibi görünüyordu. Kalkıp gittim.

Chunyi Lin uluslararası onaylanmış diplomaya sahip bir Qigong Ustası ve Spring Forest Qigong'un kurucusudur. Güneşli kumsalda benimle birlikte bir avuç insanı çevresine topladı. Ona topuk dikenimden ve adalemdeki yırtıktan söz ettim. Sanki aynı acıyı duyuyormuş gibi yüzünü buruşturdu. Beni iyileştirebileceği konusunda pek ümitli değildim çünkü yüzünde beliren ızdıraplı ifade fazla bir şey yapamayacağını gösteriyordu ama elimden gelen daha fazla bir şey yoktu. Bana gözlerimi kapamamı, gevşememi ve ta uzaklardan gelen okyanus dalgalarına kulak vererek topuk dikenlerime sevginin ulaştığını hayal etmemi söyledi. *Bunu* yapabilirdim.

Göz ucuyla ne yaptığını izledim. Chunyi ayaklarımın ucunda durdu ve parmaklarını dikenlere doğru uzattı. Sürekli olarak eliyle ufak bir daire çiziyor, enerjisini ve dikkatini ayaklarımda yoğunlaştırıyordu. Bu dakikalarca devam etti. Zaman kavramını yitirdim. Aslında hiçbir şey hissetmiyordum ama gevşeyip her şeyi oluruna bıraktım. Yaklaşık 15 dakika sonra beni bırakıp bir sonraki kişiye yöneldi.

Kumsaldan ayrılmak üzere yürümeye başlayınca ayaklarımda daha fazla esneklik hissettim. Daha kolay hareket edebiliyordum. İyileştiğim kanısında değildim çünkü ağrılarım sürüyordu, dolayısıyla bu yöntemi fazla önemsemedim. Oysa birkaç gün içinde ağrılarım azaldı ve daha rahat yürümeye başladım. Bu beni heyecanlandırdı.

Hawaii'den ayrılmadan önce Chunyi'ye giderek teşekkür etmek ve ne yaptığını sormak istedim. Bana çok dostça davrandı ve YALNIZCA enerjisini ayaklarıma yönlendirdiğini söyledi. Yaka kartımı istedi, aldı ve bana şifa enerjisi göndermeyi sürdüreceğini söyledi.

Bu olayın üzerinden en az iki yıl geçti. Bugün hiçbir ağrım yok, araba kullanıyor, yürüyor hatta rahatlıkla idman yapabiliyorum.

Topuklarımdaki şişlikler topuk dikenlerim olduğunun göstergesi. Hâlâ onlara özen gösteriyorum ama hepsi bu. Ağrılarım tamamen yok oldu. Ne kadar uzun süre ağrılar içinde kıvrandığım düşünülürse bu gerçekten bir mucize.

Bu mucize nasıl gerçekleşti?

Bir amacım vardı –ağrıları yok etmek– ve Chunyi'ye gitmemi öneren içgüdüme kulak verdim. Bu ikisi bir araya gelince sonuca ulaştım, tıpkı Gizli Ayna'nın yaratılmasında olduğu gibi.

Peki ama tüm bunların olmasını ne sağladı? Nasıl oldu da yoktan bir şey var edebildim? Sonunda bir tedavi bulmayı nasıl başardım?

Bence bu, bilinçli bir hedefe sahip olmamdan, İlahi Varlık'ın beni esinlendirmesinden ve ikisinin birlikte beni eyleme yönlendirmesinden kaynaklanıyor; bu nedenle, Ho'oponopono bu unsurlarla bir araya geldiğinde neler olduğunu biraz daha ayrıntılı inceleyelim.

BÖLÜM 9

Çekim Yasasına Karşı Ho'oponopono

Net bir niyet; yani çaresizlik içinde ya da ihtiyaç duyularak belirtilen değil de çocuksu bir güven, inanç ve keyifle dillendirilen bir niyet kimsenin önceden kestiremeyeceği ya da oluşturamayacağı fırsatlara götürür.

—Dr. Joe Vitale

Çekim Yasası Sırrı kitabımın ya da rol aldığım *Secret* filminin hayranları çoğu kez Çekim Yasası ile Ho'oponopono arasında bağlantı kurmakta zorlanıyor. Hatta bazıları *Zero Limit* ile tam bir dönüş yaptığımı düşünüyor. Durumu anlayamamışlar.

Ben burada bir çelişki görmüyorum; ikisi birlikte çok iyi iş görüyor. YALNIZCA burada *niyetlerin* ve *esinlenmelerin* olduğunu söylemeyi yeğliyorum ve benim istediğim ikincisi.

Açıklayayım.

Bir gün pazarlama koçluğu programı için ofis koridorlarında yürürken eğitmenlerden biri bana, "Başka eğitimlerle ilgili bir şey düşünüyor musun?" diye sordu.

Birdenbire zihnim bir esinlenmeyle aydınlandı.

"Hep mucizelerle ilgili bir şeyler yapmak istemişimdir," dedim. "Mucizeler koçluğu olabilir."

Bu konuyu tartıştık. Bir hafta içinde www.MiraclesCoaching.com sitesini kurduk. Altı aylık bir sürede yaklaşık 50 kadar kişinin ilgilenebileceğini sanıyorduk. Bir günde 500 başvuru oldu.

İşte bu esinlenmedir.

2006 yılında Tezahürün Ötesi adlı özel bir etkinlik düzenledim. Burada gerçekliğinizin tezahür etmesinin üç yolu olduğunu açıkladım.

1. *Farkında olmadan:* Eğer yaşamınızda bilinçli olarak yer almazsanız, gerçekliğiniz sizin yerinize başkalarının eylemleriyle sizin kendi bilinçdışınız tarafından oluşturulur. Bu, uyanışın gerçekleşmediği bir yaşama biçimidir.
2. *Seçimle*: Bilinçli olarak ortaya koyduğunuz hedefler bedeninizi, zihninizi ve ruhunuzu belli bir istikamete yönlendirir. Bu, farkında olmadan saptanan hedeften daha iyidir çünkü burada daha uyanık ve daha güçlü olursunuz.
3. *Esinlenerek:* Burada Kutsal Varlık'ın ya da Sıfır'ın size yeni fikirler sağlamasına izin verirsiniz. Bunların nereden geldiğini anlamayabilirsiniz. Eğer rahatlayıp kendinizi bırakır ama bir yandan da bilinçli ve farkında olursanız şaşırtıcı yeni fikirler edinebilirsiniz. Bu, yaşama çok daha heyecan verici ve aydınlanmış bir yaklaşımdır.

Yine de niyetlerde çok güçlüdür. Dilediğiniz her şeye niyetlenebilirsiniz ama İlahi Varlık'ın bunu belirlemesine izin vermek çok daha akıllıca olur. O zaman esinlenme egemen olacaktır.

Buna şöyle bakın. Niyetler geçmişinize dayalı olarak egonuzdan kaynaklanır. Aklınızın neyi olası gördüğüne bağlıdırlar. Bu da hedeflerin mevcut verilere bağlı olması demektir. Onlar anılardan kaynaklanır. İçinizde oluşan kısıtlamalardır.

Öte yandan, esinlenme aklınızı başınızdan alabilir.

Esinlenme var olan her şeyden gelebilir. Ona İlahi Varlık, Sıfır Noktası, Tanrı, Tao diyebilir ya da başka bir isim verebilirsiniz. Bu, aklınızı kapsar ama aklınızın ötesine de geçer. Böylece her zamankinden daha büyük düşünebilirsiniz.

Buna başka bir bakış açısı da *Uyanış Kursu*'nda sözünü ettiğim dört aşamalı uyanıştır. *Zero Limit'i* yazdığımda dördüncü bir aşama olduğunu bilmiyordum (üçüncü aşamayla ilgileniyordum). Ama dördüncü aşama vardır ve İlahi Varlık ile bütünleştiğinizde gerçekleşir. Ho'oponopono buraya ulaşmanızda size yardımcı olabilir.

İşte o dört aşama:

1. *Mağduriyet*: Çoğu insan bu ilk aşamadadır. Her ne olursa, bu diğer herkesin ya da en azından başka birinin suçudur. Bu bir suçlama oyunu dünyasıdır. Burası çoğu kişinin, Thoreau'nun işaret ettiği gibi "sessiz çaresizlikle yaşadığı" yerdir.
2. *Güçlenme: The Secret, Çekim Yasası Sırrı* ile *Düşün ve Zengin Ol* tümüyle güçlenme hakkındadır. Bu aşamada niyetinizi belirleyebilir, imgeleyebilir ve tezahür edebilirsiniz. Bu eğlenceli ve –hatta– heyecan vericidir. Ancak bir noktada kontrol edemediğiniz bir durumla, çoğunlukla ölüm ya da ciddi bir hastalıkla karşılaşır ve kısıtlamalara uğrarsınız. Hiç kontrolünüz olmadığını anlarsınız. Bunu yapamıyorsunuzdur. Bu da sizi bir sonraki aşamaya hazırlar.
3. *Teslimiyet:* Bu üçüncü aşama Dr. Hew Len'in bana öğrettiği Ho'oponopono'dur. Dünyayı yönetmeye kalkışmazsınız. Niyetlerinizi belirtmeye ve esinlenmelere izin vermeye gayret edersiniz. Zaten işlemekte olan sürece güvenirsiniz. İlahi Varlık'tan

size doğru gelen akıntıya uyum sağlamayı öğrenirsiniz. Ona güvenirsiniz.

4. *Uyanış:* Bu son aşamada, egonuz İlahi Varlık'ın zihniyle bütünleşir. Neredeyse hiç kimse bu aşamaya ulaşamaz ama ulaşanlar da vardır. Dışarıdan bakınca kimin aydınlanıp kimin aydınlanmadığını bilemezsiniz. Bunu bilmenizin yolu yoktur. Hem bu ilahi bir lütuf olarak gelir. Uyanışı ya da aydınlanmayı siz sağlayamazsınız. Bu sizin isteğinizle olmaz. Yapabileceğiniz tek şey temizlenmek, arınmak ve hazır olmaktır. Burada da Çekim Yasası göz ardı edilemez, ilkokulu okumadan orta öğrenime geçilememesi gibi. Bu sizin evriminizin bir parçasıdır. Farkındalık merdiveninin bir basamağı ya da merhum Dr. David Hawkins'in dediği gibi, insan bilincinin haritasıdır. Bunlar birbirine ters düşmez. YALNIZCA ruhsallığın farklı düzeylerindedirler.

Her zaman Çekim Yasası'nın yer çekimi gibi olduğunu söylerim, o hep mevcuttur. İsteseniz de istemeseniz de işlemektedir. Yalnız, yaşamı anlamanın temeli tamamen bu değildir. Esinlenme daha etkili bir araçtır.

En akıllı yaklaşım zaman ayırarak esinlenmeyi *mümkün kılmaktır.* Bu bölüm bana böyle ulaştı. Bir puro molası verdim (bu konuya daha sonra döneceğim) ve aklımın dağılmasına izin verdim. Buna ister meditasyon, isterseniz dumanla evrene sinyaller göndermek deyin ama birdenbire aklıma Mucizeler Koçluğu'nun nasıl başladığını yazmak geldi. Bu harika bir duyguydu ve her şeyi bir yana bırakıp yazmaya başladım.

Dikkat ederseniz, bu bölümde bunu yazmak gibi bir *niyetim* yoktu; birdenbire *esin* gelmişti. Arada büyük bir fark var.

Birkaç yıl önce şarkıcı/söz yazarı olmaya karar verdim çünkü bunu her zaman istemiştim. Ölmeden önce bunu yapmak istiyordum. Niyetim vardı ama bir sürü veriye ya da yüke sahiptim. Şarkı söylemeyi, gitar çalmayı ya da beste yapmayı bilmiyordum ve bunları öğrenebileceğimden de emin değildim. Okulda her zaman zor öğrenen bir öğrenci olarak tanımlanmış ve sınıfta başarısızlara ayrılan sıralarda oturtulmuştum. Üstelik üniversitedeyken neredeyse tüm derslerden kalıyordum. Hiçbir zaman zeki biri olduğumu düşünmemiştim, o halde müzik yapmayı nasıl öğrenebilirdim?

Elbette arındım. O dört cümleyi tekrarladım. Arınmaktan duyduğum sıkıntı konusunda bile arındım. Durmadan arınmaya devam ettim. İçimdeki kötülükleri önce ufak farelere, sonra fısıltılara, en sonunda da neredeyse hiçliğe dönüştürdüm.

Bazı iyi şarkılar da yazdım. "Got a Problem?" *Kasıl!* isimli ikinci albümüm için yazdığım ve kaydettiğim, Ho'oponopono'nun esin verdiği özgün bir şarkıdır. iTunes'da dinleyicilerin değerlendirmeleriyle en sevilen şarkım oldu. Onunla da, (yine *Kasıl!* adlı albümümde bulunan) "Today's the Day!" gibi diğer popüler şarkılarımla da gurur duyuyorum.

Sıfır deneyimle yola çıkıp şarkıcı ve söz yazarı olma hedefime ulaşmayı nasıl başardım?

Niyeti arınma ile birleştirdim. Çekim Yasası ile Ho'oponopono'yu bütünleştirdim.

Mutluluktan başımı döndürecek ruhsal bir kokteyl hazırladım. Şimdi anlatacağım öyküyü duyduğunuzda Çekim Yasası ile Ho'oponopono'nun birlikte nasıl çalıştıklarını görebileceksiniz.

Bir ürün yaratmaya niyetlenmiştim ama aynı zamanda arındım ve oluruna bıraktım. Bir önceki bölümde sözünü ettiğim dört kişi ile de aynı şeyi yapmıştım: Onlara kamera karşısında, canlı yayında yardım etmeye niyetlenmiştim ama aynı zamanda arınıp işleri oluruna bırakmıştım.

Niyetlenin.

Arının ve oluruna bırakın.

Basit, değil mi? Evet, bu bir denge meselesi. Ne istediğinize odaklanmalısınız ama bağlılık, tutku, ihtiyaç ya da çaresizlik hissetmeden. Bu yüklerden herhangi biri mevcut ise onu yok etmek için arınırsınız.

En ideali, "Ne hoş olurdu, değil mi?" havasında olmak.

Çekim Yasası'nda insanların en fazla zorlandığı alan bunun "nasıl" olduğudur. Bir hedef belirler, sonra da bundan bir sonuç alıp alamayacakları konusunda düşünmeye ve endişelenmeye başlarlar.

Nasıl olduğunu bilmek isterler ama bu bir hatadır.

Çekim Yasası Sırrı'nda "niyetinizi açıkça ifade ettikten sonra atacağınız son adım esinlenilen eyleme geçerken işi oluruna bırakmaktır" diye yazdım. Peki, bu ne anlama geliyor?

Aşağıdaki öykü buna açıklık getirebilir.

2012 yılında kişisel eğitmenim Scott York'la buluşup (sevilen TV dizisi *The Hulk*'ta oynadığı başrolle üne kavuşan) vücutçu ve aktör Lou Ferrigno'yla benim evimde bir süre bir araya geldik. Ferrigno ile geçirdiğim saatler hayatımın en önemli anlarıydı. Son derece büyüleyici ve açık sözlüydü. Ne onu ne de geçirdiğimiz zamanı asla unutmayacağım.

Daha sonra Scott ile bundan sonra kiminle tanışmak istediğimiz üzerinde durduk.

Bunun yanıtı kuşkusuz efsanenin ta kendisiydi: Arnold Schwarzenegger. Her ikimiz de onun yazdığı *Total Recall* (Tüm Anımsadıklarım) isimli yaşam öyküsünü okumuştuk ve hem kendisine hem de başardıklarına hayranlık duyuyorduk. Rekorlar kıran başarıları insanı şaşkına döndürüyordu. 65 yaşında bile yavaşlamaya hiç niyeti yoktu. Yeni hedefleri, yeni tutkuları, yeni projeleri, yeni filmleri ve daha fazlasını gerçekleştirmek için inanılmaz bir itici gücü vardı.

Onu tanımak istediğimize karar verdik. Bu bizim yeni niyetimizdi.

Ama bunu nasıl başaracaktık?

Nasıl gerçekleşeceği üzerinde durmadık. Planlar yapmaya, insanları arayıp bizi tanıştırmalarını istemeye kalkışmadık. Bunu yapabilirdim. Onu tanıyan birilerini tanıyordum. Harekete geçip onunla tanıştırılma olanağı arayabilirdim.

Ama bunların hiçbirini yapmadım. Scott da öyle.

Neden? Böyle davranma isteği duymadık.

"Oluruna bırakın ve esinlenerek eyleme geçin," derken sonuçlara olan bağlılığınızı, bağımlılığınızı ve ihtiyaç duyma halinizi bir kenara bırakın demek istiyorum. Bunun için inanç gerekir. Güven gerekir. Doğru yer ve zamanda hedefe ya da onun yerini alacak çok daha iyi bir şeye ulaşılacağını bilmek gerekir. Bunun nasıl olacağıyla ilgili soruları bir kenara bırakıyoruz.

Bu tarafsızlıktır ama çözümün YALNIZCA bir parçasıdır.

Öbür parçası ise, esinlendiğinizde harekete geçmektir.

Bir akşam Scott iPhone'u ile oynuyor, çocukları televizyon izlerken o da e-postalarını gözden geçiriyordu. Bu arada "Arnold'la görüşmek ister misin?" yazılı bir posta gözüne çarptı.

Scott gözlerine inanamadı. Bunun bir şaka ya da kandırmaca olduğunu sandı ama okuyunca bunun yörede yaşayan ve sinema çevresinde bağlantıları bulunan, Arnold'un Geçit Yok isimli son aksiyon filminin ilk gösterimine ev sahipliği yapmayı üstlenen birinden geldiğini gördü. Düzenlenen bu yarışmayı kazanan 20 kişi hem filmi izleyecek hem de gösterimden sonraki özel bir soru/cevap etkinliğinde onunla (ve yardımcı aktör Johnny Knoxville ile) tanışacaktı.

Scott bunu çok ciddiye almadı ama yine de harekete geçme isteği duydu.

Davet sahibi katılmak isteyen herkesten kısa bir tanıtım yazısı ve bir fotoğraf istiyordu. Scott istenenleri yaptı ve sonra bunu aklından çıkardı. O gecenin ilerleyen saatlerinde "Kazandınız!" yazan bir posta aldı.

Kendisine bu etkinliğe bir arkadaşı ile birlikte katılabileceği söylendi ve beraber filmin gösterimine gittik. Birkaç kişiyle birlikte oturup Arnold'a sinema (harika), politika (kirli) hedefleri (çok var), gelecekteki planları (filmler), vücut çalıştırma yöntemi (her gün) ve daha birçok konuyla ilgili sorular sorduk. Niyetimizi gerçekleştirmiştik!

Bunun nasıl olduğunu görebiliyor musunuz?

Net bir niyet –çaresizlik ya da gereksinim ile değil çocuksu bir güven, inanç ve keyifle dile getirildiğinde– hiç kimsenin önceden kestiremeyeceği ya da gerçekleştiremeyeceği bir fırsat yaratmıştı. Bize düşen, bu kendini gösterdiğinde esinlenilmiş eylemi uygulamaktı ve biz de bunu yaptık.

İşte Çekim Yasası böyle işler.

Ne istiyorsunuz? Olmaktan, yapmaktan ya da sahiplenmekten keyif alacağınız şey nedir?

Arnold babasının ona yararlı olmayı öğrettiğini ve bunu tüm yaşamı boyunca uyguladığını söyledi. Yararlı olmak.

Başkaları için yararlı olurken sizi de hoşnut edecek hangi niyeti belirleyebilirsiniz? Bu Çekim Yasası'nın işleyişini hızlandıracaktır. Bunu nasıl başaracağınıza kafa yormayın. Fikirler kendilerini gösterdikçe harekete geçin.

İyilik yapmaya yönelik niyetiniz nedir?

Bunu dile getirin ve sonra onu kendi haline bırakırken dikkatinizi içinizden gelen ya da önünüze çıkan fırsatlardaki dürtülere yönlendirin. Bir şey yapmak için esin duyduğunuzda harekete geçin; hayallerinizi gerçekleştirmenin yolu budur.

Bu noktada Ho'oponopono size yardımcı olabilir çünkü belli bir sonuca bağlı, bağımlı ya da muhtaç olduğunuzu hissettiğinizde bundan kurtulmanız gerekir. Niyetiniz bu olsa da olmasa da, bulunmak istediğiniz nokta Sıfır Noktası'dır.

Dr. Hew Len sık sık niyete hiç ihtiyacınız olmadığını söyler. "YALNIZCA arının, böylece İlahi Varlık size ulaşabilir" der.

Yine de bu bana bir niyetmiş gibi görünüyor.

Bir keresinde ona, "Sürekli arınırsanız atmanız gereken adımlardan biri önünüze çıkar mı?" diye sordum.

Hemen, "Kesinlikle," diye yanıtladı. "Arınırken bütün engelleri yolunuzdan kaldırıyorsunuz, böylece Sıfır Noktası size ne yapacağınızı söyleyebilir."

Ayrıca Ho'oponopono uygulaması zihninizdeki zararlı otları ve size miras kalan anıları temizlediğinden, esinlenme size seslendiğinde onu duyabilirsiniz.

Esinlenme, İlahi Varlık'tan gelen bir talimat gibi görünebilir. O sizin zihninizden daha derinlerdedir. Onu bedeninizin içinde hissedersiniz. Sanki sizden daha yüce bir şey sizin bir şey yapmanızı ister gibidir. O ruhunuzu dürter.

Örneğin, bir gün *Ne @#!* Biliyoruz Ki!?* isimli ünlü filmin yapımcısı Will Arntz ile yemekteydim. Bir ara Will'e "Şimdi başka film üzerinde çalışıyor musun?" diye sordum.

"Henüz değil," diye yanıtladı. "Daha yürüyüş emirlerimi almadım."

Ne demek istediğini biliyordum. Yürüyüş emirleri, Sıfır Noktası'nın yapmanızı istediği şeyle ilgili komutlardır. Bu biraz, *Cazcı Kardeşler* filmindeki o ünlü sahnede karakterlerden birinin sürekli, "Bizler Tanrı'nın görevlendirdiği kişileriz!" sözlerini tekrarlaması gibi bir şey.

Bestelerimden bazıları bana yürüyüş emri gibi ulaştı. *The Healing Song* albümümdeki "Ghost Train" sanki birdenbire ortaya çıktı. Deneyimli müzisyenler bu bestenin ilk bölümünü dinlediklerinde "Bu *nedir*?" diye soruyorlardı. Sanki tamamen yeni bir şey gibiydi. Öyleydi de. Ve o bir esinlenme armağanı olarak geldi. Onu kayda almamakta direnebilirdim ama emirlere boyun eğdim ve besteleyip söylemek istedim.

Kitaplarımın çoğu da böyle yazıldı. Açıkçası, *Zero Limit*'in arkasında benden yüce bir güç vardı. O kitap iki haftada yazıldı. Sanki onu yazmıyor da söylenenleri not alıyordum. Görünmez bir el düşüncelerimi oluşturuyor, cümlelerimi yönlendiriyordu. O, yeniden okuduğum tek kitabımdır çünkü bir başkası tarafından kaleme alındığı hissine kapılıyorum ama aslında yazan benim (Dr. Hew Len'in adı kitabın ortak yazarı olarak geçiyor ama kendisi canlı yayınlarda, yazmak şöyle dursun, kitabı hiç okumamış olduğunu açıkça söylüyor).

Tekrarlıyorum, niyet etmekte hiçbir sakınca yok.

Öte yandan hayatta izlenecek daha yüce bir yol, esinlenme gelinceye kadar arınmayı sürdürmek ve gelen esinlenmeyi yeni niyet olarak belirlemektir. Bu esinlenilmiş niyeti yürüyüş emrinize dönüştürün. O anda tek yapmanız gereken harekete *geçerken* tarafsız davranmak, sonuca tam olarak teslim olmak ve arınmayı sürdürmektir.

Farkındalığa giden yolun önünü bu birleşim açar; arzunuz hem vardır hem de yoktur. Niyetiniz hem vardır hem yoktur. Bir şeyi hem ister hem de istemezsiniz. Esinle gelen niyetinizin peşinden giderken işleri oluruna bırakan bir ruh halinde olursunuz.

Daha sonra neler olacağını bilmeden o ana ve o anın içerdiklerine güvenecek kadar sağlam bir inanca sahipseniz Sıfır Noktası'na bir adım daha yaklaşmışsınız demektir. Bunda zorlanıyorsanız Ho'oponopono uygulayarak aradaki parazitleri yok edin. Her türlü kuşku ya da belirsizlik bilgisayarınızdaki verilerden ibarettir. Onları silerek kendinizi özgür kılın.

Özgürlüğe kavuştuğunuzda tüm hayallerinizi sahiplenebilir, gerçekleştirebilir ya da onlar gibi olabilirsiniz ama belki de İlahi Varlık'ın sizin için düşlediklerini yeğlemek akıllılığını gösterebilirsiniz.

Unutmayın, zihninizdeki verileri yok ederek daha önemli şeylere yer açılmasını sağlayacak tek şey sürekli temizlenmek ve arınmaktır.

Arının, arının, arının.

BÖLÜM 10

Yine de... Niyetler Çekingenler İçindir!

Her zaman farkı bilmezsiniz. Aklınızın karışması veya bir o yana bir bu yana savrulmak çok kolaydır. Herhangi bir dürtü kendini gösterdiğinde, egonuzdan mı yoksa İlahi Varlık'tan mı kaynaklandığına bakmadan bunu temizleyin, arındırın ya da bunun için dua edin.

—Dr. Ihaleakala Hew Len

Kuantum alanında son derece tanınmış bir psikolog ve enerji şifacısı olan ve ünlü *Ne @#!* Biliyoruz Ki!?* filminde araştırmalarından söz edilen Dr. Garland Landrith ile birkaç kez yemeğe çıktım. Son derece büyüleyici biri ve derin düşünen bir adamdır.

Sohbetlerimizden birinde düşüncelerin ve niyetlerin farklı şeyler olduğunu söyledi. Bu beni çok şaşırttı çünkü ben de aynı şeyi keşfetmiştim. Bunu açıklamasını istedim. Şöyle dedi: "Niyetler yaşamınızın fonudur, düşüncelerse bu fon üstünde gelip giderler."

Bu, benim kişisel olarak uyguladığım bir yöntem olan, beyaz tahta adını verdiğim meditasyona girerken belli bir niyetimin (ya da ilham kaynağım) olmasına, sonra da orada otururken o niyeti boşluğa salıvermeme inanılmaz biçimde benziyordu. (Ek B'de sizin için hazırladığım bir beyaz tahta meditasyonu bulacaksınız.) Tüm düşünceler gelip geçen bulutlar gibiydi. Gereksizdiler ve dikkate değmezlerdi.

Bununla beraber, Landrith'in çok kuvvetli bulduğum bazı düzeltmeleri vardı. Sözüne devam ederek bana, onun kuantum meditasyonlarında insanların şu üç şeyi uyguladıkları takdirde daha çabuk sonuç alabildiklerini anlattı:

1. Bir niyetin olması.
2. O niyeti salıvermek.
3. Düşüncelerin "Evet, evet, evet", "Seni seviyorum", "Öyle mutluyum ki" gibi sözcüklerden ibaret olmalarına izin vermek.

Landrith'in bu meditasyon yönteminin ve kullanılan sözcüklerin geçerliliğini kanıtlayan yüzlerce bilimsel çalışmada yer aldığını bilmezseniz bu uygulamaların sizin için bir anlamı olmayabilir.

Burada iki temel unsur var:

1. Niyeti salıvermek ona sahip olmaktan daha fazla önem taşır.
2. Olumlu sözlerden oluşan düşünceler olumluluğu kendine çeken bir enerji girdabı yaratır.

Yemek boyunca bunların üzerinde dururken ikimiz de niyetlerin daha önce düşündüğümüz kadar önem taşımadığı konusunda hemfikirdik. Evet, hayırlı bir şeye niyet etmek iyi bir yaklaşım ama çok da gerekli değil. Bunları yaşam enerjisinde arka plana atar ve düşüncelerin olumlu sözcükler çevresinde dolanmasını sağlarsanız, kendiniz için en hayırlı sonucu yaratmış olursunuz.

Başka bir deyişle, şimdi ve şu andaki mucizeyi görmenizi sağlayacak bir paradigma değişimi sizin kuralları mucizelerin belirlediği yaşam akışında kalmanızı sağlar.

Siz oradayken niyete neden ihtiyacınız olsun?

Her ikimiz de o Kutsal Kanala ulaşmanın en iyi yollarından birinin değerbilirlik olduğu konusunda hemfikirdik. Ben bu konuda birçok kez birçok şey yazdım. Herhangi bir şey için minnet duyduğunuz anda o andan gelen sinyali değiştirirsiniz. Gelecekte ona uygun düşecek benzer titreşimler oluşturursunuz.

Kısacası, şu anda hissettikleriniz bundan sonra yaşayacağınız deneyimleri kendine çeker. Çoğu kez, şu anda duygulanarak düşündüğünüz her ne ise bunun üç gün içinde yaşamınızda yer alacağını söylerim. Her iki durumda da, en çok enerjiye sahip düşünceleriniz aracılığıyla, bir anlamda geleceğinizi oluşturursunuz.

Bu da yeni bir şey değil, düşüncelerinize dikkat etmeniz için yapılmış bu nazik hatırlatma, Çekim Yasası'nın temel ilkelerinden. Öte yandan, düşüncelerinizin –"evet, evet, evet" ve "seni seviyorum" gibi– olumlu sözcüklerden oluşmasına ne kadar dikkat ederseniz, dilediğiniz mucizeleri size çekecek titreşimleri o kadar artırırsınız.

Bu sırla ilgili daha fazlası da var.

Dostlarımdan biri bana, "İlahi Varlık benim yazmayı sürdürmemi istiyor," diye bir e-posta gönderdi. Oysa yazdıkları yargılayıcı ve olumsuz şeylerdi. İlahi Varlık bunu gerçekten söylemiş olabilir mi?

Bir gün başka bir dostum, "Koruyucu meleklerim benim para sahibi olmamamı istemiyor," dedi. Sahi mi? Bu bir koruyucu meleğin söyleyeceği bir şeye benziyor mu?

Arka plandaki niyetinizi dilediğiniz gibi belirleyin ama düşüncelerinizin de hayal edebileceğiniz en yüksek nitelikte olmalarına izin verin. Farkındalığınızın mümkün olduğunca sevgi, olumluluk, mutluluk ve iyimserlik dolu düşünceler içermesini sağlayın. Modern Ho'oponopono'nun temel unsurlarının "Teşekkür ederim" ve "Seni seviyorum" gibi sözcükler üzerine kurulu olmasının nedeni budur. Bunlar sizin Sıfır Noktası alanında kalmanıza yardımcı olur.

Bunu başka türlü açıklayayım:

Niyetiniz YALNIZCA üzeri resimli bir beyaz tuvaldir. Oradaki resim sizin tezahür ettirmek istediğiniz şeydir ve o resme bakarken düşüncelerinizin genelde olumlu olması gerekir. Genel tavrınız, "Benim iradem değil, seninki olsun" olmalıdır.

Hiçbir baskı yok. Hiçbir zaman sınırlaması yok.

Doğal olarak, esinlendiğinizde yine eyleme geçersiniz ama öyle yapmanız *gerektiği* için harekete geçiyor değilsiniz.

Çekim Yasası Sırrı kitabımı yazarken, niyet belirleme fikri üzerinde ısrarla durmuştum. Bu, enerjinizi yönlendirir ve gideceğiniz doğrultuya odaklanmanızı sağlar. Yaklaşık on yıl Ho'oponopono uyguladıktan ve çeşitli satori deneyimleri yaşadıktan sonra, niyetlerin kısıtlama oluşturabileceğini şimdi anlıyorum.

Bir keresinde, katıldığım bir radyo şovunda, bir yıl sonra nerede olmak istediğim soruldu. Eskiden olsa bunu rengârenk niyetlerle süsleyerek yanıtlardım. Ama o gün, "Hiçbir fikrim yok," dedim. "Ne söylesem, neyin mümkün olduğuyla ilgili kişisel deneyimlerime dayalı bir kısıtlama olacak. İlahi Varlık'ın bana sürpriz yapmasını yeğlerim."

Gerçek yeni Ho'oponopono geleneğine göre, kendi egonuzun niyetini değil, İlahi Varlık'ın niyetini duymak için arınmaktasınız.

Ne de olsa İlahi Varlık sizden fazlasını biliyor, öyle değil mi?

Dr. Hew Len'in niyetle ilgili kendi görüşleri var. Çekim Yasası'nı ele alan ünlü *Secret* filminin bir kopyasını ona armağan olarak götürmüştüm. Armağanımı gülümseyerek kabul etti ve "Onu rafa koyacağım," dedi.

Şaşırmıştım. Ama onu tanıdıkça daha iyi anladım. Ona göre, niyetler birer sınırdır. Onlar programlardır. Onlar anılardır. Büyük olasılıkla size şu öneride bulunacaktır: "Niyetlere ihtiyacın yok. İlahi Varlık'ın sana esin kaynağı olmasına izin ver."

Onun kavrayamadığını düşündüğüm şey şu: Esinlenmeler doğrultusunda hareket etmeyi istemek, kendi başına bir niyettir. Başka bir deyişle, bunu şöyle dile getirebilirsiniz: "İlahi Varlık'ın bana verdiği esinlenmelerin ardından gitmeye niyet ediyorum."

Bu hâlâ bir hedeftir, ancak biraz daha geliştirilmiş bir hedeftir.

Şu şekilde açıklayayım: Bu kitabı yazmaktaki niyetim, İlahi Varlık'ın benim aracılığımla konuşmasını sağlamaktı.

Bu esinlenilmiş bir niyettir. Hâlâ bir niyettir ama aynı zamanda bir esinlenmeden kaynaklanmaktadır. Bu kitabı yazarken bir yandan da yüksek benliğime sormaya devam ediyorum: "Söylememi istediğin bu mu? Doğru yazdım mı?" Bir yandan yazıyor, bir yandan da *esinlenilmiş niyetim* doğrultusunda yol alıp almadığımı denetliyorum.

Tüm bunların size hâlâ karmaşık göründüğünün farkındayım, bu yüzden izninizle kavramanızı kolaylaştıracak bir şey daha paylaşayım.

Bir gün Dr. Hew Len'le birlikte toprak bir yolda yürürken ona, "Bir anı ile bir esinlenme arasındaki farkı nasıl bilebilirsin?" diye sordum.

Başka bir deyişle, isteğinizin egonuzdan kaynaklanan bir niyet, anı ya da program mı yoksa İlahi Varlık'tan kaynaklanan bir esinlenme mi olduğunu nasıl bilebilirsiniz?

Dr. Hew Len hiç duraksamadan yanıtladı: "Bilemezsin."

"Doğru olanı yaptığımızı nereden bileceğiz?"

"Arın," dedi. "Ben her kararım için üç kez arınıyorum. Eğer üç arınmadan sonra da aldığım yanıt aynıysa, onu uyguluyorum."

Arının, arının, arının.

BÖLÜM 11

Dilek Kutusu mu, Armağan Kutusu mu?

Egomun kontrolünü bırakmaya başladığımda, "Pekâlâ, İlahi Varlık," dedim. "Bu işi kendi başıma pek beceremiyorum. Bana yardım et. Bana yol göster, ben de ne gerekiyorsa yapayım." O anda yaşamdaki yürüyen merdiveni keşfettim ve o günden beri onun üzerinde ilerliyorum.

—Dr. Joe Vitale, *The Miracles Manual*, Vol. I

Bill Phillips bir efsanedir. Üç tane çok satan kitap yazmış, yaşam değiştiren beslenme ürünlerinin yanı sıra Yaşam-*için*-Vücut adlı ünlü zindelik yarışmasını yaratmış, Bir-Dilek-Tut Vakfı'na milyonlarca dolar bağışta bulunmuştur ve hâlâ Denver Colorado'da kurduğu sağlık merkezinde insanların sağlıklarını iyileştirmelerine yardım etmektedir.

On yılı aşkın bir süre önce onun Yaşam-*için*-Vücut yarışmasına beş kez katıldım. Bir yılda neredeyse 45 kilo vermemi sağlayarak hayatımı değiştirmesinden sonra onunla çok iyi dost olduk. Daha sonra, onun geliştirdiği ve değişim açısından bütüncül bir yaklaşıma sahip olan Dönüşüm Kampı'na yazıldım. Şimdi 60 yaşındayım ve yine onun yardımıyla bedenimi dönüştürmekteyim.

Bir gün, o ve güzel eşi Maria ile (o da kocasının programını uygulayarak 27 kilo vermişti) öğle yemeği için buluştuğumuzda, Bill beni şaşırtan bir şey söyledi.

"Her zaman bir Super Bowl[3] yüzüğü kazanacağımdan emin oldum," dedi. "Bunun nasıl olacağını bilemiyordum çünkü büyük maçlarda fiilen futbol oynamıyordum. Birçok sporcunun antrenörlüğünü yapıyordum. Nasıl olacağına dair hiçbir ipucuna sahip olmadığım halde bir gün bunun gerçekleşeceğinden emindim."

Gerçekten de, 15 Temmuz 1998 günündeki ödül töreninde Bill sahneye çağrılmış ve kazanan takıma verdiği destek nedeniyle kendisine bir Super Bowl yüzüğü armağan edilmişti. Rüyası gerçek olmuştu.

Ama iş bu kadarla kalmamıştı. Bir yıl sonra ikincisini de almıştı.

"Bunun üzerine," dedi, "yaşamımın bir dilek kutusu olduğu duygusuna kapıldım."

Bu bana çok ilginç geldi. Bu konuyu araştırmak istedim.

"Bunu kazanmaya mı niyet etmiştin, yoksa bir gün kazanacağın içine mi doğmuştu?" diye sordum.

Bir düşünür ve meditasyon üstadı olan Bill dönüşüm konusunda ders veriyor (bu isimde bir kitap da yazdı) ve hayatın gözle görünmeyen yanları olduğunu gayet iyi biliyor. Bana baktı, sorum üzerinde düşünürken gülümsüyordu.

Aklımdan geçeni açıklamak için devam ettim.

"Oprah çocukluğundan beri bir gün ünlü biri olacağını bildiğini söylüyor. Ayn Rand yaşam felsefesini daha altı yaşındayken oluşturmaya başlamış. Ben de bir gün yazar olacağımdan emindim."

3 Amerikan futbolu liginde, şampiyonluk maçı. (ed. n.)

Devam ettim: "Bir keresinde, ünlü *The Secret* filminin yaratıcısı Rhonda Bryne'e de aynı soruyu sormuştum –bu filmi yapmaya niyetlenmiş miydi yoksa bu içine mi doğmuştu– ama bana kesin bir yanıt veremedi. 'Birdenbire oldu' dedi. Ama bu fikir nereden gelmişti? Sence bu hayallerimiz birer niyet miydi yoksa kaderlerimizi mi sezmiştik?"

"Bu harika bir soru," dedi Bill.

"Belki de," dedim, "kendi niyetlerimize daha az, bize gönderileni almaya daha fazla zaman ayırmalıyız."

Bu fikre bayıldı.

Bunun çok önemli olduğuna inandığım için bunu bir tür vecize gibi yinelemek istiyorum:

Belki kendi niyetlerimize daha az, bize gönderileni almaya daha fazla zaman ayırmalıyız.

Ho'oponopono uygulamaya devam edip arındıkça, yaşamda gizli bir çeşit akış olduğu daha da netleşiyor. Başka bir deyişle, sanırım İlahi Varlık'ın her birimizle ilgili bir planı var ve bizler bunu sezebiliyoruz.

Eğer İlahi Varlık bizi yönlendirmeye çalışıyorsa, bize fısıldadığında onu duymak ve yön gösterdiğinde bunu hissetmek için sessiz olmalıyız. Bu da daha sık sessiz kalmayı tercih etmemiz, daha sık meditasyon yapmamız, çiçeklere ve ağaçlara daha sık kulak vermemiz gerektiği anlamına geliyor.

Bir keresinde Dr. Hew Len'i bir tarlada kollarını kavuşturmuş halde bazı otlara bakarken buldum. Ne yaptığını sorduğumda, "Dinliyorum," dedi. Bu alışılmadık bir şey değildi. Çoğu kez bahçede gezinir, bitkilere kulak verirdi. Bu, Hawaiililerin eski bir geleneği ve YALNIZCA tüm varlıklara saygı göstermekle kalmayıp onların söylemeye çalıştığını dinlemeye, aktarmaya çalıştıkları ipuçlarını sezmeye dayanıyor.

Unutmayın ki sizin bugünkü gerçeğiniz aslında, geçmişte edindiğiniz anılarınıza ve inançlarınıza dayanıyor ve şu anda olanlardan ibaret. Otomatik pilotta ilerliyorsunuz. Geleceğiniz önceden tahmin edilebilir çünkü bugününüze tarafsız bir gözle bakan herhangi biri sizin hangi yöne meyilli olduğunuzu görebilir. Oysa bu programlanmanın altında gizli bir yol var; İlahi Varlık'ın çizdiği yaşam yolu, sizin onu keşfetmenizi bekliyor.

Ara sıra benden insanların enerji alanlarına bakarak geleceklerini okumam istenir. İnsanların çoğu verilerini üzerlerine giymiş olduğundan bunu yapmak kolaydır. İnançları ve anıları herkesin görebileceği biçimde ortadadır, tabii kendileri dışındaki herkesin. Genellikle, kendi verilerimizi göremeyiz çünkü çok yakınımızdadırlar.

Dr. Hew Len'in birileriyle oturup onlara geleceklerinin nasıl olacağını betimleyebilmesine şaşırmamalı. Söylediklerinin çoğu doğru çıkıyor çünkü insanlar o anda duyduklarına inanıyorlar. Olayları yönlendiren kendi anıları, gelen esinlenme değil. Onların geleceğini belirleyen verilerdir, İlahi Varlık değil.

Dr. Hew Len bir Zero Limit etkinliğinde birdenbire, "Arındıkça yolunuzu değiştirirsiniz," dedi.

Ho'oponopono uyguladıkça bilinçdışınızdaki (*Unihipiili*) verilerden arınırsınız, bu da İlahi Varlık'ın beklediği yola girmeniz için sizi özgür kılar. Siz alt benliğinizin programlarını ne kadar temizlerseniz yüksek benliğiniz (*Aumakua*) size o kadar yol gösterebilir.

Bill Phillips'le buluştuğumuz yemekte, karısı bana 1970 sonlarında Dallas sokaklarında sürünmekten nasıl kurtulduğumu sordu. Önceleri beş parasız ve tanınmayan biriyken servete ve üne kavuşmuş olmama hayranlık duyuyordu.

Maria'ya, "*Her şeyi* yaptım," dedim. "Kütüphanelere gidip kitap okudum, ücretsiz konferanslara gittim, öğrendiğim bütün kişisel gelişim yöntemlerini uygulamaya devam ettim ve özsaygı sorunlarımla kısıtlayıcı inançlarımı değiştirmek için kendi üzerimde çalışmaya devam ettim."

Giderek, içimdeki rehbere kulak vermediğim zamanlarda hayatın daha zorlaştığını, onu dinlediğimde ise her şeyin daha düzgün gittiğini fark ettim. İçimdeki rehber, beni yönlendiren İlahi Varlık'tı.

Yaklaşık on yıl Ho'oponopono uyguladıktan sonra Hawaiililerin verilerden arınarak adına Tanrı, İlahi Varlık ya da Doğa diyebileceğimiz, içimizdeki o minik sesi duyabilmemizi sağlayan harika bir araca sahip olduklarını apaçık gördüm.

Hem bu, dinlemek kadar basitti.

Bence yaşam bir dilek kutusundan çok bir armağan kutusudur. Kutuya niyetlerinizi koymak yerine kutunun içine bakıp orada ne gibi armağanların bulunduğunu görmek çok daha akıllıca olur. İlahi Varlık'a ne yapmak gerektiğini söylemeyi mi, yoksa onun size sunduğu armağanları kabul etmeyi mi yeğlersiniz? Unutmayın, Dr. Hew Len'in dediği gibi, "İlahi Varlık kapıcınız değildir."

Bill, Super Bowl yüzüğünü nasıl kazanacağını bilmiyordu ama kazandı. Hem de iki kez.

Ben nasıl yazar olabileceğimi hatta olup olamayacağımı bilmiyordum ama oldum.

Evet, dilekleriniz ve talepleriniz için dua edebilir ve benliğinizin bilinçli yanının (*Uhane*) her şeyi bildiğini varsayabilirsiniz. Ama sihir ve mucizelerin kaynağı İlahi Varlık iken bunu neden yapasınız? İlahi Varlık'ın fısıltıları ile sezgilerinize kulak verir ve kontrolü onun ellerine bırakırsanız çok daha görkemli sonuçlara ulaşırsınız.

Arınmayı sürdürün ve size sunulan olağanüstü armağanları kabul edin.

Hayatınız bir mucizedir.

Armağanı kabul edin.

BÖLÜM 12

Antiçekim Sanatı

Veriler konuşur, siz de verileri seslendirirsiniz; dolayısıyla hiçbir zaman kontrol sizde değildir.

—Dr. Ihaleakala Hew Len

"En büyük korkun ne?"

Bu soru o kadar apansız soruldu ki şaşkına döndüm. Belki de bunun nedeni hayranlık duyduğum ve yeni tanıştığım biriyle yemek yerken böyle felsefi ve psikolojik sorulara alışkın olmayışımdı. Ya da bunu daha önce sözünü ettiğim, *The Hulk* isimli TV dizisinin yıldızı ve vücutçu Lou Ferrigno'nun sormuş olmasıydı. Belki de çocukluğumdan beri kahramanım olan biriyle yemek yiyor olma gerçeğini kabullenmekte zorlanıyordum. Bu dev boyutlu, sevecen ve akıllı süper kahramanın değil böyle bir soru sorduğuna, yanımda olduğuna bile inanamıyordum.

Yanıtlamakta o kadar geciktim ki sonunda beni dürterek, "Hadi," dedi, "ne olduğunu biliyorsun."

"Başarısız olmaktan korkarım," diye geveledim.

Lou gülümsedi.

"Her şeyini yitirmekten korkuyorsun," dedi anlayışla.

"Bunun farkında değildim," diye itiraf ettim, "ama anlaşılan böyle hissediyormuşum."

O da korkuları olduğunu itiraf etti. Bir zamanlar kalabalık önünde konuşmaktan korkuyormuş. Çocukken işitme güçlüğü olduğundan hem duymaya hem de kendini duyurmaya çabalarmış. Bugün on binlerce kişi önünde hiç çekinmeden konuşuyor. Ayrıca boğulmaktan da korktuğunu söyledi.

Ho'oponopono'da korku bir programdır. Her yazılım gibi o da YALNIZCA beyninizde yer alır, ne iyi ne de kötüdür. Dr. Hew Len gibi Morrnah da sık sık insanları basit bilgisayarlar şeklinde tanımlıyor, üstelik bunların çok azının programsız, tertemiz olduklarını söylüyordu. Morrnah'ın aydınlanıp aydınlanmadığı konusunda hiçbir fikrim yok. Hawaii'de ulusal bir hazine olarak görülüyor ama bu onun farkındalığa ulaştığı anlamına gelmez. Onun da programları olduğuna bahse girerim.

Lou'nun korkuları YALNIZCA programlardan oluşuyor. Benimkiler de. Neyse ki Morrnah'ın bize öğrettiği Arınma Duası'nı, tercihen yüksek sesle ve dört kez söyleyerek korkularınızı yok edebilirsiniz.

Lou ile Ho'oponopono konusunda konuşmadım çünkü buluşmamızın amacı her ikimizin de ilgilendiği efsanevi vücutçu ve aktör Steve Reeves hakkında sohbet etmekti. Ho'oponopono konusu açılmadı ama açılsaydı ve her ikimizin programlarını silme fırsatım olsaydı şöyle dua edecektim:

Ben "Ben"im
Ben hiçlikten Işığa geliyorum,
Ben o boşluğum,
Tüm Bilinçlerin ötesindeki o boşluk,
"Ben", "İlkel benlik", "Hepsi."

Suların üstüne çiziyorum gökkuşağından yayımı,
Madde ile zihinlerin sürekliliğini.
Ben görünmez, dokunulmaz esintiyim,
Yaradılışın tanımlanamayan atomu,
Ben "Ben"im
Ruh, Üst Bilinç, lütfen her şeyi yitirme korkusu taşıyan hislerimin, düşüncelerimin kaynağını belirle.
Bu kaynağa varlığımın bütün seviyelerini, katmanlarını, bölgelerini ve yönlerini taşı.
Onu Tanrı'nın gerçeği ile kusursuz biçimde incele ve çöz.
Zamanın başlangıcından bugüne bütün nesilleri aşarak gel.
Bu kaynağa dayanan her bir olayı ve onun uzantılarını şifalandır.
Lütfen bunu Tanrı'nın iradesine uygun olarak, bugünkü 'Ben'e ulaşıncaya,
Işık ve gerçekle doluncaya kadar yap.
Doğru olmayan algılarım için Tanrı'dan bağışlanma, sevgi ve huzur diliyorum.
Bu duygu ve düşüncelere katkıda bulunmuş her kişi, yer, koşul ve olayın bağışlanmasını diliyorum.
Huzur Seninle olsun,
Bütün huzurum.
"Ben" olan Huzur,
"Benim" olduğum Huzur,
Şimdi ve sonsuza dek ve ilelebet.
Huzurumu Sana veriyorum,
Huzurumu Seninle bırakıyorum.
Dünyanın Huzuru değil,
YALNIZCA Benim Huzurum.

Benim Huzurum.

Yukarıdaki gibi bir Arınma Duası ile antiçekim sanatını gerçekten uygulayabilirsiniz. Beyninizdeki bilgisayarda çalışan bir program varsa bu sizin sevdiğiniz, nefret ettiğiniz ya da korktuğunuz her ne ise onu kendine çekecektir ve bunu harekete geçiren sizin duygularınızdır. Oysa bu programı bir anlamda durdurup salıverirseniz o anda kendinizi özgür kılarsınız; artık mutlu olabilir ve İlahi Varlık'ın sizi esinlendirmesine, hatta sizi farkındalığa ulaştırmasına olanak tanırsınız.

Çağdaş Ho'oponopono'nun kilit noktası, tüm programları yok ederek İlahi Varlık ile ya da Sıfır Noktası ile bir olmaktır. Programlanmayı ortadan kaldırmanın sırrı ise bunun farkına varmaktır. O zaman İlahi Varlık sizin aracılığınızla size ulaşacaktır.

O zaman, Lou Ferrigno'nun bir vücut yapma yarışmasından sonra dediği gibi, "Artık pastamı yiyebilirim," diyebilirsiniz.

BÖLÜM 13

Yeni Arınma Yöntemleri

Bütün sorumluluk her şeyi kabul etmek anlamına gelir; hatta yaşamınızda yer almayan insanları ve onların sorunlarını da kapsar çünkü onların sorunları sizin de sorunlarınızdır. Onlar sizin yaşamınızın içindedir ve eğer yaşamınızın bütün sorumluluğunu üstleniyorsanız onların yaşadıklarından da sorumlu olursunuz.

—Dr. Joe Vitale ve Dr. Ihaleakala Hew Len, *Zero Limit*

Bir Ho'oponopono etkinliğine katıldığınız zaman sizden bir gizlilik anlaşması imzalamanız istenir; bu benden de istendi. Bu yüzden ilk kez Dr. Hew Len ile birlikte *Zero Limit*'i yazdığımda öğrendiğim tüm sırları açıklayamadım. Ancak ikimizin birlikte düzenlediği Zero Limit Ho'oponopono etkinliklerinde böyle bir anlaşma imzalamam gerekmedi. Bu etkinliklerin telif hakkına sahibim ve sonuç olarak, artık size Ho'oponopono'nun sırlarını açıklayabilirim. (Bkz. Kitabın sonunda, Zero Limit etkinlikleriyle ilgili URL'lerin bulunduğu Kaynaklar bölümü.)

Zero Limit'te öncelikle size bir yöntemden söz ettim, dört aşamadan. Bunlar bir tür mantra, dua ya da dilekçe gibidir. Kitap bunlara odaklanıyordu. Bu kitapta bunları yeniden ele alıp açıklayacağım ama bunun ötesine de geçeceğim.

Artık daha ileri düzeydeki sırları da öğrenmenizin zamanı geldi.

Ne zaman Dr. Hew Len ile bir araya gelsem, Zero Limit'in ve Ho'oponopono'nun temel kurallarını anımsarım:

- Arınmaktan başka yapılacak bir şey yoktur.
- Ne kadar çok arınırsanız, İlahi Varlık'tan o kadar çok ilham alabilirsiniz.
- Her şey ya anı ya da esinlenmedir ve genellikle anılar (veriler) söz konusudur.
- Arındırılacak tek şey kendi içinizde hissettiklerinizdir.
- Tek hedef özgürlük yani Sıfır Noktası'nda olmaktır.

Bu temel kuralları bilmek başka, onları yaşamak bambaşka şeydir. Bu yüzden yapılması gerekenleri hatırlamak için kitaplardan, CD'lerden, DVD'lerden, araçlardan, seminerlerden, eğitimden ve elimizde bulunan her şeyden yararlanıyoruz.

Dünya verilerden oluşuyor ve arındırılması gereken de bu veriler. Oysa tüm bu verileri ancak içimizde fark ediyoruz. Başka bir deyişle, dışınızda hiçbir şey yok. Her şey içinizde. Sorunları burada yaşıyorsunuz, bu yüzden arınmayı da burada yapmanız gerekiyor.

Peki, arınmanın en doğru biçimi hangisi? Eğer yapılacak en önemli şey arınmaysa ve Zero Limit'in temeli buysa, bunu doğru biçimde nasıl gerçekleştirebilirsiniz?

Aslında arınmanın tek bir doğru şekli yok ama aşağıdaki beş yöntemin bana ve bunları uygulayanlara çok yararlı olduklarını gördüm:

1. *Bir şeylerin yanlış olduğunu fark edin.* Bu bir düşünce, bir başka kişi, bir olay ya da benzeri bir şeyle tetiklenebilir. Bu bir uyarıdır. Zero Limit'ten önce, dışarıda olduğunu düşündüğünüz bir sorun fark edersiniz. Zero Limit'ten sonra, sorunun içinizde olduğunu kavrarsınız. Kimse sizi öfkelendiremez ya da rahatsız edemez; dışınızdaymış gibi algıladığınız bir şeyle bunu siz kendi *içinizde* yapmaktasınız. Ne olursa olsun, atılacak ilk adım iyi bir şeyler hissetmediğinizin farkına varmaktır. Mutsuzluk olarak tanımlanabilecek öfke, tedirginlik, endişe, korku ya da bu geniş yelpazedekilere benzeyen bir duygu yaşamaktasınız.
2. *O duyguyu arındırmaya başlayın.* Bu sizin dışınızdaki herhangi bir kişi, düşünce ya da durum değildir. Sorun içinizdedir. Sorunun farkına varan benim. Onu arındıracak olan da benim. "Seni seviyorum", "Özür dilerim", "Lütfen beni affet" ve "Teşekkür ederim" diyerek arınırsınız. Bunları dilediğiniz sırayla söyleyebilirsiniz. Ben bir sorunun farkına varınca bunları sürekli olarak aklımdan geçiririm. Ve bunları İlahi Varlık'a söylerim.
3. *Başka arınma yöntemleri de uygulayabilirsiniz.* Örneğin, Dr. Hew Len mavi güneş suyunu ve bundan nasıl yararlanabileceğimizi açıklamıştı: "Mavi bir cam şişeyi çeşme suyu ile doldurun. Şişeyi 15 ila 60 dakika güneşte ya da bir lambanın altında (floresan değil) tutun. Bu, suyun güneşlenmesini sağlayacaktır. Bunu içtiğiniz ya da herhangi bir şey için kullandığınız suya katabilirsiniz. Bu su ev hayvanlarınız veya pişirdiğiniz yemek için çok yararlıdır. Ben bununla çamaşır yıkamaya bayılıyorum. Hatta yolculuğa çıkmadan önce arabamın lastiklerine püskürtüyorum. Mavi güneş suyu bir arınma aracıdır. İçebilir ya da herhangi bir şekilde kullanabilirsiniz."
4. *Esinlenilmiş eyleme geçinceye kadar serbest bırakın.* Dr. Hew Len bir keresinde bana bir karara varmadan önce üç kez arındığını söyledi. Eğer tüm bu arınmalardan sonra yanıt aynı ise, bunu uyguluyormuş. Demek ki fark ettiğim bir sorunu çözmek için

harekete geçmeden önce bu konuda üç kez arınma yapabilirim. Böylece attığım adımın anılardan değil esinlenmeden kaynaklandığından emin olurum.

5. *Tekrarlayın.*

Herkes kısa yoldan arınmak ve Sıfır Noktası'na ulaşmak ister. Ben de öyle istiyorum. Ama bu sabırsızlığın da arıtılması gerekiyor. Bir şeyin hemen gerçekleşmesini istemek, anında tatmin olmak peşindeki belleğin oyunudur. Bu veridir. İlahi Varlık'ın zamanlaması ve acelesi yoktur. Bir şeylerin bir an önce olmasını istemek, arınmak için harika bir fırsattır.

Ben kendimi daha hafif, mutlu ve sağlıklı hissetmeme yol açtığı için sürekli arınıyorum. Bu benim İlahi Varlık'a daha yakınlaşmak için benliğimdeki verileri yok etmemin kestirme yolu. Son derece kolay, zahmetsiz ve özgür bir yöntem.

Dr. Hew Len birçok arınma yöntemi gösterdi ama ben bunun için anında birçok yöntemin icat edilebileceğini –ya da esinlenebileceğini– öğrendim.

Örneğin, son Zero Limit etkinliğinde birisi, arınmanın, zihninde bir *Etch a Sketch* oyuncağı[4] bulunması gibi olduğunu söyledi. Dr. Hew Len buna bayıldı ve şöyle dedi: "Bu *Etch a Sketch* benzetmesine bayıldım. Kendi sorununuz dâhil bütün verileri içeren bu oyuncağı alıyor ve sallıyorsunuz, böylece içindekilerin hepsi yok oluyor. Bu benzetmeyi çok sevdim. Bunu yeni bir arınma aracı olarak kullanacağım. Bir sorunum olduğunda, örneğin 'yaşamın anlamı ne?' diye sorguladığımda bunu *Etch a Sketch* oyuncağıma yazdığımı varsayacağım. Sonra da onu sallayacağım. Yok olup gidecek! Harika! Artık özgürüm! Özgürüm!"

---

4 Resim yapmaya yarayan ve yaptığınız resmi oyuncağı sallayarak sildiğiniz bir alet.

Bir başka sefer Dr. Hew Len, üzerinde Zero Limit yazan ve Francine adını verdiğim arabamın resmi bulunan kartvizitimi gördüğünde bunun bir arınma aracı olduğunu söyledi.

"Sahi mi?"

"Evet," dedi. "Sorunu gözünün önünde canlandır ve sonra bu kartın kenarını kullanarak onu parçalara ayır."

Kartvizitim gerçekten bir arınma aracı mıydı? Bunu bilmiyordum, şimdi de bilmiyorum. Ama Dr. Hew Len bunun doğru olduğunu söyledi ve çoğu zaman yaşamımda ortaya çıkan sorunları arındırmak için ondan yararlanıyorum.

Purolar da arınma aracı olabilir mi?

Ne? *Puro mu?* Puro sağlığa zararlı değil mi?

Dr. Hew Len'e göre değil. Purolar, barış çubuğu ya da tütsüleme çubuğu olarak kullanılabilir. Bir zamanlar hayranı olduğum Yeni Düşünce yazarlarından Dr. Joseph Murphy'nin çok puro içtiğini duymuştum. "Dumanımla tanrılara sinyaller gönderiyorum," dermiş. Bu hoşuma gitti. Puro tüttürmek benim için bir meditasyona dönüştü. Keyfine varırken gevşiyor ve düşüncelere dalıyorum.

Bu bana, öğretmenine, "Dua ederken sigara içebilir miyim?" diye soran keşişi anımsattı.

Öğretmen, "Hayır," demiş.

Bu kez keşiş kurnazlık ederek, "Sigara içerken dua edebilir miyim?" diye sormuş.

"Evet," yanıtını almış.

Her şey bakış açısına bağlı.

Son Zero Limit etkinliğinde *online* videolar hazırlarken izleyicileri yeni bir arınma sürecinden geçirdim.

Tek yapmanız gereken, şu anki sorununuzu bir enerji alanı olarak hayal etmek. Zaten öyledir de. Kimileri buna düşünce kalıbı der.

Sonra bir bıçak hayal edin. Daha sonra, sorunu bıçakla kesip parçaladığınızı imgeleyin. Enerji parçalanırken onun dağılıp gittiğini hissedebilirsiniz (*Online* videoda Tibetlilerin ayin bıçağı olan "furba"yı kullanmıştım). Siz de aynı şeyi yapabilirsiniz.

Aslında herhangi bir nesneyi arınma aracı olarak kullanabilirsiniz. Bu kitap bile bir arınma aracıdır. Herhalde kitabın başında bir dua olduğunu fark etmişsinizdir. Bu duanın amacı kitabı arındırmak, böylece onu okurken sizi arındırmaktır. Bunu hisseder ya da hissetmezsiniz. *Yine de arınma gerçekleşir.*

Aynı zamanda, bu kitabın kapağı da bir arınma aracıdır. Ona bakarken zihninizdeki bilgi bankasında bulunan olumsuzlukların arınıp temizlenmekte olduğunu hissedebilirsiniz. Yayıncım John Wiley'nin bünyesinde kim bu kapağı tasarladıysa, ona ilham gelmiş. Bence kitabın kapağı sorunları ortadan kaldırmak için güçlü bir araç.

Bütün mesele, neye inandığınızdır.

Bir gün Toronto, Kanada'da efsanevi bir gitar yapımcısı olan Linda Manzer, el yapımı gitarlarından birini bana vermeyi önerdi. Bende zaten üç gitarı vardı ve sanat eserleri yarattığını biliyordum. Bana önerdiği gitarın bir fotoğrafını istedim ve onu danışmanım ve dostum olan Mathew Dixon'a gönderdim. Görür görmez, "Bu gitar bir arınma aracı!" diye haykırdı.

Gerçekten mi?

Kıvrımlarından dolayı Marilyn adını taşıyan bu gitar şimdi benim ve onun kendine özgü bir havası olduğunu kabul ediyorum. Onu çok seviyorum. Mathew ile birlikte ikinci albümümüz olan *Sıfır Noktası*'nda bu gitarı çaldık. İkimiz de onun özel olduğu konusunda hemfikiriz.

Ama o *gerçekten* bir arınma aracı mı?

Dr. Hew Len kartvizitimin bir arınma aracı olduğunu söyledikten sonra ondan o şekilde yararlanmaya başladım. Bunu *Zero Limit*'te yazdım ve o zamandan beri insanlar sık sık kartımı görmek istiyorlar.

Örneğin, Moskova'dayken seminere katılanlar kartı onların üzerinde kullanmamı istediler. İsteklerine uydum. Asıl gücün -benden ya da kartımdan değil- onların inancından kaynaklandığını biliyordum.

Aynı şey furbalar için de geçerli. Bunlar eskiden kalma ve kültürel öykülerde yer alıyor. Onları gözünüzde canlandırıp aynı sonuçları alabilirsiniz; bunu aklınızın gözüyle görürsünüz.

İkinci müzik CD'm *Strut!* üzerinde çalışırken bunun başarılı olması için düşsel bir uygulamadan yararlanmaya karar verdim. Bir grafik sanatçısına gittim ve resmimi *Rolling Stone* dergisinin kapağına koymasını istedim. Amacım özgün görünümlü bir dergi yaratmak ve her gün buna bakarken zihnimi başarıya programlamaktı. Jack Canfield ve Mark Victor Hanson'ın da *Tavuk Suyuna Çorba* kitapları efsanevi çok satanlar arasına girmeden önce böyle yaptıklarını anımsamıştım.

Grafik sanatçısının tasarladığı kapak nefes kesiciydi. Ona her baktığımda gülümsüyordum. Olağanüstü tempo titreşimleri yayıyordu. Derhâl onu bir arınma aracı olarak kullanmaya karar verdim. Ne zaman ona baksam, müziğimin başarılı olacağı konusundaki kuşkularımdan arınıyordum.

Unutmayın, önemli olan zihninizde, zihninizle birlikte ve zihniniz için yaptıklarınızdır. Söz konusu olan verilerden arınmanızdır. Böylece İlahi Varlık'ın girmesi için yer açarsınız. Sizi gerçekten arındırdığını hissettiğiniz her şey işe yarar çünkü buna inanırsınız. Daha önce sözünü ettiğimiz plasebo etkisi konusunu düşünün. Zihniniz inanılmaz bir güce sahiptir. Bir nesnenin arınma aracı olduğuna inandığınızda zihninizin bu gücünden yararlanırsınız. Tabii bir noktadan sonra zihninizin ötesine geçmeyi ve doğruca sıfır noktasına ulaşmayı isteyeceksiniz. Neyse, bu konuya biraz sonra geleceğiz.

Bir keresinde Dr. Hew Len ile birlikte katıldığımız bir radyo programında arayanlardan biri öfkeli, ters bir sesle bize çattı. Bu durum beni sarsmıştı ama Hew Len'i etkilemedi. Kendi kendime,

"İnsanlar neden böyle yapıyor?" diye düşündüm. Bunu anlayamıyordum.

Reklam arası verildiğinde Dr. Hew Len'den özür diledim ve bu tür soruların sorulacağını hiç beklemediğimi söyledim. Herkes adına özür diledim. O, "Bunu yapan o kişi değil, program," dedi.

Bunu yapan o kişi değil, program.

Zihnimde bir şimşek çaktı ve bunu asla unutmadım.

Sorduğumuz sorular, buna benim kendime neyin arınma aracı olduğunu, neyin olmadığını sormam dâhil olmak üzere, Sıfır'ın tepesinde beliriveren ve İlahi Varlık'ın önünü kesen bir program ya da veriden kaynaklanıyor.

Aynı durum karşımızda duran birileri bir biçimde rahatsızlık ifade ettiğinde de –örneğin bağırıp çağırdıklarında ya da ağladıklarında– geçerli. Böyle hissetmelerine enerji alanındaki bir virüs, bir program yol açıyor. Tabii onlar bunu bilmiyor çünkü programın tutsağı olmuşlar. Programa ev sahipliği yapıyorlar.

Bu noktada, sahip olduğunuz herhangi bir arınma aracını kullanın ya da programı dağıtmak ve ondan kurtulmak için ne yapacağınız konusunda ilham alın.

Bu bölümü yazarken bir dostum beni aradı. Bu satırları büyük bir zevkle yazmakta olduğumdan keyfim yerindeydi ve mutluydum. Oysa dostumun canı sıkkındı ve onu sabır ve dikkatle dinledim. Kısa sürede ben de rahatsızlık duymaya başladım ve bir batağa saplandığımı hissettim. Kendimi güçlü ve arınmış hissederken güçsüz ve mutsuz oldum.

Ne olmuştu?

Dostum beni arayınca, tıpkı doktorun bekleme odasında bekleyen çocuğa oradaki birinden grip bulaşması gibi, ben de virüsü –yani programı– kapmış oldum. Yıllarca arınmış olmamın önemi yoktu.

Önce bu beni tedirgin etti. Sonra bu tedirginliğimi arındırmam gerektiği anladım.

İşin sırrı her şeyden arınmaktır. Her an, dilediğiniz yöntemi kullanarak, o sırada bir tedirginlik nedeni bulunmasa bile arının.

Örneğin, bunu okurken "Hiçbir şeyden arınmak istemiyorum," diye düşünmektesiniz.

Bundan arının.

"Bundan arınmak istemiyorum."

Bundan arının,

"Tüm bu arınmalar bir zaman kaybı."

Bundan arının.

"Ya bu arınma bir işe yaramazsa?"

Bundan arının.

"Ya bu arınma işe yararsa?"

Bundan arının.

"Şu anda kendimi iyi hissediyorum, bu yüzden arınmayacağım."

Bundan arının.

"İyi olduğumda neden arınayım ki?"

Bundan arının.

"Anlamıyorum."

Bundan arının.

"Anlıyorum."

Bundan arının.

"Siz benim için arının."

Bundan arının.

"Puro bir arınma aracı olamaz."

Bundan arının.

Ana fikri anladınız mı?

Arınma duygunuz tetiklense de tetiklenmese de, her an arınıyorsunuz.

"Peki ama eğer her şey yolundaysa neden arınmam gerekiyor?"

Durmadan arınmak önünüzdeki yolu engellerden temizler.

Bugün düzgün bir yaşantım var ancak bu her zaman böyle değildi; şimdi böyle çünkü şimdi zamanımı arınmakla geçiriyorum. Gece gündüz. Şu anda bile, bu sözcükleri yazarken arınmaktayım. Bunu, ertesi gün siz onları kullanabilin diye yolları bir gece önce süpüren temizlik görevlisi gibi yapıyorum. Arınmak yaşamımdaki yolları temiz tutuyor, buna ilerleyen öykülerde tanık olacaksınız.

Bir kez daha belirteyim, hemen her şey bir arınma aracı olabilir. Bence Linda Manzer'dan aldığım "Marilyn" gitarım da bunlardan biri. *Sun Will Rise* (Güneş Doğacak) albümümün kapağı da öyle. Bu kitabın kapağı da. Dr. Hew Len benim kartvizitimin de öyle olduğuna inanıyor.

Bir arınma aracı gerçekten nedir?

İnandığınız her ne ise o.

BÖLÜM 14

Bir Sorununuz mu Var?

Tek yapmanız gereken aynaya bakmak ve kendinize âşık olmak, dünyanın geri kalanı ne derse desin.

—Dr. Joe Vitale, *The Miracles Manual,* Vol. I

İşte muhtemelen bağlantı kurabileceğiniz bir şey.

Sıfırdan başlayıp iki yıl içinde altı albüm çıkarmak kolay olmadı. Bunun için profesyonellerden yardım aldım: Porterdavis grubunun solisti ve Rubicon Stüdyoları yapımcılarından Daniel Barrett stüdyoda bana yardım etti; ses eğitimi sihirbazı Guy Monroe bana şarkı söylemeyi öğretti; çağdaş Gitar Keşişi ve Ho'oponopono müridi Mathew Dixon bana daha önce YALNIZCA hayal edebildiğim düzeyde gitar çalmayı öğretti; çok yetenekli bir şarkıcı/söz yazarı ve müzik öğretmeni olan Sarah Marie McSweeney şarkılarımı dinleyen ve beni yüreklendiren ilk insan oldu.

Aynı zamanda iki ünlü şarkıcı/söz yazarı Ray Wylie Hubbard ve Kewin Welch'in şarkı sözü yazma seminerlerine katıldım. Bana şarkı söyleme ve söz yazma ipuçları vermesi için sevilen şarkıcı Lee Coulter'la çalıştım. Pazarlanabilecek müzik yaratma konusunda danışmanlığımı yapması için de *Hack Your Hit* kitabının yazarı Jay Frank'ı tuttum.

Stüdyoya girerken, *rock and roll* Hall of Fame müzesi yıldızlarından olan Joe Vitale'den (evet, adaşım olan ünlü baterist) basçı Glenn Fukunaga'ya kadar, müzik dünyasının efsane isimleriyle anlaşmıştım. Grammy ödüllü üç sanatçıyı da albümlerimden birinde (*The Healing Song*) bana yardımcı olmaları için tutmuştum.

Tüm bu zamana, çabaya ve harcanan paraya değdi. Albümlerim çok beğenildi. *Strut!* albümümdeki "Today's the Day" gibi şarkılarım internetteki en önemli müzik mağazaları iTunes ve CDbaby'nin müşterileri tarafından en çok istek alan parçalar oldu. Diğer bestelerim film müziği olarak kullanıldı. Johnny Cash, Tom Petty ve Leonard Cohen ile kıyaslandım. Müzisyenlere yönelik internet sitesi Reverberation.com beni 2013 Mart ayında bir numaralı yerel şarkıcı/söz yazarı seçti.

Hiç fena değil.

Dolayısıyla, aile bireylerimden biri benim müziğimi anlamadığını söylediğinde bunun bende nasıl yıkıcı bir etki yarattığını tahmin edebilirsiniz.

Dürüst davranması gerektiğini söyledi ve –genellikle bu paravan ifadenin ardından bir eleştiri gelir– bana kitap yazmaya devam etmemi öğütledi.

Şunu da ekledi: "Ben hayranlarından biri değilim."

Ona fikrini sormamıştım ama o düşüncesini açıklama gereğini duymuştu. Böyle olumsuz sözler duymaya alışkın değildim ama babam sık sık insanların önyargılı olduklarını söyleyerek beni uyarırdı. "Kendi ailen bile sana cephe alabilir," derdi kimi zaman.

Bu çok üzücüydü. İnanamadım. Kırılmıştım, aklım karışmıştı. Tepeden tırnağa sarsılmıştım. Görünüşe göre, akrabam bendeki bir düğmeye basmıştı ve o düğme basılı kaldı. Bu sorun beni haftalarca tedirgin etti. Bildiğim bütün kişisel gelişim yöntemleriyle bile bu acıyı dindirmekte zorlandım.

Elbette akrabamın müzik deneyimi olsaydı onu dinlemeye değer görürdüm. Genelde araştırdığınız alanda başarılı olanlara danışırsınız. Oysa akrabam bir müzisyen değildi, hatta pek müzik dinlemezdi. Müzik kuralları, müziğin tarihi, hatta günümüzdeki popüler müzik hakkında neredeyse hiç bilgisi yoktu ama yine de bilgiç bir tavırla beni yargılamıştı. Hiç beklemediğim bu eleştiri beni derinden yaraladı.

Herkesin kendi fikirlerine sahip olma hakkı var. Bir keresinde bir Bob Dylan konserinin yarısında çıkıp gitmiştim. Onun şarkılarını çok severim (hatta ünlü "All Along The Watchtower" şarkısını *Strut!* albümüm için yeniden düzenleyip kaydettim) ama attığı çığlıklar beni rahatsız etmişti. Yine de Dylan'ı arayıp yakınmadım. Kendi fikirlerimi kendime sakladım (Bob, eğer bunu okuyorsan, lütfen beni affet. Özür dilerim. Müziğin ve "All Along the Watchtower"ı kaydetmeme izin verdiğin için teşekkür ederim: Sen *efsanevi* bir bestecisin. Seni seviyorum).

Akrabama gelince, ben Tom Petty gibi olmak istiyordum. Bir muhabir insanların onun müziğini beğenmediklerini söylediğinde, Petty ona, "Bu *rock and roll*, iyi olması gerekmiyor," demişti.

Oysa ben tarafsız değildim.

İçimde bir program –veri– harekete geçmişti ve akrabam da onun düğmesine basmıştı. Kesinlikle fikrini sormadığım halde yaptığı kırıcı eleştirisini nasıl yanıtlayacağımı bilemiyordum. Dostlarımın ve aile bireylerimin çoğu çok daha sevecen davranıyor ve beni destekliyordu.

Ayrıca, okumuş olduğum *The Power of Un-Popular* gibi kitaplardan, herkesi memnun edemeyeceğimi, YALNIZCA sadık bir hayran kitlesinden destek göreceğimi öğrenmiştim. Hatta seminerlerimde ve eğitim programlarımda zengin olmak için YALNIZCA sizi seven bir avuç insana ihtiyacınız olduğunu söylüyordum. Yine de akrabamın bu çirkin davranışı beni derinden yaraladı. Bir türlü aklımdan çıkaramıyordum.

Dr. Hew Len bana, "Söz konusu olan o kişi değil, üstünde taşıdığın, o kişiye ait çöplüktür," dedi. "Hawaii Devlet Hastanesi'ndeki hastalar üzerinde çalışırken içimde oluşanlar yargılama, öfke, kırgınlıktı. Şimdi takılıp kalmış durumdayım. Kendimden uzaklaştım ve tekrar Sıfır Noktası'na dönmek istiyorum."

Bana içinde bulunduğum durumun akrabamla değil, *paylaştığımız* programla ilgili olduğunu anımsatıyordu. Amacım, özgürlüğüme kavuşmak için bu programı silmekti. O noktada akrabamın ne dediğine aldırmazdım. Ve büyük bir olasılıkla o da sessiz kalırdı.

Bunu nasıl gerçekleştirecektim?

Arınmayı sürdürürken şunu hatırladım: Başkalarının hoşlanmadığımız yönleri genellikle biz bilmesek de kendimizde bulunan ve hoşlanmadığımız şeylerdir.

Akrabamın müziğime hayran olmadığı konusunda söylediklerini düşündüm. Bu sözleri benim söyleyeceğim bir biçime soktum ve kendime şunu sordum: "Ben kendi müziğim hakkında böyle mi düşünüyorum?" Başka bir deyişle, gizli gizli kendi müziğime hayranlık duymuyor olabilir miyim?

Bunu itiraf etmekten hoşlanmasam bile, bir yanım şarkı söyleyişimi ve bestelerimi ciddi biçimde eleştiriyordu. Bir yanım akrabamla *aynı fikirdeydi.* Akrabamın tek yaptığı benim öteden beri var olan kuşkumu dile getirmekti. Başkalarına sık sık söylediğim gibi, dış dünyamız iç dünyamızın bir yansımasıdır. Akrabam, birçok açıdan beni temsil ediyordu.

Bu olağanüstü güçlü bir önseziydi ve bundan hoşlanmamıştım. Kendimi kötü hissetmemin tümüyle akrabamın hatası olmasını istiyordum. Akrabamın değişime uğramasını istiyordum. Düzelmenin tamamının benim yarı sahamda gerçekleşmesini istemiyordum.

İşte gerçek Ho'oponopono bu şekilde çalışır. Dışınıza değil içinize bakarsınız.

İsveçli psikolog Carl Jung'un dediği gibi, "Dışarı bakan düş görür, içeri bakan uyanır."

İçinde bulunduğum durumla ilgili içgörülerim bununla kalmadı.

Daha sonra spor salonunda kardiyo çalışırken Ho'oponopono'yu yüksek sesle uygulama ihtiyacı duydum; bu hiç de olağan değildi. Çalışırken ender olarak konuşurdum çünkü yaptığım yoğun egzersiz beni soluksuz bırakırdı. Ama bir şey bana, "Bunu yap," dedi.

Akrabamın söylediklerini ve bunların benim üzerimdeki kötü etkilerini düşündüm. Duygularımın farkına varınca yüksek sesle aşağıdaki sözleri söyledim:

Benliğimin bir yanı ya da programlanmam ya da atalarım benim ve müziğimin bu şekilde yargılanmasını tetiklediği için özür dilerim. Aşırı tepki verdiğim ve huzurumu yitirdiğim için özür dilerim. Bilinçdışı programlanmam, akrabamın beni böyle sertçe yargılamasına neden olduğu için özür dilerim.

Lütfen akrabamın duygusuz olduğunu düşündüğüm için beni affet. Lütfen eleştiriye karşı bu kadar hassas olduğum için beni affet. Lütfen, benliğimin bugünkü inanç sistemlerini oluşturan her ne yaptılar ya da düşündülerse, bunlardan dolayı atalarımı affet. Lütfen içsel düşüncelerimin farkında olmadığım için beni affet.

Bu inancın ve verinin farkında olmamı sağladığın için teşekkür ederim. Bu verinin benim zihnimden ve bütün zihinlerden silinmesi konusundaki yakarışıma kulak verdiğin için teşekkür ederim. Akrabamın bana temizlenmek, arınmak ve özgürlüğüme kavuşmak için tanıdığı bu fırsatı değerlendirmemde yardımcı olduğun için teşekkür ederim. Tüm bu karanlığın içinde bana sevgiyi anımsattığın için teşekkür ederim.

Seni seviyorum, akrabamı seviyorum, kendimi seviyorum, atalarımı seviyorum ve içimdeki tüm kısıtlamaları ve verileri sildiği için, şu anın mucizesini ve sevginin mucizesini şimdi burada yaşayabildiğim için İlahi Varlık'ı seviyorum. Seni seviyorum, seni seviyorum, seni seviyorum.

İlginçtir, Ho'oponopono duamı yüksek sesle söyleyip bitirdiğim anda içimde bir şeyler değişti. Aslında bu o kadar derin bir arınmaydı ki akrabamın hakkımda söylediklerini neredeyse anımsamıyordum bile.

Gerçek arınmada bu sıklıkla yaşanır. Yakındığınız olay yok olmuştur. Anımsamakta bile zorlanırsınız. Anımsıyor olsanız da bu konuyla ilgili herhangi bir şey hissetmezsiniz. Okuduğunuz bir öykü gibi ilginçtir ama sizin başınızdan geçmemiştir.

Bu Ho'oponopono mucizesidir.

Akrabamla ilgili olarak şunu keşfettim: Eğer gerçek bir arınmayı –derhâl– yaşamak istiyorsam arınma sözcüklerini *yüksek sesle* söylemeliydim. Bu sayede zihnim daha iyi mi çalışıyordu, sesim evrenin titreşimleriyle bir uyum mu yakalıyordu yoksa zihnimi okuyamayan melekler sesimi mi duyuyordu, bilmiyorum.

Clark Wilson 1968'de yayınlanan *Hawaiian Magic* (Hawaii Büyüsü) isimli kitabında şu açıklamayı yapıyor: "Eğer bir şeyi içten bir tutkuyla ve derin duygularla dile getirir ve onu yüksek sesle söylerseniz, bunun gerçekleştiği gözlemlenmiştir ve bu kutsal bir gerçektir."

Dileğimi İlahi Varlık'a yüksek sesle söylemek, iyileşmenin ya da bir sonuca varmanın geliştirilmiş, basit ama kesin bir yöntemi oldu. Akrabam ve onun eleştirisi artık beni tedirgin etmiyor. Bugün müziğimden hoşlanıp hoşlanmadığını bilmiyorum. Umurumda da değil. *Ben* yaptığım müzikten hoşnutum. Büyük müzisyenlerle rekabete girişmiyorum. YALNIZCA yaratıcı olmaya çalışıyorum. Ve bu açıdan bakılınca, başarılıyım.

2013 yılında şarkılarımdan on tanesi pozitif müziğin Grammy'si olan Posi Ödülü'ne aday gösterildi. Daha önce o akrabamın (ve benim) düşündüğünün aksine, bir şeyleri doğru yapıyor olmalıyım. Onunla paylaştığımız programı temizlemem müziğimin başarılı olmasının önünü açtı.

Her zamanki gibi, çözüm arınmak, arınmak ve arınmak.

BÖLÜM 15

Beşinci Mucize

Arındığında düşünmezsin. YALNIZCA yaparsın.

—Dr. Hew Len

Gerçek dünyada Ho'oponopono ile nasıl mucizeler yaratabilirsiniz?

2012 yılının Ekim ayında müzik yapımcım ve dostum Daniel Barrett'a müzik yapma arzumun öldüğünü söyledim. Esinlenme geldiğini ya da ilham perisi ile bağlantıda olduğumu hissetmiyordum. O güne dek yapmış olduğum dört iyileştirici müzik albümü beni mutlu etmişti ama ufukta yenilerini göremiyordum.

İşim bitmişti.

Bu konuda konuşurken içimden Ho'oponopono uygulamayı sürdürüyor ve o dört cümleyi tekrarlıyordum. Kendimi kandırdığımdan kuşkulanıyordum. Sonuçta hemen hepimiz yaygın biçimde kendimizi sabote ederiz ve genellikle bunu yaptığımızın farkında değilizdir. Ben de öyle mi yapıyordum?

Daniel müzikle ilgili enerjimi körüklemenin bir yolunu bulmamızı önerdi. Bunun nasıl olacağını bilmiyordu ama bir çözüm bulacağımıza inanıyordu.

Bir anda bana bir esinlenme geldi, ilham perisini harekete geçirecek bir yol biliyordum. Ama bunu yapmak istediğimden emin değildim.

Derin bir soluk aldım ve, "Noel'e kadar beş yeni şarkı kaydetmeye niyet edebilirim," dedim.

Noel'e YALNIZCA iki ay vardı. Bu sürede beş yeni şarkıyı yazmak ve kaydetmek mucize olurdu. YALNIZCA sıfırdan başlamayacaktım, aynı zamanda dördüncü albümüm *The Healing Song*'u hazırlarken son derece yorgun düşmüştüm.

Daniel bir an bile duraksamadı. "Neden şuna on şarkı demiyoruz?" diye sordu.

Soluğum kesildi. Bu benim için bile çok fazlaydı. İki yıldan az bir sürede dört albüm çıkararak zaten bir rekor kırmıştım ve dört mucize yeterliydi.

Yine de bu meydan okumayı kabullendim.

İki ay içinde 10 özgün şarkı yapmam konusunda anlaştık. Sonra bunları beşinci albüm için beraber kaydedecektik.

Bizi ürkütmekle birlikte memnun da eden böyle bir hedefin enerjisinin ikimizi de coşturduğunu hissettik. Beklentiler ve kuşkular içindeydik, hazırdık, hevesliydik... Ve yeni bir albümü nasıl yoktan var edebileceğimiz konusunda hiçbir fikrimiz yoktu. Epeyce arınmam ve temizlenmem gerekiyordu ve Ho'oponopono uygulamamın bana yol göstereceğine inanıyordum.

Unutmayın, yeni bestelerle ilgili hiçbir fikre ya da tutkuya sahip değildim. Kendimi tükenmiş hissediyordum. Yine de, bu yeni ve esinlenilmiş niyet daha fazla müziğin yolunu açmıştı. Bu yeni amaç hayal gücümü harekete geçirdi ve birkaç gün içinde yeni şarkılar zihnimde belirmeye başladı.

Yaratıcı enerjileri durduramıyordum!

Oturmuş iPad'imde kitap okurken birden yeni bir şarkı fikri bilincime ulaşıyordu. Hemen yapmakta olduğum her şeyi bir yana bırakıp bunu yazmaya başlıyordum (Her zaman eyleme geçin).

Kimi zaman da, eski ya da yıllanmış, *rock and roll*'a dönüştürülebilecek farklı müzik türlerini deneme isteği duyuyordum. İlham perimi izleyerek kendimi olayların seyrine bıraktım. Araştırmaktan, keşfetmekten ve öğrenmekten büyük zevk alıyordum (Aynı zamanda sürekli ilham kaynağınızın peşinden gidin).

Birkaç hafta içinde iki düzineden fazla güzel beste yaptım. Bunların arasından dokuz tanesini seçtim. Onuncuyu stüdyoya girdiğimde yapacağım doğaçlamaya bıraktım.

Beşinci albümüm için hazır olduğumu hissettim.

Orkestramın üyeleri (aslında *benim* orkestram değildi ama *Strut!* ve *The Healing Song* albümlerinin kayıtlarını aynı müzisyenlerle birlikte yapmıştım) yeniden bir araya geldi. Noel'den önce 18 ve 19 Aralık'ta stüdyoya girip 10 yeni şarkı kaydettik.

Bana müziğin genelde bu kadar çabuk, kolay, bu denli enerji ve odaklanma ile oluşmayacağı söylenmişti. Oysa stüdyoda bir araya gelince bestelerimdeki büyüye yer açmış olduk.

Sonuç, *Sun Will Rise* isimli müzik albümüm oldu; bu bir başka mucizeydi.

Kaydı biten CD'yi elimde tutup yazdığım ve çaldığım özgün müziğe bana destek olan müzisyenlerce nasıl hayat verildiğini dinlerken ağlamaya başladım.

Tüm bunların yoktan var edilmesi beni hâlâ şaşırtıyor. Bestelerin bu kadar iyi, müziğin bu kadar şaşırtıcı ve iletilerin de bu kadar yerinde olması duraklamama, hayranlık ve minnet içinde bakakalmama yol açıyor.

Bir keresinde Dr. Hew Len'e eyleme geçme konusunu sordum.

Bana, "Arındığında düşünmezsin. YALNIZCA yaparsın," dedi.

Düşünmek zorunda kalırsanız zihninizde birbirine karşıt inançlar oluşur: Biri bir şey ister, biri başka bir şey. Esinlenme geldiğinde ideal olan tümüyle arınmış olmaktır, böylece eyleme geçme dürtüsü oluşur. Duraksamadan eyleme geçersiniz çünkü eylem saftır. Onda ne bir engelleme vardır ne de yargılama.

Hayatın her zaman böyle olduğunu söylemek istemiyorum, Dr. Hew Len bile yanıt bulmak için derin düşüncelere dalar. Bir dostum bana *Zero Limit*'le ilgili bir film senaryosu gönderdiğinde iznini almak için Dr. Hew Len'e yazdım çünkü kitabın telif hakkı her ikimize aitti. Bana, "İlahi Varlık hayır diyor," diye bir e-posta gönderdi.

İlahi Varlık ile nasıl tartışabilirsiniz?

İlahi Varlık ile ego arasındaki farkı görmenin bazen zor olduğunu bildiğimden ona tekrar yazdım. Oturup üzerinde düşündü ve tekrar karşı çıktı.

İşin ilginç yanı senaryoyu reddetmesi için hiçbir makul nedeni yoktu. Bunu neden yaptığını anlayamıyordum. Bu onun şaşırtıcı öyküsünü büyük ekrana yansıtmak için çok iyi bir fırsattı. Bu filmi hep düşlemiştim. Bunu istiyordum. Ayrıca Dr. Hew Len'in de daha önce buna sıcak baktığını biliyordum çünkü bir zamanlar bana kendisini Robert de Niro'nun canlandırmasını istediğini söylemişti. Öte yandan, Dr. Hew Len'in kesinlikle "Hayır!" demesi her şeyi sonlandırdı. Bunu kabullendim ama aklım karışmıştı.

Zamanla bu öneride bulunan film yapımcılarının sömürmeye ve dolap çevirmeye yatkın olduklarını fark ettim. Birtakım psikolojik numaralar yaparak Dr. Hew Len'in fikrini değiştirmemi istiyorlardı ama ben onun bunlara kanmayacağını biliyordum. O zaman, Dr. Hew

Len'in ileride bu yapımcılar yüzünden pişmanlık duyabileceğimizi düşünerek hayır dediğini anladım.

Bunu şuna dikkat çekmek için söylüyorum: Temiz bir yanıt almadığı için teklifi geri çevirmek zorunda kalmıştı, bu yüzden kendinizi zorlamayın. Burada anımsamanız gereken kendinizi sevmektir. Hepimiz elimizden geleni yapıyoruz. Eğer işler yolunda gitmiyor gibiyse kendinize bir hedef belirleyin, rehberlik ve arınma için yakarın ve bundan sonra her ne gerekiyorsa onu yapın. Bir *hayır* sizi koruyor ve kocaman *"evet"*li bir başarıya hazırlıyor olabilir. Güvenmek zorundasınız. İnanmak zorundasınız.

Ho'oponopono'nun özü diye bir şey varsa, güven kavramına dayalıdır. Kendinize güvenin. Hayata güvenin. İlahi Varlık'a güvenin. Üzerinde inanç sözcüğünün Latincesi olan *Fidem* yazılı eski bir altın yüzük takıyorum ve bu bana güven duymam gerektiğini anımsatıyor. Yanımda taşıdığım ve dostlarıma da verdiğim hardal tohumlu madenî para da başka bir anımsatıcıdır.[5]

Dr. Hew Len'in inanılmaz öyküsü ne zaman filme alınır bilmiyorum ama bunun gerçekleşeceğine inanıyorum. YALNIZCA bunun nasıl ve ne zaman olacağını bilemiyorum. Tıpkı tümüyle tükenmiş, beste yapamayacak durumda olduğum sırada çıkardığım son müzik albümü gibi, eğer kendimi olayların akışına bırakır, oluşan fikirlere uygun eylemlere geçer ve daima ama daima inancımı korursam mucizeler gerçekleşebilir.

Mucizelerin sırrı budur.

Ya da en azından sırlarından biri.

Şimdi daha fazlasını keşfedelim...

5 Üzerinde İsa'nın "Size şunu söyleyeyim, bir hardal tanesi kadar imanınız olsa şu dağa, 'Buradan buraya göç' derseniz göçer. Sizin için imkânsız bir şey olmayacaktır," sözlerini taşıyan madeni para. (İncil, Matta: 17) (ed.n.)

BÖLÜM 16

Zero Limit Etkinliğinin Diğer Sırları

Sıfır'a ve Esinlenmeye giden tek yol arınmadır.

—Dr. Ihaleakala Hew Len

Dr. Hew Len seyahat etmekten ve konuşma yapmaktan vazgeçip kendini emekli edene kadar birlikte üç Zero Limit etkinliği düzenledik. Bu kararı beni şaşırtmadı çünkü sık sık, "Artık YALNIZCA bahçemle ilgilenmek istiyorum ama İlahi Varlık sürekli beni kapıdan dışarı itiyor," derdi.

Etkinliklerde genellikle ben şakacı kişiliği üstlenir, Dr. Hew Len'in ciddiyetini hafifletirdim. Kimileri beni hoş adam olarak görmekteydi. İnsanlar bazen Dr. Hew Len'i fazla sert buluyordu ama ben asla böyle düşünmedim. Onu severdim ve hâlâ da seviyorum. Etkinliklerimizde onun tertemiz odaklanmasına hayrandım. Asla lafı dolandırmazdı, son derece açık sözlüydü.

Örneğin, katılımcılara şöyle sorardı: "Sizce en temel beceri, bir işi yönetmek için en gerekli özellik nedir?"

Yeterli bulmadığı birkaç yanıt aldıktan sonra, "Size en önemli özelliğin ne olduğunu açıklayacağım çünkü eğer buna sahip değilseniz başınız dertte demektir. Dilediğiniz kadar istekli ve hizmete hazır olun. Ne olursa olsun, en önemli özellik açıklıktır. Açık davranırsanız her şey olabilir, bu yüzden açıklık yaşamınızdaki en önemli özelliktir. Eğer açık davranmazsanız, ki bu çoğunuz için geçerlidir, ne sunduğunuz ya da ne kadar iyi sunduğunuz benim umurumda olmaz."

Sonra da İsa'dan ve Budha'dan söz ederdi. Onların hevesli olmaya ya da daha fazla bilgi edinmeye ihtiyacı yoktu. Onlar açık davranıyorlardı ve bu onlara ilham veriyordu. Asıl hedef, çoğu kez Sıfır ya da Boşluk diye adlandırdığı Açıklık'tı.

Bir keresinde Dr. Hew Len bana şöyle dedi: "Eğer insanlar Tanrı'yı ön planda tutsalardı, düşledikleri tüm paraya sahip olurlardı."

Bu, benim *Çekim Yasası Sırrı* kitabımın başında yer alan, Güney Amerika'ya giden insanların maddi zenginlik ve finans açısından neden Kuzey Amerika'ya gidenler kadar başarılı olmadığını açıklayan öyküye benziyor. Neden mi? Çünkü Güney Amerika'ya gidenler altın arıyorlardı; Kuzey Amerika'ya gidenler ise Tanrı'nın izinden gitmelerini sağlayacak özgürlüğün peşindeydiler.

Onlar Tanrı'yı arıyorlardı.

Veri ve programlarla dolu olan insan zihni, YALNIZCA arınmak gibi basit bir işlemle İlahi Varlık'ın ilham veren fısıltılarını duyma sonucu yaşamda meydana gelen derin değişim ve oluşumları algılamaktan acizdir. Bunu düşünmek bile tüylerimi diken diken ediyor. Bu, Ho'oponopono'nun en yüce gücüdür.

"Ho'oponopono belli durumdaki belli kişileri ya da belli fikirleri yaşarken içimde ne olup bittiğine bakmaktan ibarettir," diyordu Dr. Hew Len. "Buradaki sorun benim işleri oluruna bırakmaya razı olup olmamamdır. Bunu başardığımda harika bir şey gerçekleşir. Sıfır Noktası'ndayken, bir anda İlahi Varlık'ın yuvasında, BENİN varlığındasınızdır."

Bu o kadar kolay mı?

Bunun soluk alma ya da yemek yeme kadar kolay olduğuna inanabilir misiniz?

Etkinlikler sırasında Dr. Hew Len, soluk verirken verileri dışarı atma ve salıverme yöntemini göstermişti.

Her iki ayağınızı yere basın ve sırtınız hafifçe iskemlenize dayalı durumda rahatça oturun.

Başparmağınız İlahi Varlık'ı, içinizdeki BEN varlığını temsil eder. İşaret parmağınız yön gösteren parmaktır ve bir varlık olarak sizi temsil eder. İçinizdeki İlahi Varlık'ı (başparmağınızı) ve işaret parmağınızı birleştirin, böylece siz ve İlahi Varlık bütünleşirsiniz. Sonra elinizi kucağınıza koyun.

Bu uygulama saat farkından doğan yorgunluğu engeller. Ritim bozukluğu yaşıyorsanız ritminizi düzenler. Buradaki tek hedef yeniden ritme kavuşmaktır.

Gözleriniz kapalı, normal nefes alır gibi hafifçe (burnunuzdan) soluk alın.

Şimdi soluk alıp verirken şu şekilde saymaya başlayın: Soluk alırken yediye kadar sayın, soluğunuzu tutarken yediye kadar sayın ve soluk verirken yediye kadar sayın, sonra durun ve bunu tekrarlayın. Her defasında soluk alırken yediye, tutarken yediye, verirken yediye ve dururken yediye kadar sayın. Bu bir turdur. Bunu yedi kez yapın; yedi Ha turu.

Dr. Hew Len ile birlikte düzenlediğimiz seminerde çilek, yaban mersini ve hatta bonibon yemenin arınmaya yararını tartıştık. Evet, bonibon. Bunu ilk duyduğumda çılgınca bulmuştum. Ancak Dr. Hew Len her zaman şekeri gerçekten yemenize gerek olmadığını söyler; YALNIZCA yalasanız da olurmuş.

Bir bonibonu *yalamak* mı?

Yemeden, öyle mi?

Olamaz.

Eğer siz de benim gibiyseniz bunda çok zorlanabilirsiniz. Bu bana aptal olduğunu düşündüğü için psikiyatriste giden adamı anımsattı. Doktor ona birtakım haplar yazıyor. Adam bir hafta bunları kullanıyor ve sonra gelip, "Doktor, belki de bana öyle geliyordur ama bu haplar daha çok bonibona benziyor," diyor.

Psikiyatrist, "Gördün mü, akıllanmaya başladın bile!" diye yanıt veriyor.

Her şey bunun bir arınma aracı olduğuna inanıp inanmamanıza bağlı. Dr. Hew Len'e göre şeker ve çikolata yemek bile verileri temizleyebilir. Bunların zararlı olduğuna inanmamızın kendi bakış açımızdan kaynaklandığını söylüyor. Onun en sevdiği şey ise sıcak çikolata. Şöyle diyor:

> *Sıcak çikolata paraya öncelik tanıyan anıları siler. Peki, bu ne demek? Bu, Tanrı'ya öncelik tanıyorsunuz demek. Ben İlahi Varlık'a değil, dünyaya öncelik tanıyan anılarımı silmek için sıcak çikolata içiyorum. Hiçbir şey söylemek ya da yapmak zorunda değilsiniz; YALNIZCA için. Sorunun çikolata olmadığının farkına varmalısınız... Sorun sizin onunla ilgili deneyiminizdir ve bu deneyimlerinizden kurtulabilirsiniz.*
>
> *Eğer birtakım sorunlarınız varsa, nedeni anılardır; yedikleriniz ya da birlikte olduğunuz insanlar değil. Bunun şekerle hiçbir ilgisi yok. Buradaki hiçbir şeyle ilgisi yok. Nedeni, bakış açımızdır. Konu her ne ise, sorun budur.*
>
> *Eğer bir şey yiyecekseniz bu neden çilek, yaban mersini, zencefilli kurabiye, bonibon gibi verileri temizleyen bir şey olmasın? Yumuşak şekerlemeler bile sizin doğru zamanda doğru yerde olmanızı sağlayan bir arınma yöntemidir.*

Kuşkucu biri için bu yöntemler akıl dışı görünebilir, oysa çağdaş Ho'oponopono'da bu YALNIZCA biraz daha fazla veridir çünkü sizin dışınızda hiçbir şey yoktur.

Zihninizde dönüp duran verilerin bir parçası olmayan bir şeye bağımlı kalamazsınız. Her ne oluyorsa *içinizde* olmaktadır, dolayısıyla bu konuda sizden başka kim söz sahibi olabilir?

Şahsen ben işe yarayabilecek her yöntemi uygulamaya hazırım. Dr. Hew Len'in bize anımsattığı gibi, "Nihai hedef özgürleşmektir. Neden özgürleşmek? Her zaman İlahi Varlık ile uyum içinde olabilmeniz için geçmişinizden özgürleşmek."

Deneyimlerime göre, açık bir zihin, sizi kapalı olandan çok daha ileriye götürür ve bu sayede özgürlüğe kavuşuluyorsa ben kesinlikle bundan yanayım. Öte yandan, eğer gerçekten zihninizin sınırlarını sınamak istiyorsanız, Dr. Hew Len'in bir koğuş dolusu akli dengesi bozuk suçluyu iyileştirmesiyle ilgili ünlü öykünün doğru olup olmadığı üzerinde düşünün.

Bu –ben dâhil– herkesi aldatan koskocaman bir yalandan mı ibaretti?

BÖLÜM 17

Bu Gerçekten Yaşandı mı? Koskocaman Bir Yalan

Asıl şaşırtıcı olan kontrolün bizde olmamasıdır. Kontrol. Niyet. Bunlar YALNIZCA yanılsama. Kararı kim veriyor? Bellek ve Esinlenme, biri bir diken, öteki bir gül. Her ikisi de Ruh'u resmen parmağında oynatır. Gerçekten.

—Dr. Ihaleakala Hew Len

Z*ero Limit*'i okuyanlar çoğunlukla bu öykünün gerçek olup olmadığını soruyorlar.

"Dr. Hew Len gerçekten bir koğuş dolusu ruh hastası suçluyu iyileştirdi mi? O zaman ben neden bunu haberlerde duymadım? Bu resmî kayıtlara geçti mi?"

Ben de bu öyküyü ilk duyduğumda inanamadım. Ama Dr. Hew Len ile telefonda konuştuktan sonra inandım. Düzenlediği seminerlerden birine ilk kez katıldıktan sonra bunun gerçek olduğuna inancım daha da pekişti. Daha sonra beraber *Zero Limit'i* yazdık ve ben onunla birlikte üç etkinliğe ev sahipliği yaptım, böylece tüm kuşkularım yok oldu. İnanmanın inanmamaktan daha akıllıca olduğunu biliyordum. Zaten *Faith* (İnanç) adında bir kitap da yazdım. İnanç güç kaynağıdır ve ben mucizelere inanmayı yeğlerim.

Öte yandan, iyi bir kişisel gelişim yazarı olarak daha fazla bilgi edinmem gerekiyordu ve bu yüzden ilk fırsat bulduğumda kendisine bu konuyu tekrar sordum.

"*Ao Akua,*" diye söze başladı; bu, Hawaii dilinde bana verdiği isimdi. "Bunu tek başıma yapmadım ve hiç de kolay olmadı."

"Hepsi iyileşti mi?"

"Hayır," diye yanıtladı. "Billy'yi asla yeterince iyileştiremedik. Bir başka yere sevk edildi."

Zero Limit için araştırma yaparken, Dr. Hew Len'in hastanede olduğu dönemde orada çalışmış olan sosyal gönüllülerle bağlantı kurmuştum. Hepsi açık açık onda bir şeylerin varlığını hissettiklerini söyledi ama hiçbiri onun bir Mesih olduğunu iddia etmedi. Hiçbiri tedavilerin doğrudan doğruya onun sayesinde gerçekleştiğini ileri sürmedi. Hiçbiri suçluların iyileşmesinin ve koğuşun kapanmasının doğrudan doğruya Dr. Hew Len'in eylemleriyle bağlantılı olduğunu savunmadı.

Bu beni şaşırtmıyor.

Yaşamlar öylesine birbiriyle bağlantılı ki benim verdiğim soluk sizin aldığınız nefesi etkileyebilir ama siz hiçbir zaman bilinçli olarak bana bakıp, "Soluduğun için teşekkürler!" demezsiniz.

Bu olayın basında yer almamış olması da beni şaşırtmadı. Yıllar önce *ABC News* evime gelip benimle bir saatlik bir röportaj yaptı. Bir sürü konu hakkında konuştuk, bu arada kitaplarımdan ve değişime uğrayan insanlardan da söz ettik. Oysa bu olumlu olayları yayınlamadılar. Aksine, ilginç bölümleri kesip hazırlıksız yakalandığım bir soruyu yanıtlamak için duraksadığım birkaç saniyeyi yayına soktular.

Medya size olumlu haberleri vermek üzere tasarlanmamıştır. Onlara reklamverenlerin ürünlerini satın almanızı sağlamak için sürekli içinize korku salarlar (Bunu söylerken bir yandan da bu konuda arınıyorum). Bu nedenle korkunç, trajik ve mutsuz haberleri yayarlar. O bölgede kötü bir olay yoksa haber merkezleri başka bir bölgede, hatta başka ülkelerde yaşanmış mutsuz öykülerin peşine düşerler.

Medya yeterince güncel kötü haber bulamazsa çoğunlukla arşivdeki öyküleri karıştırır. Aslına bakarsanız, tam bunları yazarken bir dostum aradı ve *ABC News*'te bir gece önce izlediği programımdan dolayı beni kutladı: Bu, *üç yıl önce* yayınlanmış programın bir bölümüydü.

Öte yandan basının olumlu haberler yayınladığına hemen hiç rastlamazsınız.

Hem zaten bir akıl hastanesindeki suçluların iyileşmesiyle ilgili haberin basındaki başlığı ne olabilir ki?

Deliler İyileşmiş—Açıklama Yok—Bunu Kutlayalım!

Basın Dr. Hew Len'den bir şifacı olarak söz etmek isteseydi, şöyle bir başlık atabilirdi:

Sihirbaz Hiçbir Şey Yapmıyor ve Hastalar İyileşiyor!

Kısacası, medya olumlu olayları ya da mucizeleri bildirmek üzere tasarlanmamıştır. En olağanüstü olumlu olgunun bile olumsuz bir yanını arama eğilimindedir. Arkasında yüze benzer bir görüntü bulunan Bourgeois gitarımdan söz etseydim basının daha fazla ilgisini çekerdim (bu gerçekten var). Kimileri bunu bir Hintliye benzetiyor. Ben bunun çok daha tartışmaya açık ve ilginç olduğu kanısındayım. Basın şöyle diyebilirdi:

Gitarın İÇİNDE Budha Bulundu!

Ya da hatta,

Gitarda Görülen İsa!

Ya da belki,

***Secret* Yazarı Gitarında Mesih'i Gördü!**

Tabii ki gerçek olarak adlandırılan bir mucize öyküsünün işe yaraması için hiç değilse bir miktar doğruluk payı bulunması gerekir. Hayal ürünü öyküler, daha da beteri, gerçek olduğu söylenirken hayal olduğu ortaya çıkan öyküler çok zararlı olabilir. Bu bir öyküyü mecazi olarak kullanmakla aynı şey değildir. Hipnotizma uzmanları bu tür öykülerin bilinçdışınızda sorunlara yol açtığını söylüyor. Bu farklı bir şey. Bu, yalan söylemek değil. YALNIZCA uydurmak.

Kişisel gelişim konusunda tanınmış bir yazarın bir kitabını okuduğumu hatırlıyorum, orada ünlü sihirbaz Harry Houdini'nin son yıllarında herhangi bir sihir numarasına başvurmak zorunda olmadığını yazıyordu. Yazar, Houdini'nin "gerçek sihir" yaptığını ileri sürüyordu. Dehşete kapıldım. Halbuki Houdini son yıllarında gerçek sihrin *var olmadığını* kanıtlamaya çalışmıştı. Houdini'nin kurduğu Amerikan Sihirbazlar Derneği'nin ömür boyu üyesi olarak onun insanların kandırılmasına karşı olduğunu ve ayaklarının yere sağlam bastığını biliyorum.

Bu yazar bu kitabında kitlelere neden yalan söylemişti? Bilmiyorum ama onun bu masum, cahilce ya da kasti yalanı beni o kadar sinirlendirdi ki kitabını çöpe attım. Yazarı affetmem bayağı zaman aldı. Dostlarımdan biri bu yalanı savunmak adına, "Belki de bu öyküyü seni gerçek sihre inandırmak için anlatmıştır," dedi. Asıl önemlisi, bu apaçık yalan benim bu yazarın söylediği hiçbir şeye inanmamama neden oldu. O artık benim için güvenilir bir kaynak olmaktan çıkmıştı.

Dr. Hew Len'in mucizesinin bir Houdini öyküsüne dönüşmesini istemiyordum, bu yüzden daha fazla bilgi edinmek için araştırmaya devam ettim. Aşağıdakine benzer öyküler duydum (bu e-posta olarak geldi ve yayınlamak için izin aldım):

Sayın Dr. Vitale,

Zero Limit *kitabınızı 2008 Aralık ayında okudum. Baton Rouge'daki Kadınlar hapishanesinde yaşam koçu ve eğitmen olarak çalışıyorum. Haftada üç gün her biri 20 kadından oluşan sınıflarda ders veriyorum.*

Kitabı okumaya başladıktan hemen sonra Ho'oponopono uygulamasına başladım. Gruptaki kadınlarda hemen sonuç aldığımı gördüm. Edindiğim bilgileri onlarla paylaştım ve sırayla okumaları için beş kitap satın aldım.

Onlardan sorumlu görevliler de gerçekleşen değişimlerle ilgili bir sürü başarı öyküsünü benimle paylaştılar. Örneğin, geçen hafta hapishanede bir kargaşa yaşandı. Dışarıdaki gürültüyü sınıftan duyabiliyorduk. Gardiyan sınıfa girdi ve büyük bir şaşkınlığa kapıldı. Dışarıdaki şamataya karşın odada hüküm süren sükûnet ve sessizliğe inanamadı. Bana, "Bunu nasıl yaptığını bilemiyorum ama yapmaya devam et," dedi. Aslında birçok kez bana bütün kadınların artık çok daha iyi davrandıklarını ve daha önce yararlanamadıkları birçok ayrıcalığa sahip olmaya başladıklarını söylemişti.

Bu arada ergenlik çağındaki kızlarım ve eşimle ilişkilerimde de olumlu değişiklikler gerçekleşti.

Bu bilgiyi açıkladığınız için size çok teşekkür ederim.

—Cindy Ray-Huber

Baton Rouge RCB, Bölge Müdürü

İnsan olarak birçok zorlukla karşılaşırız. Hepimizin arınması gereken şeyler var.

Zero Limit üzerinde çalışırken Dr. Hew Len beni görmeye geldi. Beraber arabaya bindik ve birkaç sokağa girip çıkarak onun için telefonla yer ayırttığım pansiyonu aradık. Sonunda yolumuzu kaybettiğimiz kesinleşince iç çektiğini duydum. Sıkılmış gibiydi. "Arayıp tarif almalıydım," dedi. Kullandığı sözcükler bunlardı ama aslında *benim* aramam gerektiğini belirtiyordu. Benim yüzümden canının sıkılmış olması, onun tüm olup bitenlerle uyum içinde olmadığını yansıtıyordu.

Bir başka gün onun genç bir kadınla el ele kumsalda yürürken çekilmiş bir fotoğrafını gördüm. Bu çok romantik bir sahneydi ama Dr. Hew Len genç kadından 50 yaş daha büyüktü. Eğer birbirlerine âşıksalar bunun önemi yok ama bu kesinlikle onun da bir insan olduğunu gösteriyor.

Öte yandan, İsa da bir insandı. Yaşayan ve soluk alan sıradan bir adamdı ama mucizeler gerçekleştiriyordu. *Zealot* adlı kitabın yazarına göre, İsa yaptıkları nedeniyle asla sahtekârlıkla suçlanmadı. O büyü yapmıyor, mucizeler gerçekleştiriyordu. Birçok açıdan suçlandı ama asla sihirbaz olduğu ileri sürülmedi. Görünüşe bakılırsa, o İlahi Varlık'ın yardımıyla mucizeler oluşturan bir adamdı.

Son derece insan olan Dr. Hew Len'in yaptığı da bu mu?

Nitekim Albert Einstein, "Bizim İsa'dan daha büyük işler başarmamız oldukça mümkün çünkü İncil'de onun hakkında yazılanlar şiirsel bir biçimde abartılmıştır," diyor.

Neyse, konuyu saptırmak istemiyorum: Dr. Hew Len akli dengesi bozuk suçluların bulunduğu akıl hastanesindeki hastaların yüzde 99'unu gerçekten iyileştirdi mi?

Ben buna inanıyorum. Ama nasıl emin olabiliriz?

Bir de şöyle düşünelim: Eğer ben sizin iyileşmeniz için gizlice dua edersem ve bir gün hastalığınız geçerse, bunda benim payım olduğunu düşünür müsünüz? Muhtemelen hayır. Sizin için dua ettiğimi bilmiyorsanız bunu nasıl düşünebilirsiniz?

Mathew Dixon'a, *Attracting for Others* (Başkaları için Çekim) adlı kitabı yazması için ilham gelmiş. Önerilen şu; eğer biri size ne olmak, ne yapmak ya da ne edinmek istediğini söylerse, o kişinin bu isteğinin olması için gizlice arının. Karşılaştığınız kişinin dileğine kavuşması için sizde bulunup da açığa çıkan şey her ne ise, onu arındırın.

Başka bir deyişle, iyilik peşinde bir Ninja olun. Bu, o dört cümleyi söylemek, burada öğrendiğiniz daha gelişmiş sırlardan bazılarını kullanmak ya da o kişiye yardım için esinlendiğiniz herhangi bir şeyden yararlanmak kadar kolay olabilir.

Bir an durup düşünün: Birisi sessizce sizin istediğiniz bir şeyle ilgili arınma yapar ve siz de isteğinize kavuşursanız onun bunda payı olduğunu düşünür müsünüz? Tabii ki hayır. Nasıl düşünebilirsiniz ki? Onun sizin için bir şeyler yaptığından haberiniz bile yoktu. O bunu gizlice ve cömertçe yaptı.

Aynı şey Dr. Hew Len'in hastane öyküsü için de geçerli olabilir. Kendini arındırması diğerlerini etkileyen bir çekim alanı oluşturdu. Adamlar iyileştiler ama onun yaptıklarından habersiz olduklarından bunda onun payı olduğunu düşünmediler.

Medyanın böyle bir öyküyü yayınlaması olanaksız. Onlar gözle görülür neden-sonuç ilişkisi ister. Eğer Dr. Hew Len atlara verilen haplardan dağıtsaydı ve insanlar iyileşseydi medya buna yer verebilirdi (Büyük bir olasılıkla, hapların zararlı bir yanını bulup *bunu* haber yaparlardı).

Özetlersek, *Zero Limit*'teki öyküye inanın, tek nedeniniz kendi mucizelerinizi yaratacak gücü size sağlaması olsa bile.

Eğer bu açıklama size hâlâ yetersiz geliyorsa bu konuda arının.

BÖLÜM 18

Kendi Dininizi Nasıl Oluşturursunuz?

Ua ola loko i ke aloha

—Sevgi, Yaşamın kaynağıdır.

Dr. Hew Len ikinci Zero Limit etkinliğimizde ayağa kalktı ve "Size bir dini nasıl başlatabileceğinizi göstereceğim," dedi.

Sonra beyaz tahtaya yürüdü –hep beyaz tahta kullanılır (bunu birazdan açıklayacağım)– ve beyaz alanın ortasına bir nokta koydu.

"Bir kişi İlahi Varlık'ın farkına varır," dedi. "Bu tertemiz bir esinlenme."

Sonra tahtaya başka daireler çizdi.

"Bu noktada farkında olan kişi başkalarına kendi deneyimlerini anlatmaya çalışır."

Dr. Hew Len devam etti: "Ama diğerlerinin deneyimi yoktur, anlayamazlar. Anladıklarını *zannederler.* Ama anlamazlar. Bu yüzden gidip aslında ulaşamadıkları farkındalığı başkalarına öğretmeye çalışırlar. Böylece bir din doğar."

Bunu tümüyle anlamıştım. Ne zaman uyanmış olanları incelediysem takipçilerine bakıp kuşkuyla kafamı kaşımışımdır. Takipçiler bana hiç uyanmış gibi görünmemiştir. Zamanla insanların çoğunun koyun sürüsü olduğu sonucuna vardım. Sürü başını izlerler, oysa sürü başı nereye gittiğini aslında bilmiyor olabilir.

Tüm bunların içinde Morrnah'ın yeri nerede? Dr. Hew Len birçok kez Morrnah'ın uyanmış olduğunu ileri sürdü. O eski, geleneksel Ho'oponopono'yu –bir grup içindeki anlaşmazlıkların, bağışlanma ve huzur sağlanana kadar sesli biçimde şahsen dile getirilmesi yoluyla sorunları çözme yöntemi– ele almış, bunu içsel bir sürece dönüştürmüştü. Öte yandan Morrnah'ın uyanışı, onun önerdiği Ho'oponopono'yu uygulayanların da uyanmış olduğu anlamına gelmiyordu.

O *uyanmış mıydı?* Bunu kesin olarak bilemeyiz. YALNIZCA öyle olduğunu varsayabiliriz ve bu da öyküyü çok daha heyecanlı kılıyor.

Peki, ya birlikte sayısız saatler geçirdiğim Dr. Hew Len? O uyanmış mı? Aydınlanmış mı? Yoksa o da koyun sürüsünün bir parçası mı?

Bir sabah karşılıklı kahve içerken Dr. Hew Len, "Anlamaya başlıyorsun," dedi.

Neyi anlamaya başladığımı bilemedim. Dakikalar boyunca tek söz söylememiştik. Artık aklıma soracak bir şey gelmiyordu.

O sessizlikte kalbimde bir ferahlık oldu, bir pencere açılıyor gibiydi. Daha sonra bunu *satori* –uyanışın görünüp kaybolması– olarak adlandırdım. Bu, benim uyandığım anlamına gelmiyordu. Birinin uyanışı görmeme izin verdiği anlamına geliyordu. Bu Dr. Hew Len miydi? Benim satorimi tetikleyen o muydu?

Ben onun Morrnah'ın sadık bir öğrencisi olduğuna, ondan öğrendiklerini uyguladığına ve kendine özgü biçimde arınmak için elinden geleni yaptığına inanıyorum.

Bu şekilde arınmak iç benliğinizi düzene sokar. Gevşedikçe günün birinde uyanışa ulaşma ihtimalimiz artar. *Uyanış Kursu* kitabımda aydınlanmanın bir lütuf olduğunu yazdım. Bu bir düğmeye basma deneyimi değildir. "Uyanışım gerçekleşene kadar meditasyon yapacağım!" diyemezsiniz. Bu tür ifadeler egodan kaynaklanır ve uyanışın gerçekleşmesine izin vermek üzere egonun bir kenara çekilmesi gerekir.

Şimdi kendi dininizi nasıl başlatacağınız konusuna dönelim.

Birkaç yıl önce, bir Dönüşümsel Liderlik Kurulu toplantısındaki arkadaşlarıma Ho'oponopono hakkında bir sunum yapmıştım. (Bununla ilgili videoyu izlemek isterseniz, kitabın arkasındaki Kaynaklar bölümünde ilgili linki bulabilirsiniz.) Katılımcılar kişisel gelişim konusunda öncü, hatta efsanevi kişilerdi ve birçoğu yıllar önce ben beş parasız, adı sanı bilinmeyen biriyken yaşamımı değiştirmiş insanlardı.

Sahneye çıkınca onlara (en sevdiğim araç ve yaşamla ilgili metafor olan) beyaz tahtayı gösterdim ve gelip değişim gerçekleştirebileceğimize inandıkları her yöntemi buraya yazmalarını istedim. 20 dakika kadar bunu yapmalarından sonra, "Beyaz tahta şimdi ne durumda?" diye sordum.

Tahta siyah yazılarla kaplıydı. Artık beyazı görünmez olmuştu.

"Değişim yöntemlerinizin aslında İlahi Varlık'tan gelecek esinlenmenin önündeki engeller olabileceklerini ortaya koymak üzere buradayım."

Sonra onlara Dr. Hew Len'in akıl hastanesindeki Ho'oponopono uygulaması ile ilgili öyküyü anlattım. Konuşurken bir yandan da tahtayı siliyordum. Sözüm bittiğinde tahta yeniden bembeyaz olmuştu.

Yeniden Sıfır Noktası'na dönmüştük.

Dr. Hew Len'in bir dinin oluşumuyla ilgili anlattıkları çoğu yazarın, konuşmacının, öğretmenin, değişim uzmanlarının ve benzeri kişilerin söylediklerine tümüyle uyuyor. Doğal olarak, bizler yardım ettiğimize inanıyoruz ve genellikle de ediyoruz. Bununla beraber, daha yüksek bir düzeyden bakıldığında, asıl istediğimiz, esinlenmenin yüreğimize yönelttiği fısıltıları duyabilmek için yeterince açık olmaktır.

Başka bir deyişle, eğer bir başkasına yardım etmenin tek yolunun havuçlu kek yemek olduğuna inanıyorsam (inanın bana, bu *işe yarıyor)*, ne zaman bir sorun duysam havuçlu kek öneririm.

Ho'oponopono öğrencileri çoğunlukla böyledir. Ho'oponopono'nun ne kişisel gelişim konusunda ne de ruhsal uygulamalar arasında en önemli etmen olmadığını; çok sayıdaki yöntemden YALNIZCA biri olduğunu unuturlar. Bu yöntem –Dr. Hew Len'in programlanma adını verdiği– bütün parazitleri silerek İlahi Varlık'tan gelen esinlenmeyi algılamanıza yardımcı olmak için tasarlanmıştır.

Dr. Hew Len ile birlikte yazdığım *Zero Limit* kitabımın başarısı Ho'oponopono'nun geniş kitlelerce tanınmasına yol açtı. Ne yazık ki bir sürü koyunu da kendine çekti. Tabii herkes bu tanıma girmiyor. Yaptıklarına yürekten inananlar da var. Ancak burada durum aydınlanmış bir varlığın öğrencileriyle ilişkisine benziyor olabilir mi; yani varlık uyanmış, öğrenciler henüz uyanmamış olabilir mi?

Hem eğer öyleyse elinizde ne kalıyor? Kimi izleyeceğinizi, neye inanacağınızı ya da ne yapacağınızı nereden bileceksiniz?

Elinizde kalan arınmadır.

Uygulamayı yaparken zihninizdeki verileri temizleyip netleşmeye izin verirsiniz ve bu netleşme sağlandıkça bilmeniz gerekenleri bilirsiniz.

İşte buraya ulaşmanın bir başka yolu.

Morrnah'ın öğrettiklerinden biri de, elinize bir kâğıt alıp arındırmakta olduğunuz konuyla bağlantılı her insanı, yeri ya da nesneyi yazmaktı.

Şöyle diyordu: "Böylece bilinçdışınız sorunu daha iyi kavrar ve önceden tanımlandığı için siz de sorunu daha iyi anlarsınız."

Sonra da kâğıda bakarak Morrnah'ın Duası'nı edersiniz.

Örneğin, diyelim ki işyerinde biriyle bir sorununuz var. Anlamanız gereken ilk husus sorunun sizden kaynaklandığı ve zihninizde diğer kişiye dair bir algı olarak kendini gösterdiğidir. Düğmeye basan sizsiniz, o kişi YALNIZCA tetikleyicidir. Dr. Hew Len'in sık sık söylediği gibi, "Bir sorununuz olduğunda sizin de orada bulunduğunuzu hiç fark ettiniz mi?"

Şimdi sorunla ilgili her şeyi yazıya dökün: O kişinin adı, sizin işteki göreviniz, şirketin adı, iş adresi ve aklınıza gelebilecek her şeyi. Sorunun tüm unsurlarını kâğıda geçirmektesiniz. Morrnah'ın işaret ettiği gibi bu, zihninizin durumu bütünüyle kavramasına yardımcı olacak.

Sonra kâğıda bakarak duanızı edin, tercihen yüksek sesle ve en az dört kere. Sonra da kâğıdı yırtın ya da yakın.

Sakinleşin; İlahi Varlık'ın geri kalanı halletmesini bekleyin.

Edecektir.

Sıfır Noktası bu kadar önemli mi? Beyaz tahtaya geri dönmek gerçekten gerekli mi?

Dr. Hew Len, Sıfır Noktası'nın İlahi Varlık'a en çabuk ulaşma yolu olduğunu söylüyor. Diğerleri bir sıfır frekanstan söz ediyorlar. Benim için sıfır noktası, hiçbir düşüncenin, inancın ya da verinin var olmadığı bir boşluktur. Kaynak'tan gelen esinlenişlerin size ulaşmasına izin veren, yaşamın arka planda duran tanığıdır.

Bu kavramın aklınızı karıştırabileceğini biliyorum, bu yüzden açıklamam için bana bir dakika izin verin.

Ohio, Niles'da lisedeyken garip bir cebir öğretmenim vardı. Adı Ron Posey'di. 8. sınıftayken cebirden sınıfta kalmıştım. Ertesi yıl lisede Bay Posey bu dersi okutmaya başladı ve hep en yüksek notları aldım. Öğretmen olarak bir dâhiydi.

Sınıfın önünde durur ve, "Sıfırlar önemli midir? Sıfır bir hiç midir?" diye sorardı.

Sonra tahtaya 1 rakamını yazar ve şöyle derdi, "Bana bu birin arkasına yazmam için altı sıfır verirseniz bir milyon dolarım olur!"

Evet, sıfırlar önemli.

Ama asıl istediğiniz Sıfır Noktası'nda *olmak*.

İzin verin sizi hemen şimdi oraya götüreyim.

BÖLÜM 19

Ho'oponopono Mucizesi

Gerçekleşmesini arzuladığınız büyük düşlerinizden daha fazlasına ulaşmak amacıyla enerjinizin önündeki engelleri kaldırırken yapabileceğiniz ilk iş, yaşamınız boyunca herkesi –ve daha da önemlisi kendinizi– her açıdan bağışlamaktır.

—Dr. Joe Vitale, The Miracles Manual, Vol. I

Onlarca yıl önce, daha sonraları Osho adıyla anılan Bhagwan Shree Rajneesh'in müritlerinden biriydim. Açık sözlü ve kolay anlaşılamayan biriydi. Onun aydınlanmış olduğunu hissediyordum. Geçenlerde onunla ilgili iki kitap okudum. Biri, onunla aylar boyu yaşamış dişçisi tarafından yazılmıştı; diğerinin yazarıysa yıllarca onun etkinliklerini yönetmiş ve daha sonra hapse düşmüş bir kadındı. Biri onu Tanrı olarak tanımlıyordu, diğeri ise Şeytan.

Rahmetli Dr. David Hawkins'e her zaman hayranlık duydum. O Bilinç Haritası adı verilen bir araç yarattı ve onun sezgileri bana hep yardımcı oldu. Derken, kısa bir süre önce onun sadık hayranı olan ve hakkında sevgi dolu bir yaşam öyküsü yazan birinin kaleme aldığı ayrıntılı bir bilimsel kitap elime geçti. Kitapta bilinç haritasının yanlış olduğu ve bunu yaratırken yaptığı testlerde hataya düştüğü kanıtlanıyordu.

Guru kim?

Asıl soru bu ve oldukça yerinde bir soru.

Nihayetinde, uzmanlığa aşırı değer verilen bir kültürde, bir sürü uzman çeşitli ve çelişkili bilgilerle ortalıkta dolanıyor olabilir. Kime inanacağız? Muhtemelen bunlar *Kumare* filmindeki, Amerika'da büyüyen, sonra guru rolüne soyunup küçük bir yandaş grubu edinen ve daha sonra da –*kendisinin* gurusu olduğunu söyleyerek– kendi sahtekârlığını ifşa eden genç Hintli gibi olmayacaklar.

Gerçek şu ki, benim Rajneesh ve Hawkins örneklerinde yaşadığım gibi, kimi zaman hayran olduğumuz kişilerin perde arkasında kim olduklarını görme fırsatını yakalarız; kimi zaman da bu şansımız olmaz. Şimdi içinizden gelen sese kulak vermenizi anımsatmanın tam zamanı. Aslında kime güvenip peşinden gideceğinizi nasıl bilebilirsiniz? En sonunda *kendinize* güvenmek ve buna göre ilerlemek zorunda kalmıyor musunuz?

Ho'oponopono'nun yararı ne? Amacı ne? Hawaii geleneklerine göre Ho'oponopono bir bağışlama ayinidir. Dr. Hew Len bizim sırf arınmak için burada olduğumuzu söylüyor. Onun öğretmeni olan Morrnah'a göre iyileşmek için burada bulunuyoruz. İkiye bölünmüş olan Huna ve Ho'oponopono gruplarının kendilerine göre yanıtları var.

Benim de bir yanıtım var.

Benim dünya görüşüme göre, gerçek Ho'oponopono sizin huzura kavuşmanızı sağlayan bir yöntem. Eski programları, inançları ve diğer verileri silmenize, böylece gerekli yere ulaşıp İlahi Varlık'tan gelen ilhamları algılamanıza yarayan bir araç. Asıl amacı her dönemde ve her yerde her şeyi –ve herkesi– bağışlamak. Her gün uygulamama karşın ben bunun tek araç olmadığını biliyorum. Birçok araçtan biri bu.

2013 yılında *Anımsama Süreci* adı verilen teknik hakkında bir sunum yaptım; bu konu Daniel Barrett ile hazırlamakta olduğumuz, aynı adı taşıyan kitapta da ele alınmaktadır. O konuşma sırasında, kocaman bir beyaz tahtayı işaret ederek, "İşte bu sizin programlanmamış haliniz. Tümüyle temizsiniz. Sıfır Noktası'ndasınız. Bu noktadayken ilham alabilirsiniz," dedim.

Sonra insanlardan bedenlerin farkına varmalarını istedim. Rahat bir konumda mıydılar? Herhangi bir ağrı ya da acıları var mıydı? Bedenlerini hissedebilmelerine karşın bedenlerinden ibaret olmadıklarını anlattım. Bedenlerinden ayrıydılar. Bedenlerini görebilirlerdi ama aslında "o" değillerdi.

Şu anda kendinizi bedeniniz hakkında sorgulayabilirsiniz. Bir bedene sahip olduğunuz ortada ama sırf onu gözlemleyebildiğiniz için o *olmak* zorunda değilsiniz.

Sonra insanlardan düşüncelerinin farkına varmalarını istedim. Ne düşünüyorlardı? Ben konuşurken onların da aklı işlemekteydi. Bir yandan dinliyor, bir yandan da yorum yapıyorlardı. Eğer düşüncelerini hissedebiliyorlarsa, bu bir şekilde kendilerinin düşünce olmadıkları anlamına geliyordu. Onlardan ayrıydılar. Onları gözlemleyebiliyorlardı.

Ya siz? Okurken bir yandan da düşünmektesiniz ama siz düşünceleriniz değilsiniz. Düşüncelerinizi fark ettiğinize göre düşündüklerinizden farklı olmanız gerekiyor.

Daha sonra izleyicilerimden neler hissettikleri üzerinde durmalarını istedim. Örneğin, konuşmam espriliyse gülüyorlardı. Kimi zaman başka duygular yaşıyorlardı. Eğer duyguları hissediyorlarsa kendileri duygu olamazlardı. Aksine, onlar gözlemciydiler.

Peki ya siz? Birtakım duygular hissediyorsunuz. Bu kitapta okuduklarınız sizde farklı duygular yaratmış olabilir. Ne olursa olsun, eğer duygularınız varsa ve bunları tanımlayabiliyorsanız o zaman siz de bir anlamda duygularınız değilsiniz.

"Eğer siz düşünceleriniz, bedeniniz ya da duygularınız değilseniz," dedim, "o zaman nesiniz?" Birçok ruhsal bağlamda bu arka plandaki farkındalık *tanıklık* olarak tanımlanır. Hawaii inanışında, Ho'oponopono'da bu arka plan İlahi Varlık adını taşır. Kimileri ona Tanrı der. Kimileri ise doğa. Dr. Hew Len ve ben ona Sıfır Noktası diyoruz.

Verdiğiniz isim ne olursa olsun o İlahi güç sizin içinizde ve aynı İlahi güç dostlarınızda, ailenizde, Morrnah'ta, Dr. Hew Len'de ve bende var. Asıl amaç İlahi güç ile bütünleşmek. Bu da Aydınlanma'dır, Uyanış'tır. Var olan her şey ile bütünleştiğinizde, yaşamın kaynağı ile bütünleşmiş olursunuz.

Ho'oponopono mucizesi, sizinle İlahi Varlık arasına girenleri silmenin kolay bir yoludur. Beyaz tahtayı göstermekle bir simgeyi göstermiş oluyorum. Ho'oponopono uyguladığınızda o beyaz tahtaya ya da İlahi Varlık'a doğru ilerliyorsunuz. Onunla bütünleştiğinizde huzura kavuşuyorsunuz. Oraya ulaştığınız zaman Sıfır Noktası'na *ulaşıyorsunuz.*

Biliyorum, bazıları arka planın farkında olmanın hiçbir anlam taşımadığını söylüyor ama bir keresinde Papa John Paul'ün şöyle söylediğini duydum: "Sizin hiçlik dediğinize ben her şey diyorum." O her şey İlahi Varlık'tır ve o sizi seviyor. Sizin, ailenizin, dünyanın iyiliğini istiyor. İlahi Varlık'ı duymamızı engelleyen programları sildiğimiz, onun koşulsuz sevgisini hissettiğimiz anda bir mucize yaşarız.

Ho'oponopono'nun amacı budur.

Ve onun mucizesi de budur.

Kendinizin gurusu olmak sizin elinizde.

SON SÖZ

Nasıl İşlediğini Kavramak

İnanç güdümlü bir evrende yaşıyoruz. İnançlarınızı değiştirin, farklı bir evreniniz olsun.

—Dr. Joe Vitale

Dr. Hew Len bana sık sık esinlenmenin ancak Sıfır Noktası'na ulaştığınızda gelebileceğini söylerdi. Arınmadığınızda YALNIZCA anılara yani sizi engelleyen eski programlara, inançlara ve diğer verilere sahip olurdunuz.

Bir gün gevşemiş halde meditasyon yaparken Hang arama konusunda esinlendim. Biliyorum, kulağa saçma geliyor; o zaman bana da öyle gelmişti ama Dr. Hew Len'in öğrettiği gibi, arındığınız zaman İlahi Varlık size esin verir. Bu yüzden ben de kendine saygısı olan her insanın yapacağını yaptım, internete girdim.

Öğrendiğime göre, "*Hang*" 2000 yılında İsviçre'nin Bern kentinde Felix Rohner ve Sabina Schärer tarafından yaratılan bir müzik aleti.

Yaratıcılarının bu yanılgıya düşenleri hızla düzelttiği üzere, bu bir davul değil, tamamen yeni bir müzik aleti.

Dürüst olmak gerekirse, bence bir UFO'ya, bir çeşit uzay gemisine benziyor. İki wok tavanın ya da iki çöp kutusu kapağının eriyerek birleştiğini ve üzerinde çentikler olduğunu düşünün. Bu tarif pek iyi olmadı ama sanırım az çok anladınız. Üzerindeki çentiklerle ayarı yapılıyor; elinizle Hang'e vurduğunuzda son derece esrarengiz, huzur verici sesler çıkıyor.

Bundan bir tane edinmek istedim.

Ne yazık ki Hang için o kadar talep var ki üreticilerinin elinde hiç kalmamış ve önlerinde yıllar boyu çalışmalarını gerektirecek bir sipariş listesi var. İkinci el bulmak bile neredeyse olanaksız, yine de eBay'de iki tane buldum.

Bunlardan biri Rohner ve Schärer'in ilk yaptıklarındandı ve "hemen al" fiyatı 8.000 dolardı. Açık artırma beş binden başlıyordu. Yenilerinin genellikle 1.500 dolara satıldığını bildiğimden ikinci el bir alet için bu kadar çok para harcamak istemedim.

İkinci Hang İtalyan yapımıydı ve eBay'daki fiyatı 700 dolardı. İçimden gelen bir ses buna teklif vermemi söyledi, bu yüzden resimlerini inceledim ve bir İtalyan'ın bunu çaldığı videoyu izledikten sonra onu almaya karar verdim. Açık artırma benim üzerimde kaldı.

Aynı gün, ilerleyen saatlerde 1.250 dolarlık bir çek geldi. Bu tutar tam olarak benim eBay'deki Hang için ödediğim kadardı. Bunu ona sahip olmam gerektiğinin işareti olarak gördüm. Hang'i araştırma dürtüsü, artırmada üstümde kalması ve aynı miktar paranın o gün elime geçmesi bu aletin benim kısmetim olduğunu gösteriyordu.

Neden benim kısmetimdi? Ortağım ve gitar öğretmenim olan Mathew Dixon'la buluşup ona olanları anlattım. Onunla konuşurken, Hang'den yararlanarak bir beste yapabileceğimi ve buna kendi sesimle okuduğum Morrnah Duası'nı da ekleyebileceğimi fark ettim. Dua ile Hang'in birleşimi son derece yoğun, huzur verici ve mükemmel bir arınma aracı olacaktı (www.MorrnahsPrayer.com sitesinde Hang eşliğinde okuduğum Morrnah'ın Duası'nı dinleyebilirsiniz).

Dr. Hew Len'in işaret ettiği gibi, Sıfır Noktası'ndayken İlahi Varlık beyninize giden temiz bir yola sahip olur. Aslında ben Hang şöyle dursun, yeni bir müzik aleti almayı dahi düşünmüyordum. Hang'in varlığından bile haberdar değildim. Yeni bir kayıt yapmaya da niyetim yoktu. Yine de her şeye açıktım, sonra o şey kendini gösterdi.

Dr. Hew Len her zaman bizim aslında varlıklı olduğumuzu ama verilerimiz üstünü örttüğü için bunun farkında olmadığımızı söyler. Endişeye kapılırız. Mazeretler uydururuz. Genellikle korku içinde şu ya da bu yolu deneriz. O anın mucizesini kavrayıp YALNIZCA *var olduğumuz* anlar çok enderdir.

Bu Ho'oponopono'nun mantrası olabilir: "Var ol ve zenginleş."

Tek yapmanız gereken nasıl işlediğini kavramak.

Son olarak, www.ZeroLimits.info web sitemizde Dr. Hew Len'in açıkladığı gibi, Ho'oponopono'nun amacı tamamen özgürleşmektir.

Verilerden –düşüncelerden, inançlardan, programlardan– kurtulduğunuzda İlahi Varlık'tan gelen esinlenişi almaya hazır olursunuz.

Bu kitabı yazmaktaki amacım sizin özgürlüğe kavuşmanıza yardımcı olmak.

Ve her şey benimle başlıyor.

Huzur sizinle olsun.

Aloha Nui Loa

(Tüm sevgimle)

EK A

Ho'oponopono Soruları ve Yanıtları

S: Her gün ne kadar süre ile Ho'oponopono yapmalıyım?

C: Bütün gün. Önceleri buna bilinçli olarak karar verilir. Zamanla bu bir alışkanlığa dönüşür. Bu kitabı yazarken o dört cümleyi tekrarlıyorum. Onlar sürekli aklımdan geçiyor.

S: Ho'oponopono uygularken belli bir sorun üzerinde mi düşünmeliyim?

C: Eğer bir sorununuz varsa, evet. Yoksa, hayır.

S: Her gün o cümleleri söylüyorum ama sanki her şey daha kötüye gidiyor.

C: Dibinde kum bulunan bir şişeyi sallarsanız, içi bulanır. Kumu dışarı atıncaya kadar, şişenin içinde yüzen parçacıkları görürsünüz. Arınmayı sürdürün.

S: Bir başkası için arınma yapabilir miyim?

C: Bir başkasıyla ilgili *görüşünüz* hakkında arınabilirsiniz. Karşınızdaki kişide bir sorun olduğunu görüyorsanız gerçekte gördüğünüz sizsiniz. İçinizi arındırın.

S: Çikolata ile nasıl arınıyorsunuz? Onu yiyerek mi?

C: Yiyin. Koklayın. Yalayın. Onunla meditasyon yapın. Dr. Hew Len bunun gerçek bir arınma aracı olduğu kanısında ama kimbilir belki de çikolata yemek için bahane uyduruyordur.

S: Cümleleri farklı sırayla söyleyebilir miyim?

C: Evet.

S: YALNIZCA "seni seviyorum" kısmını söyleyebilir miyim?

C: Kesinlikle.

S: Arınırken öfkeleniyorsam?

C: Öfkenizle ilgili arının.

S: İçimizdeki çocuğun ismi ne?

C: Ne hissediyorsanız o.

S: Bir iş ya da mülkle ilgili arınıyorsanız, bunun için fiziksel olarak orada bulunmanız gerekiyor mu? Adresini bilmem şart mı?

C: Adresi bilmenin yararı var. Fotoğraflar da işe yarar. Ama orada bulunmak zorunda değilsiniz.

S: Bir sorunum olduğunu düşünüyorsam bunu sorgulamak yerine durup arınmalı ve sorunun benden değil sahip olduğum anı ya da veriden kaynaklandığının farkına varmalıyım, öyle mi?

C: Evet.

S: Benim arınmam dünyanın Sıfır Noktası'na ulaşmasına nasıl yardımcı oluyor?

C: Dünya sizsiniz. Huzur sizinle başlıyor. Eğer bir başkasının sizden önce mutlu olmasını bekliyorsanız, o zaman olayı anlamadığınız ve hâlâ arınmadığınız ortaya çıkıyor. Önce kendiniz üzerinde çalışın.

S: Sıfır Noktası'na ulaştığımızı nasıl anlıyoruz? Bunu *biliyor* muyuz? Amacımız Sıfır Noktası'na ulaşmak mı? Ulaştığımızda orada kalıyor muyuz yoksa bunun için sürekli çaba mı harcıyoruz? Dr. Hew Len Sıfır Noktası'nda mı?

C: Daha fazla soru sorma gereğini hissetmezsiniz.

S: Nefes alma alıştırmalarını yedi defadan fazla yapmanın bir sakıncası var mı?

C: Hayır.

S: Birkaç haftadır Ho'oponopono yapıyorum ama hiçbir şey olduğu yok.

C: Sahi mi? Gerçekten mi? Nereden biliyorsunuz? Sizin bilinçli farkındalığınızın dışında ne kadar çok şey olup bittiği hakkında en ufak bir fikriniz yok. İnancınızı yitirmeyin.

S: Dr. Joe Vitale ile Dr. Hew Len bir daha ne zaman seminer düzenleyecek?

C: Dr. Hew Len emeklilikten vazgeçtiğinde.

S: Dört cümleyi söyleyerek arınma sürecine başladım. Her şeyi doğru yaptığımı nereden bileceğim?

C: Bunları yapmanız doğru yolda olduğunuzu gösterir.

S: Ho'oponopono'yu sağlık sorunlarım için de kullanabilir miyim?

C: Evet.

S: Neyi arındırmam gerektiğini nereden bileceğim?

C: Bilmeme konusunda arının.

S: Nefes alma alıştırmasında soluğu ağzımızdan mı vermeliyiz? Ayrıca bu alıştırmada arınmak istediğimiz anıya ya da soruna mı odaklanmalıyız, yoksa YALNIZCA nefes alıp vermeye mi?

C: Konuyu arka planda bırakın. Nefesinize odaklanın.

S: Kız arkadaşım benden ayrıldı. Onu geri kazanmak için Ho'oponopono'dan yararlanabilir miyim?

C: Hayır ama bu konudaki sıkıntınızdan, pişmanlığınızdan ya da yitirme hissinizden arınmak için ondan yararlanabilirsiniz. Arkadaşınız içteki bir programın dışarıdaki tezahürüydü. Bir başkasını kendinize çekebilirsiniz. Bu gezegenin üstünde milyarlarca insan bulunuyor.

S: Ho'oponopono benim çok sinirlendiğim bir insanı iyileştirip düzeltebilir mi?

C: Hayır. *Sizi* iyileştirebilir. Siz iyileştiğinizde de dışınızdaki kişi değişebilir.

S: Dr. Hew Len'in bana gerçek adımı belirtmesi gerekiyor mu?

C: Hayır.

S: Cümleleri Fransızca söylersem bir şey fark eder mi?

C: Hayır.

S: *Zero Limit*'ten sonra Ho'oponopono hakkında başka kitap yazdınız mı?

C: Bunu yazdım.

S: Ho'oponopono'yu mali durumumu düzeltmek için nasıl kullanabilirim?

C: Mali durumunuzda sizi tedirgin eden ne ise ondan arının. Gelişmekte olan ülkelere ve bu kitabı alıp okuma olanağı bulunmayan insanlara kıyasla çok daha iyi durumdasınız.

S: Ho'oponopono hakkında daha fazla bilgi edinmeyi ve bu arınma yöntemini öğretmeyi çok istiyorum. Daha fazla bilgiyi nereden elde edebilirim?

C: Burada öğretilecek bir şey yok. Siz kendiniz üzerinde çalışıyorsunuz. Bırakın yaşamınız size esin versin. Bununla beraber, eğer kişisel yardım istiyorsanız Mucizeler Koçluğu eğitimini deneyebilirsiniz.

EK B

Beyaz Tahta Meditasyonu

Kendi içinde bölünmüş bir ev varlığını sürdüremez. Aynı şey milletler, toplumlar, örgütler, aileler ve bireyler için de geçerlidir. İnsanlık Evi'nde birey ortak paydadır. Birey bölünürse ev de bölünür.

—Dr. Ihaleakala Hew Len

Maui'de düzenlenen ikinci Zero Limit etkinliğinden sonraki günün sabahı özel bir meditasyon çalışması yürüttüm. Öylesine ilham dolu ve güçlüydü ki bunu sizlerin de faydalanması için bu kitaba eklemek istedim. Not: Bu meditasyonun ses kaydını Kaynaklar bölümünde bulabilirsiniz.

Meditasyon, herkesin bir araya toplanıp adına resmî olarak meditasyon dedikleri bir saatlik bir faaliyette bulunması değildir. Meditasyon ömrünüzü nasıl yaşadığınız hakkındadır. Bir zamanlar üzerinde "Meditasyon düşündüğünüz gibi değil" yazan bir tişörtüm vardı. Bu sözü çok severim.

Burada sözünü ettiğimiz ve sizi yönlendirmekte olduğum –çünkü meditasyon başlamış durumda– konunun ilk evresi, düşünmenin ötesine geçmektir. Şu biten hafta sonunu düşünün, beyaz tahtayı düşünün. Burada bir beyaz tahta olduğunu varsayabilirsiniz. Belli bir noktada daha rahat hissetmek için gözlerinizi kapatmak isteyebilirsiniz. Her şeyi oluruna bırakın ve zihninizde geri planda kocaman bir beyaz tahta oluşmasına izin verin. Eğer bunu yeterince açık göremiyorsanız, aklınızdan iskemlenizi biraz daha yaklaştırdığınızı ya da uzanıp onu biraz daha kendinize doğru çektiğinizi geçirin.

Beyaz tahtanız orada ve ben sizinle konuşurken siz oturuyorsunuz, nefes alıp veriyorsunuz, gevşemeye başlıyorsunuz ve bu sırada o tahtada bir şeyler yazılmaya başlıyor. Bırakın bunlar gelip geçsin; odaklanmanızı gerektiren hiçbir şey yok, özellikle şu anda. YALNIZCA beyaz tahtanın yaşadıklarınızın arka planını oluşturmasına izin verin. Aslında siz düşünceleriniz değilsiniz, bu yüzden onların bulutlar gibi gelip geçmesine olanak tanıyın. Siz duygularınız değilsiniz. Siz hisleriniz değilsiniz. Siz bedeniniz değilsiniz. Aslında siz beyaz tahtanın ta kendisisiniz.

Bir an için, sizin özünüze tanık olan bu arka planı, beyaz tahtayı hissedin, görün ve duyumsayın. Duyduğunuz sesler, hissettiğiniz duygular, oluşan düşünceleriniz, bırakın bunların hepsi akıp gitsin. Dikkatinizi vermeniz gereken hiçbir şey yok. Yapmanız gereken hiçbir şey yok. YALNIZCA tanık olmayı öğrenmektesiniz.

Bu hafta sonu, beyaz tahtaya bir şeyler yazarken bunları her zaman sildiğimi fark etmiş olmalısınız. Oradan ayrılırken odadaki beyaz tahta yeniden bembeyazdı, üzerinde hiçbir şey yoktu.

Eğer iskemlede ya da yerde otururken bedeninizin bir yeri biraz rahatsız ise, "Bedenim biraz rahatsız" diye aklınızdan geçirebilir, sonra bunun da akıp gitmesine izin verebilirsiniz. Gevşerken gözlerinizi kapalı tutar, o anda içinizdeki benlikle, beyaz tahtayla, İlahi Varlık'la bağlantınızın keyfini çıkarırsınız. Sizi yaşamınızı sahiplenmeye ya da olmak istediğiniz bir şeyi düşünmeye davet ediyorum. Bu, iyi bir kahvaltı ya da öğle yemeği gibi çok ufak bir şey olabilir. Bir ev, bir ilişki ya da şifa gibi çok büyük bir şey olabilir. Ne olduğu önemli değil. Bunun su yüzüne çıkmasına izin verin. Bunu düşünmenize gerek yok. Bir şey ortaya çıkacaktır, onun su yüzüne çıkmasına izin verin.

O su yüzüne çıkarken dikkatinizi birazcık onun üstünde toplayın. Ona bağımlı değilsiniz. Onunla bağlantılı değilsiniz. YALNIZCA onun varlığını fark edin ve yaşamınıza girmesini hoş karşılayın. Farkındalığınızda su yüzüne çıkan bu şeyi sahiplenmek ya da bu şey olmak nasıl bir şey? Bu anı kucaklamayı deneyin. Beyaz tahtanın hâlâ arkanızda bulunduğunu fark edin. Hâlâ beyaz tahta ile bütünleşebilirsiniz. O İlahi Varlık'ı temsil ediyor ve ben sizden olmak, yapmak ya da sahiplenmek istediğiniz şeyin beyaz tahtada belirmesini sağlamanızı istiyorum. Sizin için neye benziyor olursa olsun, bunun erimesine, dönüşmesine ya da varlığınıza girmesine izin verin. Kendi haline bırakın. Dileğinizi beyaz tahtaya devretmiş bulunuyorsunuz.

Orada gözleriniz kapalı otururken beyaz tahtayı tanımlayacak tek bir sözcük varsa bu *sevgi*'dir. Bu sevgi duygusunun tüm bedeninizde, farkındalığınızda ve varlığınızda su yüzüne çıkmasına izin verin. Bu sizde hangi duyguları uyandırırsa uyandırsın, sevgiyi hissedin. İlahi Varlık ile bağlantı kurduğunuzu hissedin ve gerçekleşmesini sağlayın. Düşünceler gelip geçer. Benim sesim gelip geçer. Bedensel farkındalık gelip geçer. Duygular gelip geçer. Tüm bunların gerisinde sizin gerçekten kim olduğunuz yatmaktadır.

Dikkatinizi nefesinizde toplayın. Soluk alıyor, soluk veriyorsunuz. Soluk alıyor, size uygun bir ritimle soluk veriyorsunuz. Soluk alırken enerjinin dünyadan, evrenin çekirdeğinden ayaklarınıza ve tüm bedeninize yayıldığını düşleyin. Enerji ayak topuklarınızdan içeri giriyor. Ayak bileklerinizden, bacaklarınızdan geçerek ağır ağır yükseliyor. Enerjinin tırmandığını hissedebiliyorsunuz.

Eğer başlangıçta bunu hissetmiyorsanız hayal edin. Nefes alırken enerjinin dünyadan size ulaştığını ve fiziksel varlığınız aracılığıyla sizin İlahi Varlık ile ilişkinizi sağladığını düşleyin. Bedeninizden geçtiğini. Kalbinizden geçtiğini. Boğazınızdan ve başınızın içinden geçtiğini. Başınızın tepesinden çıkıp bu odaya yayıldığını. Enerji ayaklarınızdan yukarıya yükselmekte. Sizi yıkamakta, içinizi yıkamakta ve sizi enerjik kılmakta.

Bu enerji, sizin sahip olmayı, yapmayı ya da olmayı istediğiniz, beyaz tahtada su yüzüne çıkan şeyi ateşlemeye yardım edecek. Bu enerjinin ayaklarınız aracılığı ile size ulaşmasına izin verin. Bu arada bacaklarınızda ve bedeninizin orta kesiminde bir karıncalanma hissedebilirsiniz. Ya da bir titreşim veya ürperme. Bu size özgü olacak. Enerjinin ayaklarınızdan girip bedeninizde dolanmasına ve başınızın tepesinden çıkıp gitmesine izin verin. Artık İlahi Varlık için bir diyapazon görevi görmektesiniz.

Şimdi uzanıp yanınızdaki kişinin elini tutmanızı istiyorum, böylece hepimiz içimizden bu enerji geçerken el ele tutuşmuş olacağız. Bunu paylaşabiliriz. Odada bir vınlama var. Bedeninizde bir vınlama var. Bedensel bağlantımız ile bunun bir elektrik akımı gibi odada dolanmasını sağlayalım. Bu enerji İlahi Varlık'tan geliyor, dünyadan, bedeninizden, başınızın tepesinden ve elinizden geçip dışarı çıkıyor. Bu odadaki herkes tarafından paylaşılıyor. Sizleri arındırıyor. Size enerji veriyor. Sahiplenmek, yapmak ya da olmak istediğinizi söylediğiniz şeyin gerçekleşmesine yardımcı oluyor ve bunun gerisinde de tertemiz beyaz tahta var. Artık İlahi Varlık sizsiniz.

El ele tutuşurken hafta sonunda öğrendiğiniz arınmayı nasıl yapacağınızı biliyorsunuz. "Seni seviyorum" diyebilirsiniz ve YALNIZCA bunu söyleseniz bile bu tüm odada yankılanacak; herkesin yüreğine ulaşacak, onların arınıp temizlenmesine yardımcı olacaktır. Bizim aracılığımızla evrene ulaşacaktır. "Seni seviyorum. Özür dilerim. Lütfen beni affet. Teşekkür ederim. Seni seviyorum. Özür dilerim. Lütfen beni affet. Teşekkür ederim. Seni seviyorum. Özür dilerim. Lütfen beni affet. Teşekkür ederim."

Bu anda yaşadıklarınızı dilediğiniz kadar sürdürebilirsiniz. İstediğiniz anda gözlerinizi açabilirsiniz. "Seni seviyorum. Seni seviyorum. Seni seviyorum. Seni seviyorum. Seni seviyorum. Seni seviyorum. Seni seviyorum. Seni seviyorum."

Şimdi hepiniz inanılmaz insanlara dönüştünüz, İlahi Varlık ile kurduğunuz ruhsal bağlantı gözlerinizde ışıldıyor. Bunu herkeste fark edebiliyor musunuz? Odaya göz gezdirdiğinizde bunu görebiliyor musunuz? İlahi Varlık'ı görüyor musunuz? İlahi Varlık'ı? Bir vınlama sesi var, sanki parmaklarımı yalayıp prize sokmuşum gibi. Tekrar ayağımın yere basması için biraz beklemem gerekiyor.

Hafta sonu Maui'ye ve sonra da meditasyona geldiğiniz için hepinize inanılmaz bir minnet duyuyorum. Doğrusu burada beş kişi mi yoksa elli kişi mi olacağını bilmiyordum. Etkinliğe katılan hemen herkesin buraya geleceğinden hiç haberim yoktu. Hem de hiç. Hepinize geldiğiniz ve bu kadar derin bir meditasyon durumuna girdiğiniz için müteşekkirim. Demek istediğim şu, her birinize teker teker baktım ve hepiniz beyaz tahtaya yönelen o derin meditasyon durumuna girmiştiniz.

Burada yaptığım meditasyon hakkında küçük bir açıklama yapmam gerekirse –Dr. Hew Len burada olsaydı, buna palavra derdi– önce sizi sürekli beyaz tahta dediğim İlahi Varlık'a yönlendirmeye çalıştım. Ona beyaz tahta demek kolay oluyor çünkü üzerine bir şeyler yazıp silebiliyorsunuz. Sonra sizi beyaz tahtanın önüne getirerek onunla bir tür ilişki kurmanızı istedim. Ben, beyaz tahta ile bağlantı kurduğumda İlahi Varlık'tan istekte bulunabileceğimi öğrendim.

Bir istekte bulunurken şunu bilmek çok önemli, bu bir gereksinim değil. Bu bir bağlılık değil. Bu bir bağımlılık değil. Bu daha çok, "Şöyle bir deneyimim olsaydı ne hoş olurdu" türünden bir istek.

Gerçekleşmesine hiç ihtiyaç yok ve hiçbir ümitsizlik de söz konusu değil. Sanki Tanrı'nın dizine oturmuş da, "Bunu alabilir miyim?" diye sormuşum gibi. Bu isteği iletme biçimimiz duygu, imgeleme ve odaklanma aracılığıyladır, bu yüzden de sizden neye sahip olmayı ya da neyi yapmayı istiyorsanız, ne olmak istiyorsanız buna zaten sahipmişsiniz, bunu yapmışsınız ya da bu olmuşsunuz gibi hissetmenizi istedim. Onu İlahi Varlık'a bir duygu olarak sunmaktaydınız.

Sonra geri çekildim çünkü isteğinizi iletmiştiniz. Burada herhangi bir bağımlılık ya da bağlılık yoktu; YALNIZCA isteğinizi ilettiniz ve daha fazla arınmak için uzaklaştınız. "Seni seviyorum. Özür dilerim. Lütfen beni affet. Teşekkür ederim." Sizi yeniden beyaz tahtaya götürdüm ve sonra, o anda, bedenime enerji çekmem için esinlenme geldi.

Bu bende zaten olmaktaydı ve bunu sizinle paylaşma isteği doğdu. Bu yüzden enerjinin ayaklarınızdan geçip size ulaştığını, İlahi Varlık ile bağlantı kurduğunuzu, fiziksel bir deneyim sonucu ruhsal bir varlığa dönüştüğünüzü imgelemeniz için sizi yönlendirdim ve sonra da bunun gerçekleşmesine olanak tanıdım. Aynı zamanda içime dolan bir esinlenmeyle birbirinizin ellerini tutarak bir enerji akışı oluşturmanızı istedim ve sonra ben tükenene kadar bunun sürmesini sağladım. Benim kanalımla yayılan o kadar fazla enerji vardı ki gerçekten çöktüm ve sesim kesildi.

Sonra da sizlerin gideceğiniz yere gitmenizi ya da gittiğiniz yerden geri gelmenizi sağladım. Bazılarınız hâlâ orada ve bunun hiçbir sakıncası yok çünkü daha ilk başta, "Meditasyon düşündüğünüz gibi değil," demiştim. Aynı zamanda, "Meditasyon bir saatlik sürede yaptığınız bir şey değildir. Ömrünüzü nasıl geçirdiğinizdir," de demiştim. Hâlâ meditasyon halindesiniz. Bu odadan çıkarken hâlâ meditasyon yapıyorsunuz. Dün dediğim gibi, yürürken meditasyon halinde yürüyor olabilirsiniz.

Huzur içinde kalın.

EK C

Dr. Joe Vitale ile Bir Röportaj

Röportajı yapan: Kory Basaraba[6]

Aşağıda, benimle *Zero Limit* ve Ho'oponopono hakkında telefonla yapılmış bir röportaj yer almaktadır. Son derece kapsamlı ve açıklayıcı olduğu için burada sizinle paylaşmak istedim.

Kory: Merhaba, ben Peak Life Publishing'den Kory Basaraba ve çalışmalarını uzun süredir hayranlıkla izlediğim biriyle telefonda görüşecek olmanın heyecanı içindeyim. Bu benim dostum ve akıl hocam dediğim biri, Dr. Joe Vitale. Joe, bu görüşmeye zaman ayırdığın için teşekkürler.

Joe: Bu konuda konuşmaktan her zaman hoşlanırım ve seninle sohbet etmekten de her zaman keyif alırım, bu yüzden bu harika.

Kory: Teşekkürler. Konu demişken, sana Hawaii'nin kadim iyileştirme geleneği Ho'oponopono ile ilgili bazı sorular soracağım için heyecanlıyım. Senin bu alanda çok deneyimli olduğunu da insanların bununla ilgili pek çok sorusu olduğunu da biliyorum. Bu nedenle, Ho'oponopono'nun ne olduğunu öğrenmelerine yardımcı olmayı ve bundan nasıl yararlanabilecekleri konusunda onları bilgilendirmeyi amaçlıyoruz. Haydi, başlayalım.

Ho'oponopono deneyimini *Zero Limit* adlı kitabında yazmıştın. Ho'oponopono'nun, senin ilgini çeken ve bu kitabı yazmaya yönlendiren yanı neydi?

Joe: İlk ilgimi çeken, asla unutamadığım bir şeydi. İlk duyduğumda bunun bir mucize ya da kuyruklu bir yalan veya şehir efsanesi olabileceğini düşündüm.

Dostlarımdan biri bana Hawaii'de bir koğuş dolusu akıl sağlığı bozuk suçluyu iyileştiren bir terapistle ilgili bir öykü anlattı. Bunun en ilginç yanı, doktorun bunu hastalarla doğrudan temas kurmadan yapmış olmasıydı. Alışılmadık bir Hawaii şifa yöntemi kullanmıştı.

Dolayısıyla bu tam bir mucize tedaviydi çünkü bunlar akıl sağlığı bozuk mahkûmlardı. Bir tımarhaneye kapatılmışlardı ve bu doktor bir şekilde bu hastaları iyileştirmişti. Bunun gerçek olup olmadığını öğrenmeliydim. Daha da önemlisi, eğer gerçekse –bunu o zaman henüz bilmiyordum ve gerçek olduğundan da kuşkuluydum– birilerinin bu öyküyü anlatması gerekiyordu çünkü bu son derece yüreklendiriciydi. Eğer o dev hastanedeki pek çok hasta ve onların sorunları iyileştirilebiliyorsa, o zaman bu gezegende bunlara kıyasla minik sorunlarla dolanan sen, ben, bu programı izleyenler ve diğerleri de iyileşebilirdik.

Bu yüzden bu öykü bana ilham verdi. Gerçek olup olmadığını öğrenmek istedim. Sonra da onu anlatmak ve daha fazlasını öğrenmek istedim.

Kory: Bu çok akla yakın çünkü gerçekten bir mucize gibi görünüyor ve doğruysa bizler için büyük umut kaynağı olacak. Peki araştırmalarının sonucunda ne buldun?

Joe: Ne oldu biliyor musun? Öyküyü ilk duyduğumda araştırma yapmadım. Onu bir yıllığına aklımdan çıkardım. İşte bu kadar zekiyim ben. Aslında oldukça açık fikirliyimdir ama bir yandan da kuşkucuyumdur ve daha fazla kanıt istiyordum; oysa öyküyü anlatan dostumun elinde hiçbir kanıt yoktu. Bu konuda hiçbir şey bilmiyordu ve herhangi bir kaynağı yoktu: Ne bir kitap ne de bir web sitesi. Bana gösterebileceği hiçbir şey yoktu. Bu yüzden bir yıl boyunca bu konuyu düşünmedim.

Ertesi yıl bana aynı öyküyü yine anlattı. Bunun bir işaret olduğunu düşündüm; bu konuyu araştırmamız gerekiyordu. Bir laptop edindik ve araştırmaya başladık. Elimizde neredeyse hiçbir şey yoktu. Bir iki isme rastladık ama bunların terapistin adı olup olmadığını bile bilmiyorduk. İşte bu noktada benim araştırmam başladı.

Oradaki etkinlikten ayrılıp Teksas'taki evime dönünce daha fazla araştırma yaptım. Sonunda terapistin adını ve e-posta adresini buldum. Ona bir e-posta gönderdim ve telefonla aradım.

Bu, onunla telefon konuşmalarımızın ilki ve belki de en unutulmazı oldu. Böylece onu buldum, e-posta yolladım, bir zaman belirledim ve onu aramamı istedi. Ben de aradım.

Kory: Sanırım bu senin için heyecanlı olduğu kadar tereddütlü bir an olmuştur, tereddütlü bir iyimserlikle merak içindeydin: Duydukların doğru muydu?

Joe: O noktada her şey birbirine karıştı: Tutku, heyecan, merak, ümit, ilham, her şey. Bir yandan da gazeteci gömleğimi giymiştim, "Bu doğru mu?", "Bu hastane nerede?", "Orada ne yapıyordu?" gibi zorlu sorular soruyordum.

Bunları *Zero Limit* kitabında anlattım ama durum çok ilginçleşmişti çünkü bana alışılmadık bir Hawaii tekniğinden söz ediyordu ve bu konu tümüyle deneyimlerimin dışındaydı. Ben metafizik hakkında bir sürü araştırma yapmış, ruhsallık, imgeleme, olumlamalar, mucizeler ve sihir gibi konularda yazılar yazmış biriyim.

Oysa onun yaşamdan ve İlahi Varlık ile bağlantımızdan söz ederken anlattıkları tümüyle farklı bir düzeydeydi. Konuşmamız bir saat sürdü, bana bu kadar zaman ayırması şaşırtıcıydı; beni hiç tanımamasına karşın son derece cömert ve dürüst davranmıştı.

Konuşmamızda bir atölye çalışması düzenleyeceğinden söz etti, sanırım bu ya o hafta sonu ya da bir sonraki hafta sonu Kaliforniya'da olacaktı. Sözünü ettiğim arkadaşımla birlikte oraya uçup atölye çalışmasına katıldık.

Kory: Orada da telefon görüşmenizdeki kadar heyecan verici bir şeyler olacağı hissine kapıldın mı?

Joe: Kesinlikle. Ve tüm sorularımın yanıtlarını aldım. Yanıtların tümünü anlayamadım ama tüm sorularım yanıtlandı. Bu seminere gittim ve tam adı Dr. Ihaleakala Hew Len olan bu terapistle tanıştım.

Tanışır tanışmaz ondan hoşlandım. Atölye çalışmasındaki uygulamalara bayıldım ve hemen oracıkta ona bir kitap yazmaktan söz ettim ama bunu yapmayı istemedi.

O zaman bu konuda son derece kararlıydı; kitap yazması beklenen başka biri olduğunu ve bu dönemde kendisinin de aynı şeyi yapmayı istemediğini söyledi.

Merakım sürüyordu, kendim için bilgi edinmek ve bu bilgiyi başkalarıyla paylaşmak istiyordum çünkü insanların yararına olacak iyileştirme yöntemlerini, usullerini ve çeşitli araçları araştırmak için yola çıkmış bir izciydim. Bunlardan kendi yaşamımda yararlanacak ve aynı zamanda bunları başkalarıyla paylaşarak onlara yardımcı olacaktım.

Kory: Tabii, zaten yıllardır kitapların, programların ve düzenlediğin kurslarla yaşamımızda kendimizi geliştirmemiz için gereken araçları bizlere sağlayarak bunu defalarca yaptığın ortada.

Evet, şimdi bu programdasın ve bize sözünü ettiğin sürecin adı Ho'oponopono. Umarım doğru söylemişimdir.

Joe: Evet.

Kory: Ho'oponopono ile ilgili olarak seni gerçekten heyecanlandıran ve sanırım hepimizin işine yarayabilecek ne gibi bir yenilik keşfettin?

Joe: Galiba iki ya da üç şey. Birincisi buradaki yalınlıktı. Yaşamınızda ya da dünyada gözünüze çarpan sorunların her birini ya da tümünü çözmek için içinizden söyleyeceğiniz dört cümlelik son derece kolay bir süreç bu.

Önce onun tek başına düzenlediği, daha sonraları ikimizin birlikte yürüttüğü atölye çalışmaları sırasında başka neler yapabileceğimizi araştırdık. Ama Ho'oponopono'nun esası, yaşamınızdaki her şeyin sorumluluğunu üstlenmektir.

Bu aklın alamayacağı kadar önemli bir kavramdı ve beni asıl heyecanlandıran bunun gücü elimizde tuttuğumuz anlamına gelmesiydi. Bir başkasına gitmek, bir başkasını değiştirmek ya da bir başka ürüne, hizmete veya benzer bir şeye başvurmak zorunda değilsiniz.

Bu içsel bir çalışma. Bundan hoşlandım. Burada gücün sizde olduğunu hissediyorsunuz ve artık hiçbir şekilde bir kurban değilsiniz; her şeyden tümüyle siz sorumlusunuz. Bu yüzden bunu çok çekici buldum.

Ayrıca o dört cümleyi söylemeye başlamak benim için öyle kolay oldu ki şu noktada artık zihnimin geri planında devamlı çalan bir bant kaydı varmış gibi. Öte yandan, YALNIZCA onları öğrendiğim sırada, "seni seviyorum, özür dilerim, lütfen beni affet, teşekkür ederim"den oluşan bu dört cümleyi söylemekle yaşamın nasıl kolaylaşabileceğini bilmiyordum. İsterseniz bu konuda daha sonra konuşur, açıklama yaparız.

Sanırım beni heyecanlandıran üçüncü unsur da, Ho'oponopono uygulayan insanlardaki inanılmaz değişimle ilgili duyduğum öykülerdi.

Bunlardan en önemlisi, Dr. Hew Len'in akli dengesi bozuk suçluların bulunduğu hastanede tek başına gerçekleştirdiği değişim sonrasında o insanların taburcu edilmesi ve koğuşun da zaman içinde kapatılmasıydı.

Tüm bunları duyunca heyecana kapıldım; buradaki olasılıklar nelerdi; bu basit, alışılmadık, adı zor söylenebilen, çılgın yöntemi uygulayarak insanların üstesinden gelebileceği sorunlar ya da sıkıntılar neler olabilirdi?

Kory: Haklısın, insanlar Dr. Hew Len'in kendilerini hiç görmediği halde onlara yardımcı olduğunun farkında olmayabilirler. O bir psikologdu ve hastalarla yüz yüze gelmedi. Onların sorunlarını çözmek için kendi üzerinde çalıştı, bu süreci bu kadar şaşırtıcı yapan da bu.

Joe: Bir şeyi açıklığa kavuşturalım, onlarla karşılaştı ama profesyonel olarak değil. Başka bir deyişle koğuşları gezerken orada zorunlu olarak bulunan insanları görüyordu. O koğuşta bulunmak ve onları görmek göreviydi ama onlarla profesyonel olarak *görüşmedi.*

Geleneksel bir terapist gibi onları bürosuna çağırıp oturtarak, kendisi de karşılarına geçerek onlarla sohbet etmedi. Bunların hiçbirini yapmadı.

Hastaların dosyalarını inceledi ve dosyaları incelerken kendi içinde oluşanları hissetti; bu kızgınlık olabilirdi ya da öfke, utanç, düş kırıklığı, mutsuzluk ya da başka bir şey.

Bu onun sahip olduğu bir şeydi ve sonra bunu kendi gerçekliğine nasıl çektiğini sorguladı. Kendisine olan her şeyin sorumluluğunu tamamen üstleniyordu.

Şimdi içinde yaşadığı gerçeklikte akli dengesi bozuk suçlular vardı; o bunun sorumluluğunu alıyor, bunun ağrılarını ve sancılarını kendi içinde hissediyor ve arınma denen şeyi yapıyordu. Ho'oponopono için *temizlenme* ya da *arınma* terimlerini kullanıyordu. Bu duygulardan arınıyor ve arındıkça kendini daha iyi hissediyordu, aynı anda hastalar da iyileşmeye başlıyorlardı.

Kory: Doğru. Geçenlerde Dr. Hew Len'le birlikte düzenlediğiniz bir seminerin videosunu izleme fırsatı buldum. Onun öğretme yöntemi ile senin onunla etkileşimini ve tabii senin deneyimini izlemek benim için olağanüstü bir deneyim oldu.

Yakın zamanda beraber yaptığımız işlerden biri de internetteki takipçilerine bir anket göndererek ne gibi soruları bulunduğunu saptamak oldu. Bu soruların bazıları şu anda önümde.

Anketimize yağmur gibi soru yağdı ve hepsi de çok yerinde sorular çünkü hepsi bizim konuyu anlamamıza yardımcı olacak. Başlangıçta her şey gerçekten çok basit görünüyor. İnsanlar söz konusu dört cümleyi internette bulabiliyor ya da kitabını okuyup, "Hepsi bu kadar mı?" diye soruyorlar.

Bir açıdan evet, hepsi bu kadar ama başka bir açıdan bunu uygulamamıza yardımcı olacak belli bir öğreti var. Bu yüzden, izninle, gelen bazı sorulara göz atalım.

Çok sayıda insan senin deneyimlerini öğrenmek istiyor; bize Ho'oponopono uygularken geçirdiğin değişimlerden bazı örnekler verebilir misin?

Joe: Tabii, bu çok kolay çünkü çok örnek var. Unutmayın, ben bunu şu anda her gün 24 saat uyguluyorum; öylesine alışkanlık haline geldi ki uykumda bile devam ediyor.

Başka bir deyişle, o dört cümle şimdi bile aklımdan geçmekte. Seninle konuşurken bile arınmaktayım. Bu neye yarıyor? Her şeyden önce beni sakinleştiriyor. Elimden geldiğince eski programlanmaları yok ediyorum.

Programlanma da, *Zero Limit*'te Dr. Hew Len tarafından çoğunlukla inançlar, olumsuzluklar, geçmişteki enerji blokajları, düşünce kalıpları ve bizim şimdi burada bulunmamızı ve şu anda huzurlu olmamızı engelleyen her şey için kullanılan bir terimdir. Arındıkça, huşu duyduğum o anlar giderek daha da artıyor.

Bazı şeyleri dile getirmek zor çünkü eskiden Joe her ne yapıyorsa, neyle başa çıkmaya çalışıyor, hangi sıkıntılar, fırsatlar ya da sorunlarla karşılaşıyorsa onlara odaklanmış olurdu. Bunların sırtını yere getirmeye uğraşırken daha çok A Tipi bir davranış sergilerdi.

Şimdi ise çok daha rahatım. Belirli bir örnek vermem gerekirse, yıllar önce, sanırım bundan altı yıl öncesiydi, Dr. Hew Len'in o ilk atölye çalışmasına gittiğimde, idrar yollarımda iltihaplanma oluştu. Bunun başladığını fark ettim, seyahatteydim, şehir dışındaydım, çok stresliydim ve üstelik hiç bilmediğim bir şeyle ilgileniyordum.

Dolayısıyla aşırı stresliydim, tedirgin edici duygular içindeydim ve iltihaplanmanın başladığını fark edince, şu dört cümleyi söylemeyi denesem diye düşündüm. Böylece, "özür dilerim, lütfen beni affet, seni seviyorum, teşekkür ederim" derken fiziksel rahatsızlığıma odaklandım, odaklandım ve sonunda bu yok oldu. Eriyip gitti, kayboldu; başka hiçbir şey yapmadım.

İlaç almadım, doktora ya da hastaneye gitmedim ya da bol su içmedim. Yapılması gereken şeylerin hiçbirini yapmadım. YALNIZCA *Zero Limit*'ten ne öğrendiysem onu uyguladım.

İlk yaptığım şeylerden biri buydu. Sonra bunu yaşamımda kendini gösteren her şey için yapmaya başladım, örneğin –sanırım *Zero Limit*'te bundan söz etmiştim– bana karşı inanılmaz bir öfke duyan birinden bir e-posta aldığımda. Nedenini anımsamıyorum, zaten önemli de değil.

Arınmayla amaçlananın bir kısmı da bu: Bu enerji blokajlarının nerede görüldüklerinin önemi yok; YALNIZCA ortaya çıktıklarında onları arındırmanız gerekiyor.

Eskiden olsaydı sözümü esirgemez, durumu hem onun açısından hem de benim açımdan değerlendirerek o kişiyi ikna etmeye çalışan bir yanıt verir, onu sakinleştirmek için elimden geleni yapardım.

Bunu yapmadım; kesinlikle yapmadım. Oturdum ve Ho'oponopono uyguladım: Seni seviyorum, lütfen beni affet, özür dilerim, teşekkür ederim. Onu aklımdan geçirerek bunu içimde uyguladım, ta ki kendimi huzurlu hissedinceye dek.

Sonra da işime döndüm. E-postalarıma baktım. Ondan gelen ikinci bir e-posta vardı ve yanıt vermediğim ilk e-posta için özür diliyordu.

Dışarıdan bakınca, sorunlar benim çözüme hiçbir katkım olmadan, kendiliğinden hallolmuş gibiydi. Yaşadığım önemli olaylardan ikisi bunlar.

Kory: Bunlar harika örnekler ve dediğin gibi, ortaya başka bir soru çıkıyor. Daha başka ne gibi olasılıklar var? Bu kadar basit bir yöntemle böyle sonuç alınabiliyorsa daha başka neler bekleyebiliriz? Bu çok heyecan verici.

Sonuç olarak, bu deneyimler senin bu sürece inanmanı sağladı ve bunu sürdürmen için seni yüreklendirdi. Sen de bunu pek çok insana öğrettin. Öğrencilerinin ya da sana gelen insanların anlattıklarından bunun gerçekten işe yaradığını destekleyen deneyimler var mı?

Joe: Evet, yüzlerce hatta binlerce öykü geliyor. Hemen her gün bir haber alıyorum ya da asistanlarım bana gelen e-postaların bazılarını okurken böyle bir öyküyle karşılaşıyorlar. Artık hepsine yetişemiyorum.

Aklıma gelen örneklerden bir tanesi ikiz kardeşi olan bir doktorla ilgili. Kardeşi birden hastalanıp ölüyor. Kardeşi, hem de ikizi olduğunu düşünürseniz neler hissettiğini tahmin edebilirsiniz. Yalnız bir aile bireyini değil, kardeşini, ikizini yitiriyor; bu da *sıra bende* duygusuna yol açıyor.

Bu yüzden korkuya, kedere ve bunalıma kapılmışken *Zero Limit* ile karşılaşıyor. Ho'oponopono ile tanışıyor ve aklını kaçırmak üzere olduğundan denemeye karar veriyor.

O cümleleri söylemeye başlıyor ve Ho'oponopono hakkında her şeyi öğrenmek istiyor. Bunu o kadar kısa zamanda başarıyor ki sonunda kendini mutlu ve güçlü hissederek yeniden işinin başına dönüyor. İlişkileri ve sağlığı mükemmel; aslında Ho'oponopono uygulayarak sağlığını daha da iyileştiriyor; kederi ya da yaşadığı kayıp nedeniyle değil, Ho'oponopono sayesinde.

Bunu biliyorum çünkü sürekli peşimden koştu, bana bir e-posta yazdı ve telefona çıkmam için yalvardı. Sonunda onu aradım, bir saat boyunca kendisiyle ilgili yapmayı başardığı şeyleri anlattı ve iyileştiği için bana teşekkür edip durdu.

Burada söz konusu olan derin bir keder. Ben yıllar önce eşimi kaybettim. Onun için bunun ne kadar derin bir keder olduğunu bilirim. Ne kadar uzun sürdüğünü de. Oysa bu adam çok çabuk iyileşebildi.

Bunu başka alanlarda uygulayanlar da var. İşleri kötü gittiğinde kullananlar.

Para konusunda korkular yaşayan, gelirlerinin azalacağından korkan, işlerinde başarılı olamayacağından korkanlar var, bu yüzden Ho'oponopono yapan insanlarla ilgili öyküler duydum.

Bu durumdaki biri bunu uygulamaya başlamış, sonra da bana işlerinin düzeldiğini bildirmişti, oysa görünüşte işlerinin düzelmesi için hiçbir şey yapmamıştı.

Öte yandan, bir girişimci olarak ben o kişiye reklam yapmasını, e-posta ya da mektuplar göndermesini ve benzer yöntemler uygulamasını önerirdim. Bunların hiçbirini yapmamış. YALNIZCA kendi üzerinde çalışmış, işiyle ve parasıyla olan ilişkileri hakkındaki hisleri üzerinde Ho'oponopono yapmış ve sonunda ona önerdiğim geleneksel pazarlama yöntemlerini uygulamasına gerek kalmadan iş hacmi büyümüş.

Bir de ilişkilerle ilgili olanlar var, bunları hep duyuyorum. Dr. Hew Len ile birlikte düzenlediğimiz seminerlerden söz ettin. Zero Limit III adlı sonuncu seminerimiz herhalde en başarılı olanıdı. Hepimiz aynı frekanstaydık, her şey yerli yerine oturdu ve tüm katılımcılar kalkıp bize öykülerini anlattılar.

Kız kardeşiyle ilişkileri hiçbir zaman yolunda olmayan bir kadını anımsıyorum. Hiç geçinemiyor, sürekli kavga ediyorlarmış. Bu kadın Ho'oponopono öğrenmiş. Bir gün birlikte otururlarken kız kardeşi akla gelebilecek her konuda sızlanmaya başlamış.

Normalde bu, her ikisi için de yıpratıcı olabilirdi ama Ho'oponopono öğrenen kadın içinden o cümleleri tekrarlarken kardeşinin sakinleştiğini, değiştiğini, rahatladığını, eskisi gibi sinir krizlerine tutulmadığını ve artık didişmediklerini fark etmiş.

Öyküler böyle uzayıp gidiyor; insanların bu uygulamayı neler üzerinde denediklerini duysan çok şaşırırsın. Tanıdığım bir öğretmen bunu sınıfta uyguladığını çünkü öğrencilerinden birinin –sanırım bu ilkokuldaydı– çok utangaç, içe dönük olduğunu ve hiçbir şeye katılmadığını anlattı. Bu öğrenciyle doğrudan ilgilenmek yerine öğretmen sınıfın önünde oturup her zamanki işlerini yaparken bu öğrenciyi aklından geçirerek Ho'oponopono uygulamış.

Anlattığına göre, öğrenci daha katılımcı olmaya, parmak kaldırmaya, alıştırmaları yapmaya başlamış, çekingenliğinden sıyrılmış. Birçok kişi gibi o da bunun tek nedeninin kendi içinden geçirdiği cümleler ve Ho'oponopono olduğunu ileri sürüyordu.

Kory: Bunlar harika öyküler ve sanırım herkesin bunları duyması gerek çünkü bize anlattığın Ho'oponopono, bunun sonuçları ve yaşam değiştiren olaylar hepimizin gerçekten arzuladığı şeyler.

İlişkilerimizde daha huzurlu olmak, insanları kendimize çekmek istiyoruz, tüm bunları istiyoruz ve bazen bir şeylere inanmaktan korkuyoruz çünkü "Ya bu işe yaramazsa?", "Ya benim işime yaramazsa?" diye düşünüyoruz.

İnsanların bunları duymasını istiyorum çünkü bunların sıradan başarı öyküleri olmadıklarını anlamalılar. Öyküler birbirini izliyor ve onların Ho'oponopono'dan yararlandıklarını ortaya koyan senin kişisel deneyimlerin var, bu nedenle son zamanlarda bu konuyu çok düşündüm. Ruhsal yolda ilerleyen ya da yaşamını düzene sokmaya çalışan herkesin gerçekten işine yarayacak böyle bir şeyle karşılaşması büyük şans. Değil mi? Ben bunu insanlara gerçekten yardımcı olacak bir armağan olarak görüyorum.

Joe: Gerçekten de öyle. Bu yüzden bunu yapmak için eksiksiz bir yöntem geliştirdim; www.zerolimits.info web sitesinde bulunuyor. Onu siteye karşılıksız koydum. Birlikte yönettiğimiz seminerlerde bu çok değerli bir araç oluyor.

Ne yazık ki Dr. Hew Len emekli olmak istiyor, dolayısıyla neredeyse hiç seyahat etmiyor ve seminer düzenlemiyor. Belki de bu yüzden son seminerimiz gerçekten harikaydı. Tüm yaşadıklarımı yeniden aklımdan geçiriyorum. Öte yandan, Ho'oponopono son derece basit, dolaysız ve kesin sonuca yönelik bir süreç.

Hâlâ ruhsal olarak yaptıklarımdan sonuç bekleyecek kadar girişimci biriyim. Bunu bu kadar çok sevmemin bir nedeni de bu.

Kory: Evet, insanlar birtakım sonuçlara ulaştılar ve sen de bu sonuçları gördün. Bize yazan bir sürü insan var ve hâlâ sorular soruyorlar. Bu soruların çoğu Ho'oponopono'yu belli sonuçlar için kullanmakla ilgili. Örneğin, zengin olmak için Ho'oponopono'nun en etkin kullanımı ne olabilir?

Joe: Bunu çok çeşitli şekillerde yorumlayabilirim. Bence Ho'oponopono hakkında insanların ilk bilmesi gereken şey sorunun içinizde çözüldüğüdür. Dışarıdaki herhangi bir şeyi değiştirmek söz konusu değil.

Dışarıdan bakıp bir kişiden hoşlanmadığı için o ilişkiyi değiştirmek istediğini söyleyen ya da işler çok parlak görünmediği için mali durumunu değiştirmesi gerektiğini düşünen kişi Ho'oponopono'ya yanlış bir açıdan bakıyor demektir.

Bunu sorgulama şekliniz, "Mali durumundan neden korkuyorsun?" cümlesiyle olmalıdır. Yani başka bir deyişle ona odaklanmış durumdasınız. Ona odaklanmanız için bir neden var ve bu genellikle çok hoş bir neden değil. Ona odaklanıyorsunuz çünkü bu konuda endişeleniyorsunuz.

Ho'oponopono bu konudaki endişelerinizi gidermenize yardımcı olur. Dışarıda sorun gibi görünen bir şey varsa, yapmanız gereken sihirli torbanızdan Ho'oponopono'yu çıkarmak ve bununla yardıma koşmaktır.

Burada çok güzel bir şey olur. Siz endişenizi içinizde giderirken sorun yok olur. Bu uzunca felsefi açıklamadan sonra, zenginlik konusuna dönersek, para ve serveti kendinize çekmek söz konusu olduğunda inanılmaz bir büyüsü vardır. Ben bunu kendi hayatımda yaşadım.

Son yıllarda sürekli Ho'oponopono yaptığım için her şey giderek daha da kolaylaşıyor. Artık dışarıya değil içeriye odaklanıyorum.

Dr. Hew Len'in çok rahat para harcadığına tanık oldum. Bir keresinde öğle yemeğine çıktık ve Teksas'ta Wimberley adındaki bu küçük kasabamızda dolaştık. Ufak bir mağazaya girdik, o birkaç ıvır zıvır satın aldı ve kasiyere 20 dolar bahşiş bıraktı.

Bu hiç görülmemiş bir şeydi. Burası size hizmet edene bahşiş verdiğiniz bir restoran değildi; söz konusu olan, perakende satış mağazasındaki bir çalışandı ve o buradan iki parça incik boncuk almış, 20 dolarlık bir banknot vermişti. Bu o kadar olağandışıydı ki kasiyer ne yapacağını bilemedi.

Sonra Dr. Hew Len gülümseyerek bana baktı ve, "Biliyor musun," dedi, "evren bunun yerine hemen yenisini koyacak;

tüm gezegen çok zengin." Bu YALNIZCA bir inanış değil, bir tür varoluştu. Onun dünyaya bakış açısı buydu.

Yani, zenginlik zaten mevcut. Dışarıya bakıyor ve bunu görmüyorsak arınmamızı gerektiren sorun budur. Gerçeğe bakışımızı arındırmamız gerekli, yoksa orada oturup *Hay Allah, ne zaman zengin olacağım? Ne zaman elime para geçecek? Ne zaman mali durumum düzelecek?* diye düşünürüz.

Bu sorunu gerçekten arındırdığınızda ise etrafa bakar ve *Tanrım, her taraftaki şu zenginliğe bak, çevremdeki fırsatlara bak, her taraftan bana doğru gelen paraya bak!* dersiniz.

Arada muazzam bir fark var; her şey bakış açınızı, her türlü endişenizi Ho'oponopono ile arındırmanızla başlıyor.

Kory: Anladığım kadarıyla, buradaki fark, dışsal sorunlarımız varsa çoğumuzun dışarı çıkıp bunları çözümlemeye kalkışmamızdan ya da bize böyle öğretilmesinden kaynaklanıyor.

Bu yöntem, soruna başka türlü bakmamızı, içimize dönmemizi ve iç dünyamızdaki sorunu belirlememizi sağlıyor ve bu da bize onu çözecek araçları veriyor. Sanırım bu sayede, içimdeki sorun arınınca, artık dışarı çıkıp zenginliğe kavuşmak için normal koşullarda yapmam gereken ne varsa onları yapmaya başlamakta özgür oluyorum. Ya da eskiden aşırı kuşku ya da endişe duyduğum için girişemediğim eylemleri gerçekleştirebiliyorum. Önüme bir sürü fırsat çıkıyor.

Doğru anlamış mıyım?

Joe: Doğru yoldasın ama şimdi biraz daha ilerlemeni istiyorum çünkü öncelikle dışsal sorun diye bir şey yoktur. Ho'oponopono'da öğrendiğimiz ilk şey bu. Dışarıda hiçbir sorun yok.

Dr. Hew Len'in en çok söylediği şeylerden biri –bunu her seminerde söyler ve Zero Limit etkinliğinde de yer aldığından eminim– şudur: "Bir sorun olduğunda, sizin de orada olduğunuzu hiç fark ettiniz mi?"

Bunu her söylediğinde gülüşmeler olur ve ben *Ne harika bir mantra!* diye düşünürüm. Bir gün YALNIZCA bu cümleden oluşan bir şarkı yazacağım. Çünkü ne zaman bir sorun varsa, siz oradasınız. Bu neden böyle? Çünkü sorunun yaratılmasına katkıda bulunuyorsunuz ve bu katkı içsel bir olaydır.

İçinizdeki bu sorunu çözünce, onun içinizde olduğunu algılayıp arınınca, dışarıdaki yani sizin dışarıdaymış gibi gördüğünüz şey yok olacaktır. Yeniden biçimlenecek, değişime uğrayacak, akıp gidecek, o derece gözden kaybolacaktır ki böyle bir sorununuz olduğunu anımsamadığınız bir an gelecektir. O sorun tümüyle belleğinizden silinecektir.

Bu arınmanın gücüdür, dolayısıyla insanlar, örneğin zenginlik ve bununla ilgili endişeleri konusunda arındıklarında, daha önce yararlanmayı düşünmedikleri fırsatları ele geçirirler. Daha önce girişmedikleri eylemleri gerçekleştirirler. Ya da hiçbir şey yapmak zorunda kalmadan yaşamaya, gerçeği solumaya, her gün normalde yaptıklarını sürdürmeye devam ederler ve zenginleşirler çünkü artık buna ulaşmalarını önleyen engelleri ortadan kaldırmışlardır.

Bakış açınız değiştiğinde ortaya çıkan bir başka şey de budur. Dışarı bakmak yerine, benim şu anda ikinci katta bulunan yeni işyerimden dışarı bakıp o harika ağaçları seyredişim gibi içinize baktığınızda Evrenin ne kadar verimli, bereketli olduğunu görürsünüz.

Oysa bir zamanlar, yıllar önce, yoksul ve evsiz olarak mücadele verirken bunu göremezdim. Bakar ama sorundan başka bir şey göremezdim, hâlbuki o ağaçlar oradaydı, bereket oradaydı, zenginlik oradaydı.

Dolayısıyla, içimizdeki sorunu arındırırken zihnimiz gerçekten genişler ama aslında genişleyen o zamana dek taktığımız at gözlükleridir. Zenginlik, gelir ya da benzeri konulardaki fırsatları gördüğümüz zaman bu gözlükler düşer.

Kory: Bu çok yardımcı oldu çünkü kesinlikle içime bakabilirim ve sorun olduğunu hissettiğim yerleri bulabilirim. Yaşadıklarım içimdeki bu sorundan kaynaklanıyor ve bildiğin gibi, bunlardan kurtulabilirsem hayatım tümüyle değişecektir.

Joe: Orada biraz dur çünkü bu çok önemli. Bu sorunları içimizde yaşadığımızda her şeyden önce bulundukları tek yer burasıdır, onlar *içimizdedir;* sorunlar dışımızda değillerdir.

Bir sorunun dışınızda olduğunu sanırsınız çünkü gözlerinizi, kulaklarınızı ve beyninizi kullanmaktasınız. Ama bütün bu bilgiler beyninizdedir; sizin zihin-beden sisteminizdedir. Sorun içimizde, kendi içimizdeki ruhumuzdadır.

O sorunu farkındalık alanımızda tutarak ona odaklanırız. Zaten sorunlar o kadar büyüktürler ki, odaklanmak sorun olmaz, ayrıca farkındalık alanımızda bunlardan epeyce vardır. Dolayısıyla, ona odaklanırsınız ya da onu belirleyip orada onunla tehlikeli bir oyun oynayarak ona, "Seni seviyorum, lütfen beni affet, özür dilerim, teşekkür ederim," dersiniz ve odaklandığınız sorun, işte o sorun çözülmeye başlar.

Sorun bedeninizi tümüyle terk ettiğinde artık onu sisteminizde hissetmezsiniz; dışarı baktığınızda onu görmezsiniz. Artık orada olmayacak, çözülmüş ya da uzaklaşmış olacaktır. Hâlâ yapacağınız bir şeyler olabilir ama onu yapmak içinizden gelecektir.

Kory: Pekâlâ, bu gayet akla yakın çünkü birtakım sorunları çözmüş olduğum ortada. Artık onları düşünmüyorum; tümüyle yok olmuş durumdalar ve böyle bir süreci hızlandırmaya büyük bir istek duyulmasını anlayabiliyorum. Böylece mutluluk için pek çok fırsat çıkıyor, stres azalıyor ve dediğin gibi, çok daha keyifli bir yaşam sürülebiliyor. Bu çok heyecan verici.

İnsanlar bunu şu ya da bu amaçla nasıl kullanabilirim diye soruyor. Elimdeki sorulardan bir örnek seçtim, bunun çoğumuzu ilgilendirdiğini düşünüyorum: Birisini tümüyle affetmek için bundan nasıl yararlanabilirim?

Joe: Olayın diğer şahısla ilgili olmadığını hatırlamalısın. Bu seninle ilgili ve aslında yapmakta olduğun şey de kendini affetmek. Burada ilk olarak görmen gereken bu.

Kullanılan cümleleri ayrı ayrı incelememiz yararlı olabilir çünkü "Tüm yapmanız gereken, içinizden nasıl geliyorsa, hangi sıralama size doğru geliyorsa, 'özür dilerim, lütfen beni affet, seni seviyorum, teşekkür ederim' sözlerini söylemektir" dediğimde, yeterince basitleştirmiş oluyorum.

Ancak bunları söylerken aslında ne yapmaktasınız? Bana kalırsa, ben o sırada şunları söylüyorum: "Bilinçsiz davrandığım için özür dilerim. Kendi programlanmamın, olumsuzluğumdan kaynaklanan inançlarımın, geçmiş anılarımın farkında olmadığım için beni affet. Beni affet çünkü karşılaştığım sorunun oluşmasına yol açtığım ve bunun bilincine varmadığım, bu konuda uyanık ve sorumlu davranmadığım için senden özür diliyorum." Aslında sizin de söylediğiniz bu.

Bundan sonraki adım teşekkür etmek; Dr. Hew Len'in kullanmaktan hoşlandığı tabirle İlahi Varlık'a teşekkür ediyorsunuz. Hepimizin bir parçası olduğu enerji alanına kimileri Tanrı, Tao, Yaşam ya da Doğa demeyi seçebilir. İçinizdeki sorunu arındırdığı için ona teşekkür ediyorsunuz.

Ben sözlerimi "seni seviyorum" ile sonlandırmaktan hoşlanıyorum ama siz bunu herhangi bir noktada söyleyebilirsiniz. Öte yandan, eğer "seni seviyorum" ile bitirirseniz, İlahi Varlık'ı ya da Evrenin özünü ya da sizin ruhunuzu tanımlayan sözcük sevgi olur. "Seni seviyorum" demekle yaşamın özüyle yeniden bütünleşmeye başlarsınız. İlahi Varlık'la ve sizin İlahi Varlık'a olan bağlılığınızla yeniden bütünleşmeye başlarsınız.

Bu nedenle, "özür dilerim, seni seviyorum, lütfen beni affet ve teşekkür ederim" aslında YALNIZCA dört cümleden ibaret değil, bundan çok daha fazlasıdır. Her birinin arkasında önemli ölçüde enerji vardır. Bir anlamda onları salıvermeniz için içinizdeki duyguları açan ruhsal bir şifreli kilittirler. İster bir başkasını affetmek, ister sizin ya da başka birinin sağlık sorunu olsun, o anda sorun olarak algıladığınız her ne ise, bu dört cümleyi içinizden İlahi Varlık'a yönelik söylerken o soruna odaklanırsınız.

Dolayısıyla, birçok bakımdan, benim önüme koyacağınız her sorunun reçetesi budur. Tek yanıt bu olacaktır.

Kory: Demek ki karşılaştığımız her sorun ya da zorluk için uygulama aynı.

Açıklaman gerçekten hoşuma gitti; ne için teşekkür ettiğimi ve neden dolayı özür dilediğimi anlamama gerçekten yardımcı oldu.

Çünkü bana yazan iki kişi şöyle demiş: "Özür dilerim derken yanlış bir şey yaptığım duygusuna kapılıyorum, oysa aslında herhangi bir yanlış yapmadım." Bu yüzden, "özür dilerim" demekte zorlanıyorlarmış.

Joe: İnsanların direnç gösterdikleri konuların başında bu var. Bana kalırsa, insanlar en çok yaşamlarında var olan her şeyin bütün sorumluluğunu üstlenmeye direnç gösteriyorlar.

Bu röportajın başında söylediğim gibi, bu kısım çok önemli ama aynı zamanda içlerinden en önemlisi çünkü sizi korkutup sindirmek yerine güçlendiriyor; olanları ya da oluyor diye algıladıklarınızı çözebilmeniz için sizi özgürleştiriyor.

Zor gelen diğer şey de "özür dilerim" demek. Yıllardır birçok kişinin "özür dilerim" demek istemediğini duyuyorum. Bunu söyleyince kötü bir şey yaptıkları, bir günah ya da suç işledikleri hissine kapılıyorlar. Bu konuyu Dr. Hew Len'e açtım, o da, "Bunun yerine, 'lütfen beni affet' diyebilirler," dedi ama insanlar öneri benden geldiği için yine karşı çıktılar.

O zaman, "Tamam, onu söylemek zorunda değiller ama en iyi çözüm, 'özür dilerim' demekle ilgili sorunlarından arınmak olacaktır," dedi.

Kory: Öyleyse bir cümleyi söylerken oluşan duygularla ilgili arınmak gerekiyor.

Joe: Bu konuda arınmak zorundasınız, zaten bununla ilgili epeyce konuşma yaptım. Zero Limit etkinliklerinde, çoğu kez katılımcılar üzüntü ifade eden bu "özür dilerim" sözlerine takılıp kalıyorlardı. Ben de böyle zamanlarda şunu söylüyordum: "Bakın, birçok cenaze merasiminde bulundum, orada ailenin yanına gider ve, 'Üzgünüm,' derim."

Bunu neden söylerim? Başka insanların da aynı şeyi yaptığını fark ettim. Bu sabah müşterilerinden birine ölümcül kanser tanısı konmuş biriyle konuştum. Herkes perişandı ve ben de "Üzgünüm," dedim. Bunu neden söyledim?

Doğrudan sorumlu değilim; bu insanların kim olduğunu bile bilmiyorum ama bir yolunu bulup bir şekilde, bir biçimde acılarını paylaştığımı hissetmelerini sağlamak uygun bir tepki oluyor. Bunu söyleyerek sevgimi göstermeye, karşımdakini teselli etmeye çalışıyorum.

İlahi Varlık'a, "özür dilerim" derken bir hata yaptığımı, suçlu olduğumu düşünmüyorum. Sadece her zaman bilinçli davranmamış olduğumu düşünüyorum; hepimiz bilinçdışımızın etkisinde kalırız, bilincimiz buzdağının YALNIZCA görünen kısmıdır. Dümen bilinçdışının elindedir; nükleer reaktör odur; tüm bilgilerin, programlanmaların depolandığı yer orasıdır ve bizler çoğunlukla bilinçdışımızda neler olduğunun farkında olmayız.

Bu yüzden çoğu kez bilinçsiz bir hareket yaparız; sonradan bunu fark edebiliriz ya da biri bizi uyarır veya bir başkasıyla bir sorun yaşadığımız bir konumda olabiliriz ama bu sorunu kendimizin bilinçsizce yaratmış olduğumuzun farkına bile varmayız. Bu yüzden, "Farkına varmadığım için özür dilerim. Lütfen bilinçdışımda ne olduğunu bilmediğim için beni affet ve bu konuyu birlikte çözelim. Bunu iyileştirdiğin, temizlediğin ve yok ettiğin için teşekkür ederim. Seni seviyorum," diyorum.

Kory: Bu harika bir örnek çünkü biri üzücü bir durumda ise "üzgünüm/özür dilerim" dersin. Ayrıca ben sevdiğim birinin duygularını istemeden incitir, onu kırarsam yine üzgün olduğumu söyleyip özür dilerim. Kasıtlı yapmış olmasam da, bunu söyleme arzusu duyarım.

Joe: Mükemmel, bu benim verdiğim örnekten bile daha iyi oldu çünkü zaten demek istediğimiz bu. İstemeden bir davranışta bulunmuş, belli bir düşünceye ya da hoşlanmadığımız bir duyguya kapılmış oluyoruz. "Bunun için özür dilerim; böyle olacağını bilmiyordum. Gerçekten üzgünüm; lütfen beni affet."

Kory: En başından beri sorumluluk almanın öneminden söz ettik. Elimde bu konuyla ilgili olduğunu düşündüğüm iki soru var, özellikle içinde bulunduğumuz zaman açısından.

Biri şöyle yazmış: "Özellikle Japonya'da bugün yaşananların benim suçum olduğu ya da benden kaynaklandığı kısmını hâlâ anlayabilmiş değilim. Bunu anlamaya çalışıyorum ve bu yönteme güvenmek istiyorum."

Joe: Yönteme güvenmek istediğine sevindim çünkü burada her şey güvene dayanıyor. Dr. Hew Len ile birlikte ilk semineri düzenlediğimizde bu konuyu konuştuk. Bana daha önce, "Sen hiç, 'Kendi gerçeğini kendin yaratırsın' sözünü duydun mu?" diye sormuştu.

Ben de, "Evet. Ben de bu konuda yazanlardan biriyim. Bu konuda konuşur ve fikirlerimi cesurca açıklarım," dedim. O zaman, onun hayatında olduğu gibi, "Bir insanın karşısına [biri] çıksa ve [bu kişi] akıl hastası olsa, onun da bu gerçeği yaratmakta payı olmamış mıdır?" diye sordu. Başka bir deyişle, eğer kendi gerçeğinizi kendiniz yaratıyorsanız, bunun içinde sizin eseriniz olmayan hiçbir kaçış yolu, çıkış noktası, gizli köşe bucak bulunamaz.

Kendi gerçeğinizi kendiniz yaratıyorsanız ve şimdi Japonya da sizin gerçeğiniz içindeyse, dolayısıyla olup bitenlerde sizin de bir miktar payınız vardır. Bu konuda iç dünyanızda ne hissediyorsunuz? Eğer bunu, şu ya da bu duyguya kapılmadan tarafsız bir olay olarak görebiliyorsanız, muhtemelen gayet iyisiniz.

Eğer bu duruma bakarken, bir yandan da, "Aman Tanrım, bu nasıl olabilir?" ya da "Bu korkunç bir felaket", "Tanrım, ey Tanrım, neredesin? Şeytan kol geziyor, başımıza olmadık şeyler geliyor," diyorsanız, tüm bu duygular bir soruna dönüşebilir.

Ona bakıyorsunuz ve artık mutlu değilsiniz; o anı takdir ya da minnetle izlemiyorsunuz. Onu bir sorun olarak görüyorsunuz ve arındırmanız gereken de budur.

Kory: Yani arınma sürecini bu düşünce ya da duygulara uygulayıp bunlardan tamamen temizlenene kadar sürdürmek gerekiyor.

Joe: Arındığınız noktaya ulaşıncaya kadar. O noktada Japonya için bir şey yapma isteği duyabilir ya da işinizle ilgilenmeyi, yaşamınızı sürdürmeyi, bu konuda gerekeni yapmayı düşünebilirsiniz. Bunu ben bilemem, bu herkesin kendine özgü bir kararı olacaktır.

Kesin sonucu bilmemekle birlikte, ilham gelinceye kadar arınmaya devam ederiz. Çoğumuz YALNIZCA rol yapmaktayız; hatta rol bile yapmıyoruz; başkalarına, düşüncelere tepki veriyoruz; haber bültenlerine tepki veriyoruz; yaşama tepki veriyoruz. Bir karşılık vermiyoruz, ilham almıyoruz, İlahi Varlık ile bağlantı noktasından yola çıkmış değiliz. Bu sürekli arınma aracılığıyla, oraya erişebiliriz.

Kory: Bu harika çünkü çoğu insanda "sorumluyum ve bu benim suçum" konusua dair bir zihin karışıklığı söz konusu. Bu da beraberinde suçluluk duygusunu getiriyor. Bu konuda ayrımı nasıl yapacaklarını soranlara bunu nasıl açıklarsın?

Joe: Evet, bu çok iyi bir soru ve bunu yıllardır duyuyorum. Olup bitenden sorumlu olsak da bizler hiçbir şekilde bunlar yüzünden suçlanamayız. Suçlanmak için kendimize ya da bir başkasına kasten bir şey yapmış olmamız gerekir, hatta o durumda bile bunun doğru olacağından emin değilim.

Aslında yapmayı istediğimiz, hayatımızda duygusal anlamda olan bitenin bütün sorumluluğunu üstlenmektir. Yıllar önceki bir TV reklamını anımsıyorum, orada adam, "Sorununuz sizin hatanız değildir ama sizin sorumluluğunuzdur," diyordu.

Bunu çok sevmiştim çünkü çok netti. Siz suçlu değilsiniz, örneğin kimse parmağıyla sizi gösterip sigara bağımlılığı sorunu yaşadığınız için sizi suçlamıyor, sigara içmeniz sizin suçunuz değil ama sizin sorumluluğunuz.

Burada yapılan, sizi suçlamak ile size yardım etmek arasındaki çizgiyi belirlemek ama aynı zamanda konuyu da sizin ellerinize bırakmak. Artık bu konuda bir şey yapmakta özgürsünüz.

Kory: Eğer hatanın başkasında olduğunu ya da yaşamınızdan başkalarının sorumlu olduğunu düşünürseniz, aslında bu konuda bir şey yapma gücünden yoksun kalırsınız. Oysa birtakım değişiklikler oluşturmaya gücünüz var.

Joe: Evet ve bu işe yarıyor. Şu anda aklıma gelen örneklerden biri Mabel Katz, o bir Ho'oponopono öğretmenidir ve Dr. Hew Len'le çalışmıştır. Kendisi çok gezdi, bir iki kitap yazdı. Vergi avukatlığı ya da muhasebecilik yaptı, şu anda hangisi olduğunu anımsayamıyorum ama vergi dairesine gidip müşterilerinin hesaplarını kontrol ediyordu, burada YALNIZCA arınmayı sürdürürdü ve bana açık açık yaptığı arınma sayesinde vergi dairesinin vergileri ve cezaları tamamen silmesini ya da inanılmaz oranda düşürmesini sağladığını anlatırdı.

İnsanlar vergi dairesi akıllarına geldiğinde, "İşte asla kontrol altına alamayacağımız bir kurum, oraya giremeyiz bile," diye düşünür. Bu doğru değil. Bunu düşünmek, bir soruna yol açacak algının bir parçasıdır. Katz vergi dairesine kendi içinin bir parçası olarak bakıyordu ve o kurumla ilişkisi ne olursa olsun, bu konuda arınırken, "Seni seviyorum, özür dilerim, lütfen beni affet, teşekkür ederim, seni seviyorum, özür dilerim, lütfen beni affet, teşekkür ederim," diyordu.

Her şey değişir. İster bir duygu ister bir yansıma olsun, bu konuda yapabileceğimiz benzetmeler ve metafizik tanımlamalarda ne kadar ileri gidebiliriz bilmiyorum ama Ho'oponopono Zero Limit bakış açısıyla yaklaşırsak, siz içinizi değiştiriyorsunuz ve dışarısı değişiyor.

Birkaç kez sözünü ettiğim kendi Zero Limit etkinliğimde ayağa kalkıp izleyicilere şöyle dedim: "Biliyor musunuz, başkalarının dış dünyasını değiştirmeye çalışmak, sabahleyin banyonuzdaki aynanın önüne geçip aynaya makyaj yapmak ya da aynayı tıraş etmek gibidir."

Kory: O kısmı görmüştüm; harika bir benzetmeydi. Evet, insanlar konuyu gerçekten anladı; benim anlamama da çok yardımcı oldu.

Joe: Evet, insanlar ne demek istediğimi anladı. Orada etkinliği kaydeden bir adam vardı, bunu duyunca neredeyse yere yığıldı. Onu gördüm, iki büklüm olup yere oturdu. Tam on ikiden vurulmuştu; o derece içine işledi. Ama Ho'oponopono'da yansıtmaya çalıştığımız şey resmin bütünü; biz dışarıyı değiştirmeye uğraşmıyoruz. Yansıttığımız, içimizden yansıyan neyse o; biz yansımanın sahibini, bunu yaşayan kişiyi arındırmak istiyoruz.

Kory: Bu gayet mantıklı. Burada bir başka güzel sorum var, Joe. Biri şöyle yazmış: "Uygulamayı gerçekleştirirken belli bir ruh halinde olmak zorunda mıyım, yoksa bu cümleleri örneğin sabahleyin arabamla işe giderken söyleyebilir miyim?"

Joe: Bu soruyu çok sevdim. Biliyorsun, Nightingale-Conant için hazırladığım radyo programlarından birinde bir CD boyunca "özür dilerim; lütfen beni affet; seni seviyorum; teşekkür ederim" diyorum, bu 20 ya da 40 dakika sürüyor. Tıpkı bir mantra gibi; devam edip gidiyor ve bütün gün bunu dinleyerek araçlarını süren insanlar tanıyorum.

Aslında birkaç yıl önce Los Angeles'taydım ve orada bir Joe Vitale televizyon şovu yapılması söz konusu oldu. Sürücüsü kadın olan bir arabaya bindik. Kadın bu CD'yi çalmaktaydı ve o bize bunu hep yaptığını hem de ne zaman çalmaya başlasa önündeki trafiğin hafiflediğini söyledi.

Şimdi, o kadın Los Angeles'taydı. O sabah, hangisi olduğunu unuttuğum stüdyolardan birine gidiyorduk ve kadın bize, trafik sıkışıklığını düşünerek bir saat önce yola çıkmamız gerektiğini söylemişti. "Tamam," diye düşünmüştüm, "bir saat önce yola çıkarız." Böylece arabaya bindik ve kadın CD'yi taktı; benim ilahim başladı; sesi yeterince kıstığı için aramızda sohbet edebiliyorduk ve randevu yerine bir saat erken ulaştık çünkü Los Angeles'ta trafik hiç sıkışmadı.

Dolayısıyla, hayır, belli bir ruh hali içinde olmanıza gerek yok. Önemli olan, bu sözleri öğrenmiş olmanız. İster herhangi bir sesli kayıt malzemesi size eşlik etsin ister kendiniz söyleyin; ben kendim söylemeyi seviyorum çünkü hepimizin zihnimizde kendimizle konuştuğumuz bir noktaya geldiğimiz oluyor.

Şu anda çoğu kişi kendi kendine sohbet etmekte; söylenenler de, ya "Bu çok hoş," veya "Ben pek de anlamadım," ya da "Of, kediyi beslemeyi unuttum" veya bunlara benzer cümleler. Siz cümleleri tekrarladıkça, zihninizin gerisinde kendinizle yeni bir sohbet başlıyor: "Özür dilerim; sen seviyorum; lütfen beni affet; teşekkür ederim; seni seviyorum; lütfen beni affet..." Ve böyle sürüp gidiyor.

Kory: Bunu ben de yaşadım; daha birkaç gün önce, videoları izledikten ve gerçekten arınma yaptıktan sonraydı. Kendimi sokakta yürürken cümleleri aklımdan tekrarlarken buldum. Böyle zamanlarda hiçbir olumsuz düşüncenin oluşmadığını fark ettim. Ne kadar huzurlu bir durum ve buna ulaşabilmek ne müthiş çünkü stresimizin çoğu bir şeylere endişelenmekten kaynaklanıyor; strese kapılıyoruz, sıkıntı basıyor ve bunu hemen değiştirebiliyorsunuz.

Bize yazan bir başkası, kendisiyle sohbetinin yerine bu güzel Ho'oponopono cümlelerini nasıl koyabileceğini soruyor. "Eğer aklıma gelirse onları tekrarlıyorum; yoksa normal halim 'dırdıra' başlıyor," demiş. Az önce farkındalıkla onların kendiliğinden duruma egemen olabildiklerini söyledin. Bunu kendinde de fark ettin mi? Bunların kendiliğinden sürüp gitmeye başlaması ne kadar zaman aldı, hatırlıyor musun?

Joe: Bu çok çabuk oldu. Bir gecede oldu demek istemiyorum ama belki iki ay kadar kısa bir süredeydi. Üstelik bunun, örneğin spor salonuna gitmek ve yüz şınav çekmek gibi, kendimi yapmaya zorladığım çok zor bir iş olmadığını da unutmamak gerek.

Kesinlikle zor değil, YALNIZCA, "özür dilerim; lütfen beni affet; teşekkür ederim; seni seviyorum" demek yetiyor. Bunu aklıma her geldiğinde yapıyordum; ufak tetiklemelerin de yararı olur. Yani, başka bir deyişle, bilgisayarına ya da arabanın camına bu dört cümlenin yazılı olduğu ya da bunları söylemen gerektiğini anımsatan küçük bir etiket yapıştır. Böyle ufak şeyler size destek olur.

Kory: Bir soru da şöyle; aslında birçok kişi aynı şeyi söyledi; cümleleri bir şey hissetmeden söylüyorlarmış, bunlara bağlı olarak birtakım duyguların oluşması önemli mi?

Joe: Bu soruya bayıldım çünkü doğrudan ondan öğrenmeye ilk başladığımda ben de aynı soruyu Dr. Hew Len'e sormuştum; bana, "Hayır onları hissetmen gerekmiyor, söylemen gerekiyor," dedi. "Eğer söylemeyi sürdürürsen, hissetmeye başlarsın ama ilk başlarda bu ezberciliktir; YALNIZCA sözcükleri tekrarlarsın. Bir tür metin okumak gibi."

Ama üzerinde düşünmeye başladığınızda bu dört cümlenin anlamını size anlatabilirim çünkü bana açıldılar. Daha önce bunu hiç söylemedim ama bu çeşitli anlamlar taşıyan bir şiir gibi. Ya da ilk kez duyduğunuz bir şarkı gibi. Melodisini yakaladığınız, ritmini sevdiğiniz ya da birkaç sözcüğünü öğrendiğiniz bir şarkı.

Öte yandan şarkıyı tekrar tekrar dinler, şarkı ya da şiir hakkında daha fazla bilgi sahibi olursanız bu dört cümle bir define sandığına dönüşebilir. Dolayısıyla, ilk kez "Özür dilerim; lütfen beni affet; seni seviyorum" dediğinizde bunlar YALNIZCA sözcüklerdir. Onlarla beraberliğiniz sürdükçe bir duygu gelişmeye başlar.

Bu yüzden bu soruya yanıtım, hayır, bir şey hissetmeniz gerekmiyor ama bunları söyledikçe hissedeceğinize inanıyorum ve o his de harika olacak.

Kory: O zaman önemli olan tek şey başlamak; bunları söylemeye başlamak, bunları kullanmaya başlamak.

Joe: Evet.

Kory: Tamam, bu çok mantıklı. Şimdiki sorum çoğu insanın aklını kurcalayan cinsten: "Bu dört ifade nasıl işliyor ve Çekim Yasası'yla nasıl bir etkileşimleri var?" Sanırım bu soruyla çok karşılaşıyorsun; buna yanıtın nedir, bunların arasındaki etkileşim nedir?

Joe: Öncelikle, senin de bildiğin gibi, yaşamındaki her şeyi sen kendine çekiyorsun. Burada herhangi bir terslik ya da çelişki yok. Ho'oponopono ile Çekim Yasası da aynı gerçeklik içinde çalışmakta.

Eninde sonunda, yaşamına bakarsan, orada yer alan her şey senden kaynaklanmakta, Çekim Yasası işlemekte. Bu yüzden her şey sana doğru geliyor.

Peki ama yaşamında ortaya çıkan şeyden hoşnut değilsen ne yapman gerekiyor? Bunu nasıl değiştirebilirsin? Ho'oponopono işte bunu silme tekniğidir. Ortaya çıkanlar arasında bulunan ve kendinize çekmeyi istemediğiniz şeylerle başetmek için onu kullanırsınız.

Şimdi bir sorun hayal etmeye çalışıyorum. Diyelim ki bir patronun çalışma arkadaşlarından biriyle bir sorunu var; Çekim Yasası açısından bunu çeken sizsiniz.

Biliyorum, kuşkucular şimdi, "Hayır, bunu ben yapmadım çünkü böyle bir şey hiç aklımdan geçmedi," diyecekler. Ama Çekim Yasası'nın daha derinine inersek, yaşamınıza çektiğiniz her şeyin bilinçdışı inançlarınızdan kaynaklandığını görürüz. Yani çektikleriniz bilinçli olarak hedeflediğiniz değil, bilinçdışınızda niyetlendiğinizdir o ve çoğunlukla bilinçdışınızda ne olduğunun farkında bile değilsinizdir.

Bu yüzden Ho'oponopono bu kadar önemli. Bilinçdışındaki olumsuzlukları arındırıyor. Bunlardan arındığınızda çekmemiş olmayı istediğiniz bir şeyi çekme olasılığınız daha azdır. İşte ikisi birlikte böyle çalışıyorlar.

Kory: Bunu gerçekten yapıyorlar; birbirlerini destekliyor gibiler. Yaşamınıza çektiğiniz her şey bilinçdışınızdan, bilinçdışınızdaki düşüncelerden kaynaklanıyorsa, o zaman bilinçdışınız ne kadar arınmış olursa istediğiniz şeyleri o kadar çok kendinize çekebilirsiniz.

Joe: Evet, kesinlikle. İlahi Varlık ile ne kadar uyum içinde olursanız yaşamdaki yolunuz o kadar düzgün olur. Çok daha esinlenme dolu bir yaşam sürersiniz.

Çevrenize baktığınızda kendinize çektiğiniz her şey bu yola uygun düşer. Ho'oponopono, Çekim Yasası'nın sizin için daha düzgün çalışmasını sağlamanın bir yoludur.

Kory: Harika. Sana bir başka sorum var. Birisi şöyle diyor: "Şu sıralar Mucizeler Kursu öğretisi üstünde çalışıyorum. Sizce bu öğreti ile Ho'oponopono birbiriyle uyumlu mu, eğer öyleyse bu ikisini yaşamınızla nasıl bütünleştirirsiniz?"

Joe: Bir keresinde Dr. Hew Len'e, Ho'oponopono ile birlikte diğer yöntemleri de kullanıp kullanamayacağımı sordum; bana "Eğer içinizden geliyorsa yapın," dedi.

Başka bir deyişle, eğer böyle bir önseziniz varsa, böyle bir dürtü hissederseniz, Mucizeler Kursu üzerinde çalışmak için esinlenme geldiyse ve kursu okurken zihninizin gerisinde, "teşekkür ederim; özür dilerim; lütfen beni affet; seni seviyorum" diyorsanız, bence Mucizeler Kursu'nun gücünü daha da artırmışsınız demektir.

Bu herhangi bir yöntem için de geçerlidir. İster Sedona Yöntemi, ister bir serbest bırakma tekniği ya da hipnoz veya herhangi başka bir yöntem olsun, bunların hepsi yaşamınızı zenginleştirmeye yardım etmek için var; bunlarla birlikte Ho'oponopono uygulamanız çok daha iyi sonuç verebilir. Peki, bunu nasıl yaparsınız? Bir yıl boyunca Mucizeler Kursu üstünde çalışır ve günlük alıştırmaları uygularken, bir yandan da Ho'oponopono uygulayarak "seni seviyorum; özür dilerim; lütfen beni affet; teşekkür ederim" dersiniz. Bence bu, mucizeleri kendinize çekmenizi hızlandıracaktır.

Kory: Bunu anlayabiliyorum çünkü bu tarz kursları izlerken genellikle kendimizi rahatsız hissettiğimiz yerlere ulaşıyoruz ya da bakmamızı, ilgilenmemizi gerektiren duygular ve başka bazı şeyler açığa çıkabiliyor. Oysa şimdi, böyle şeyler ortaya çıktığında ve biz bunlar karşısında ne yapacağımızı bilemeyip kızgın ya da üzgün hissetmeye başladığımızda ne yapmamız gerektiğini biliyoruz. Şimdi başvurabileceğimiz bir şey var.

Joe: Bu her zaman işe yarayan güzel bir yöntem.

Kory: Sıfır Noktası'na ulaştığını nasıl fark ediyorsun? Bu konuda bazı fikirlerin var mı?

Joe: Evet, bu konuda bazı şeyler düşünüyorum ama bunları nasıl anlatıp açıklayacağımı bilemiyorum. Bu konuyu açıklamak için daha önce beyaz tahta imgesini kullandım. Bunu en son konuşmalarımda yaptım; sanıyorum Zero Limit etkinliklerinde de bundan söz ettim.

Birkaç ay önce bir grup dönüşüm liderine bir konuşma yaptım. Orada sahneye bir beyaz tahta koydurdum. Tamamen bembeyazdı. Ona baktım ve insanların konuşmamı dinlerken gözlerinin önünde bir beyaz tahta canlandıracaklarını umdum. O tahtanın üzerinde hiçbir şey yoktu, tümüyle beyazdı. Sonra katılımcılardan kendimizi iyileştirecek ya da arındıracak veya geliştirecek tüm kişisel gelişim yöntemlerini saymalarını istedim; bunları tahtaya yazmaya başladık.

Bu, tahta tümüyle kararıncaya kadar dakikalarca devam etti. Tahtaya baktık ve ben şöyle dedim: "Peki, beyaz tahtaya ne oldu? Şimdi o, bizim o beyaz tahtaya ulaşmamıza yarayacağını düşündüklerimizle kaplanmış durumda."

Beyaz tahta benim Sıfır Noktası benzetmemdir. Saflıktan başka hiçbir şeyin bulunmadığı ancak sevgi olarak tanımlanabilecek duygudan başka hiçbir duygunun var olmadığı yer ve esinlenmeler bu Sıfır Noktası'ndan, bu beyaz tahtadan size ulaşır.

Şimdi, bununla ilgili sorun ve aynı zamanda onu açıkladığım zaman bile Sıfır Noktası'nın ne olduğunun anlaşılamayışının nedeni insanların kendilerine bununla ilgili sorular sorması, bu konuda yorumlar yapması, bunu sevmeleri ya da sevmemeleri ya da beyaz tahtaya yazılmış başka şeyler imgelemeleridir. Beyaz tahtanın üstündeki her şey; bilinçdışımızdaki tüm düşünce ve inançlar, bizim Sıfır Noktası'na erişmemizi engeller. Bu yüzden bunların hepsini sildiğinizi düşler ve bir kez daha beyaz tahtanın başına geçerseniz, olağanüstü bir huzur hissedersiniz. Arınmayı ne kadar sürdürürseniz Sıfır Noktası'na o kadar yaklaşırsınız ve bir kere bunun tadını almaya başladığınızda, o zaman bu Budha bilgeliğidir, bu aydınlanmadır, bu Satori deneyimidir.

Kanımca bizler bilmeden bunun peşindeyiz, bizi mutlu kılacak bir şeyin peşindeyiz; özlediğimiz mutluluğun şu anda tüm düşünce, duygu, beklenti ve tutkuların altında yattığını bilmeden. Hâlbuki o tam orada. Dolayısıyla, siz de ben de ne kadar Ho'oponopono uygularsak oraya o kadar yaklaşmış oluruz. İşte bu iki önemli nedenden dolayı herkesin bu uygulamayı yapması gerektiği kanısındayım, özellikle de hiçbir maliyeti olmadığı için. Tümüyle ücretsiz ve basit. YALNIZCA dört cümle; hemen başlayabilirsiniz.

Kory: Dünyanın her yerinde insanların takip edebileceği pek çok manevi gelenek var, Budizm, Şintoizm ya da yolunuz sizi her neye götürüyorsa o ama Ho'oponopono'yu keşfettikten sonra ondan vazgeçemiyorum. Bu öylesine büyük bir boşluğu dolduruyor ki... Sen de böyle mi hissediyorsun yoksa onu ruhsal yolculuğunun bir bölümü olarak mı görüyorsun? Ho'oponopono ruhsal yolculuğunun neresinde yer alıyor?

Joe: Ona en çok ben minnet borçluyum. Ayrıca Dr. Hew Len'e, Ho'oponopono'ya, bunu öğrenişime ve bunu paylaşabilmeme de minnettarım. Sanırım biliyorsun, şimdiye dek 53 kitap yazdım ama yayınlandıktan sonra tekrar okuduğum tek eserim *Zero Limit* oldu.

Kory: Sahi mi?

Joe: Evet ve bunu kısa süre önce yaptım. Bir konuya bakmak için elime aldım ve büyüsüne kapılarak tümünü okudum. Kaç yazarın kitaplarını yeniden gözden geçirdiğini bilemiyorum ama ben bunu asla yapmazdım. Ama *Zero Limit*'i okudum ve sanki her şeyi yeniden yaşadım. Ho'oponopono'yu duyuşum, Dr. Hew Len'i buluşum, onunla ilk maceram ve daha sonraki harika sohbetlerimiz.

İşte böyle. Kitabı elimde tutuyor ve gülümsüyorum, bu benim minik bebeğim; bu kitabı çok seviyorum. Dolayısıyla gururluyum, esinlenmiş ve minnettarım; belki en uygun düşen sözcük minnettarlık. Bunu öğrendiğim için, bundan yararlandığım için ve daha da önemlisi, bunu paylaştığım için minnettarım.

Kory: Yaşamında bu kitabı yazmaya, seminerler düzenlemeye ve öğrendiklerini paylaşmaya zaman ayırmanı takdir ediyorum. Şimdi bir de *Zero Limit III*'ü *online* formatta piyasaya çıkarıyorsun. Bence, dünyanın dört bir yanındaki insanların bundan yararlanması kolaylaşacak.

Joe: Buna bayılacaklar.

Kory: Bence de, size ulaşması için beklemeniz gerekmiyor, bilgisayarı açıyorsunuz ve hemen izleyebiliyorsunuz. Her şey orada; o hafta sonunun tamamı orada, ayrıca pek çok seminere katılmış olmama rağmen bu benim izlediğim en büyüleyici seminerlerden biri. Bunu ailem de izledi ve izlettiğim herkes bundan gerçekten hoşlandı. Yani Ho'oponopono'ya böyle ulaşmak bizim için büyük bir aşama.

Joe: İnsanların bunu izlemesi harika olacak çünkü her şeyden önce Dr. Hew Len'i iş başında görmek büyük bir zevk: Hem eğlendiriyor hem de çok içten. Ayrıca katılımcıların sorduğu epeyce soru var, çoğunu hatırlamıyorum bile. Ben bir tür çömezim orada; ona destek olmak için orada bulunuyorum ama o gerçek bir guru ve konuyu ondan dinlemeyi istiyoruz.

Çok fazla bilgi, esinlenme içeriyor ve sanırım insanlar bunu birkaç kez izlemek isteyecekler. Ben bu etkinliği tekrar tekrar aklımdan geçiriyorum; çok güzeldi.

Kory: Kesinlikle. Pekâlâ, Joe, zaman ayırdığın için çok teşekkür ederim. Birçok soruyu yanıtladın, bana ve bizi dinleyen herkese Ho'oponopono'nun ne olduğu ve onu nasıl kullanabileceğimiz konusunda çok daha net bir resim çizdin. Ben bunun herkes için bir armağan olduğuna inanıyorum. Bu yüzden sana çok teşekkür ederim.

Joe: Asıl ben sana soruların ve buna ayırdığın zaman için teşekkür ederim. Bizi dinleyen herkese bol şanslar. Sizi seviyorum, özür dilerim, lütfen beni affedin, teşekkür ederim.

Kory: Teşekkür ederim, Joe. Kendine iyi bak; en iyi dileklerimle.

EK D

Zero Limit Soruları ve Yanıtları

Ho'oponopono hakkında çok sayıda insan epeyce soru sorduğu için bunlara burada yer vermek iyi olacak. Dr. Hew Len'in sık sık işaret ettiği gibi, zihin çok meşgul bir oluşumdur. Aynı soruları sorar ve farklı yanıtlar bekler. Bunu anımsatırken niyetim kelime oyunu yapmak değil, en sık sorulan sorulardan bir kısmını daha benim verdiğim yanıtlarla birlikte buraya alıyorum.

S: Cümlelerin hiçbir zaman aynı sırayı izlemediği dikkatimi çekti. Birileri sıralamanın önemli olduğunu söylüyor, birileri de olmadığını. Yanlış bir şey yapmaktan korkuyor, yanlışımın sonucu olumsuz etkilemesinden endişe ediyorum. Sıranın önemi var mı?

C: Cümleleri hangi sırayla söylediğinizin önemi yok. Önemli olan onları söylemek. İçinizden geldiği gibi davranın ve hangi sıra size daha doğruymuş gibi geliyorsa onu izleyin. Duygularınızın sizi yönlendirmesine izin verin. Son Zero Limit etkinliğinde Dr.

Hew Len bunlardan YALNIZCA ikisini kullandı: "Seni seviyorum" ve "Teşekkür ederim." Cümlelere takılıp kalmak da arınmanızı gerektiren bir başka durumdur. Bu cümleler sizin Sıfır Noktası'na ulaşmanıza yardımcı olacak bir arınma aracından ibaret. Hepsi bu. Yanlış yapma korkusu da arınılması gereken bir konu. Benim "Seni Seviyorum" isimli kaydımda bile cümlelerden biri eksik ama yine de bir arınma aracı olarak işe yarıyor: http://www.milagroresearchinstitute.com/iloveyou.htm.

S: Arınırken bunları kime söylüyorum? Kendime mi? Hakkında arınma yaptığım kişiye mi? Kafam karıştı.

C: Bunu hiçbir zaman öteki kişiye söylemezsiniz. Sizin yaptığınız, sorunun dışarıdan kaynaklandığı görüşünde olan yanınızı arındırmak. Bunu başka biri ya da başka bir şey için yapmıyorsunuz. Yineleyelim, dışarıyı değiştirmek peşinde de değilsiniz. Siz iç dünyanızı değiştirmek istiyorsunuz. Arındıran cümleleri de bu amaçla kullanıyorsunuz. Siz İlahi Varlık'a hitap ediyorsunuz; başka birine değil.

S: Bir sorunum olduğunda arınırken o soruna ya da kişiye mi odaklanmalıyım? Oğlumun bir sorunu varsa ve ben onun için arınmak istiyorsam, bunu yapmama izin vermediği takdirde onun kişisel yaşamına müdahale etmiş oluyor muyum?

C: Bu bir önceki soruya benziyor. Bir kez daha belirteyim, siz öteki kişiye odaklanmıyorsunuz. Kendinize odaklanıyorsunuz. Sorun dışarıda bir yerde değil, içinizde. Sorunu yaşarken ona odaklanıyorsunuz. Dr. Hew Len'in sıklıkla söylediği gibi, "Bir sorununuz olduğunda kendinizin de orada bulunduğunu hiç fark ettiniz mi?" Sorun *sizin* içinizde. Oraya odaklanıp arınmayı da oraya yönlendiriyorsunuz. İlahi Varlık'tan dışarıya bakıp sorunu görürken içinizde hissettiğiniz enerjiyi ortadan kaldırmasını istiyorsunuz.

S: Bütün ömrüm boyunca hiç durmadan arınmak zorunda mıyım? Bu son derece yorucu ve çok zor bir işmiş gibi görünüyor. Başka bir yolu var mı?

C: Dünyada o kadar çok veri –programlanma, inanç ve olumsuzluk– var ki mücadelemiz yaşam boyu sürüyor. Evet, arınmaya devam etmek zorundasınız ama aslına bakarsanız içinizden "seni seviyorum" ve "teşekkür ederim" demek ne kadar zor olabilir ki? Ayrıca son Zero Limit III etkinliğinde Dr. Hew Len bize bunun kestirme yolunu öğretti. İçinizdeki çocuk tüm verileri sizin bilinçdışınızda tuttuğundan, eğer ona arınmayı öğretirseniz, bilinciniz arınmayı unutur ya da biraz mola verme gereğini duyarsa, içinizdeki çocuk 7/24 bunu sürdürebilir.

(Bakınız: Ek E)

S: Eğer tek ihtiyacım olan o dört cümle ise insanların satıp kazanç sağladıkları tüm o Ho'oponopono ürünleri ne işe yarıyor? Bana sorarsanız, maneviyat üzerinden para sağlamak sinir bozucu ve benim Ho'oponopono'nun doğruluğunu sorgulamama yol açıyor. Lütfen bunu yanıtlar mısınız?

C: İnsanların maneviyat üzerinden kazanç sağladığı düşüncesi paranın kötü olduğu izlenimini oluşturuyor. Para kötü bir şey değildir. Aslında para nötrdür. Hatta para manevidir. Bu konuda ses kaydı formatında geniş kapsamlı bir kurs hazırladım (*The Secret to Attracting Money*). Eğer her şey İlahi Varlık'tan geliyorsa, para neden istisna olsun? O ürünler size yardımcı olmak için var. İstemiyorsanız satın almazsınız. Başkaları kendinizi iyi hissetmenize, arınmanıza ve daha mutlu olmanıza yardım etmek için birtakım ürünler yaratıyorsa bunu yargılamak mı gerekiyor? Onlar size hizmette bulunuyorlar. Bunu kötü ya da manevi değerlerden uzak olarak yargılamak, arınılması gereken kısıtlayıcı bir inanç gibi görünüyor. Kulağa aşırı ahlakçılık gibi geliyor. Üstelik, Dr. Hew Len bile birtakım ürünler satıyor, neredeyse bütün Ho'oponopono öğretmenleri de. Bu konuda arınma yapacağım.

S: Arınmayı başkalarına nasıl öğretebiliriz?

C: Öğretemezsiniz. Kimsenin arınma ile ilgili bir şey öğrenmesi gerekmiyor. YALNIZCA sizin bilmeniz gerekiyor. Dr. Hew Len son 25 yılını kendini arındırarak geçirdi. Açık açık yaşamının nedeninin arınmak olduğunu söylüyor. Bunu başkasının da yapmasının sakıncası yok. Etkinliklerde en çok duyduğum, bir sorunu dinleyen kişinin diğerlerine "bununla ilgili arınmalısın" önerisinde bulunması. Yanlış. Bir sorunu öğrendiğinizde onunla ilgili arınma yapacak olan *sizsiniz*. YALNIZCA hemen arınmaya başlayın. Aslında asla bir başkasına bu konuda arınma yapmasını söylememelisiniz. Duyduğunuz ya da yaşadığınız her şeyle ilgili arınmak sizin işiniz.

S: Ben bir Zero Limit etkinliğine katıldım ama hâlâ anlayabilmiş değilim; bunun amacı ne?

C: Temel olarak, bu İlahi Varlık'a geri dönüşle ilgilidir. *Uyanış Kursu* isimli radyo programımda farkındalığın dört evresi olduğunu söylerdim. Çoğu insan birinci evreyi aşamıyor (mağduriyet). *Secret* ve *Pusula* gibi filmler sayesinde birçok insan ikinci evreye geçebiliyor (güç kazanma). *Zero Limit* kitabı sayesinde bazıları üçüncü evrenin farkına varıyor (teslimiyet) ama bir de dördüncü evre var. Bu, İlahi Varlık'ın farkına vardığınız evre. Burada İlahi Varlık bilinçli olarak sizin aracılığınızla soluk alıp veriyor. Zero Limit sizinle İlahi Varlık (Sıfır Noktası) arasında yer alan tüm verileri (ya da aklınızdan geçenleri) temizlemenin bir yoludur. Amacı ne mi? Zihninizdeki parazitleri temizleyerek İlahi Varlık'ın sizin içinizde farkındalık ve sevgi ile yaşamasını sağlamak. Buraya ulaşmak için daha yapacak çok işimiz var, bu yüzden arınmaya devam edin.

S: Zero Limit seminerleri ile temel ve ileri düzeydeki Ho'oponopono kursları arasında ne fark var? Bir sonraki sınıfa geçmeden önce bunlardan herhangi birine katılmak zorunda mıyım? Eğer bu bilgiler özelse, bu sırların bir kısmını *Zero Limit* kitabında açıklamanıza ya da Zero Limit etkinliklerinin kayıtlarını yayınlamanıza neden izin veriliyor?

C: Bir Zero Limit etkinliği ile bir temel Ho'oponopono etkinliği arasındaki fark şu: Zero Limit'te öğretmeniniz ben oluyorum. İleri düzeydeki Ho'oponopono kursuna geçmeden önce en az iki yıl temel Ho'oponopono kursuna devam etmeniz ve öğrendiğiniz yöntemleri uygulamanız gerekiyor. Bir kısım bilgileri açıkladım çünkü Dr. Hew Len bana bunun için izin verdi. Ne de olsa o *Zero Limit*'in ortak yazarı ve Ho'oponopono'nun baş öğreticisi. Bana bir kitap yazabileceğimi, radyo programlarını ya da DVD'leri yayınlayabileceğimi söylerse tabii ki bunu yapabilirim.

S: "Özür dilerim!" Bu bir özür dileme mi yoksa üzüntü ifadesi mi? Evrende her şey mükemmelken üzgün olmamı gerektiren ne olabilir ki? Ben bunu söylemek zorunda kalmaktan hoşlanmıyorum.

C: Bilinçsiz olduğunuz için "Özür dilerim" ve "Lütfen beni affet" demek zorundasınız. Bunun pişmanlık, suçluluk, utanç duymak ya da kabahatli olmakla hiçbir ilgisi yok; tümüyle uyuyup kalmış olmanızla ilgili. Bir mağazada biriyle çarpışınca "Özür dilerim" dersiniz. Neden? Bir hata yaptığınız için. Bilinçli değildiniz ve farkında olmadan bir şey yaptınız.

İlahi Varlık'a hitaben bu cümleleri söylediğinizde, O'na bilinçli davranmadığınızı bildiriyorsunuz. Bağışlanmak sahip olduğunuz en güçlü değişim aracı. Eğer bilinçsiz olduğunuz için af dilemeye istekli değilseniz, belki de İlahi Varlık'ın başka alanlarda da yaşamınıza akmasını engellemektesiniz.

Bütün bunların ardından şunu ekleyeyim, bir keresinde Dr. Hew Len'e insanlar "Özür dilerim" demekten yakındıklarında onlara ne demem gerektiğini sormuştum. "Onlara bunu söylemek zorunda olmadıklarını söyle," demişti.

EK E

Dr. Hew Len İçinizdeki Çocuğu Ziyaret Ediyor

Üçüncü Zero Limit etkinliğinde Dr. Hew Len bize içimizdeki çocukla tanışmamız için bir meditasyon yaptırdı. Bunun tamamını aşağıda veriyorum.

Nasıl işlediğini öğrenmeniz gereken bir yanınız var, buna bilinçdışı diyoruz. Şimdi sizi ona götüreceğim. Lütfen gözlerinizi kapayıp gevşeyin. Bu varoluştaki en önemli ilişkidir. Diğer tüm fiziksel ilişkilerinizden daha önemlidir. Dolayısıyla, gözleriniz kapalı şekilde biraz gevşerseniz sizi benim çok önemli bulduğum ve anne ile çocuk arasındaki ilişki adını verdiğim, bilinç ile bilinçdışı arasındaki bu ilişkiye götüreceğim.

Burada anne, zihnin bilinç dediğimiz bölümüdür ve çocukla ilgilenme ya da onu görmezden gelme seçeneklerine sahiptir. Bu yüzden şimdilik bilincin yaratılışın anne görünümü, bilinçdışının da çocuk olduğu terminolojiyi bir yana bırakalım ve çocuğun varoluştan bu yana bütün anılara sahip olduğunu ve bu yükü taşıdığını düşünelim. Yük onun omzundaydı.

Dolayısıyla, eğer siz depresyondaysanız, bu depresyon onu deneyimlemekte olan çocukta baş gösteren bir kızışmadır. Bu nedenle, bu ilişkinin iyi yürümesini istiyoruz. Bu yüzden yapmayı istediğiniz ilk şeyi yavaş yavaş yapmalısınız. İlk yapmanız gereken, çocuğa, "Ah, yaradılıştan bu yana ilk kez, senin içimdeki varlığını fark ediyorum," demektir.

Demek ki yapmanız gereken ilk ve en önemli şey içinizdeki çocuk denilen bu varlığın farkında olmaktır. Bu çocukla konuşuyor ve, "Vay canına! İlk kez senin benden bir parça olduğunu fark ettim," diyorsunuz. Bundan sonra söylemeniz gerekense son derece basit bir şey: "Seni seviyorum, seni seviyorum."

Ve sonra tüm incinme ve acıların bu çocuk tarafından biriktirilen veriler olduğunun farkına varır ve çocuğa YALNIZCA şunları söylersiniz: "Özür dilerim. Onca üzüntü, keder ve acıyı yaşamana yol açan bütün bu birikmiş anılar için lütfen beni affet." Böylece o çocukla konuşmakta ve onun yaşadığı, sizin oluşturduğunuz, kabullendiğiniz, biriktirdiğiniz ve gidermek istediğiniz acıların bütün sorumluluğunu üstlenirsiniz.

Buradaki en basit süreçlerden biri çocuktan izin istemektir. Sizin yapmak istediğiniz de bu. Çocuğa, "Lütfen, lütfen sevgi ve ilgiyle başını okşamama izin ver," dersiniz. YALNIZCA konuşun onunla. "Lütfen bunu yapmama izin ver." Ve bunu yapın. Hiçbir şey düşlemek zorunda değilsiniz, YALNIZCA bunu yapın.

Kendinizi bir çocuğun başını okşarken gözünüzün önüne getirin. Çocuğun başını okşarken ona, "Seni seviyorum. Şimdi içinde birikmiş bütün acılar için beni affet. Özür dilerim," diyorsunuz. Bir kez daha yineliyorum, bu en önemli ilişkidir çünkü bu çocuğa nasıl arınacağını öğretebilirsiniz. Çocuğu otomatiğe bağlayabilirsiniz ama onun varlığını kabullenmez ya da ona gerçekten ilgi göstermezseniz bunu yapmayacaktır.

Şimdi onun başını okşuyor ve, "Seni seviyorum. Benim bir parçam olduğun için teşekkür ederim ve seni ihmal ettiysem özür dilerim. Belki seninle yeterince ilgilenmedim. Senden çıkarlarım için yararlandıysam, özür dilerim," diyorsunuz. Sonra da bir tür envanter çıkarıyorsunuz. Tüm anıların sorun olarak ortaya çıktığı çocukla konuşuyor ve ona şöyle diyorsunuz: "Eğer sakıncası yoksa, bunlardan kurtulmama yardım et." Böylece başınız ağrıyorsa başınızın tepesinden başlarsınız.

Sırtınız ağrıyorsa bedeninizden aşağı çalışırsınız. Bir döküm çıkarır ve çocuğa şunu söylersiniz: "Ah, başım ağrıyor. Lütfen buna yol açan anıları yok et. Bunların hangi anılar olduğunu bilmiyorum. Hatta bunların hangi anılar olduğunu bilmek istemiyorum ama sen biliyorsun." Şimdi bunları süper bilincimizle İlahi Varlık'a sunabiliriz. İlahi Varlık'tan bunları özgür bırakmasını dileyebiliriz.

Bunu yaparken başınızı son derece şefkatle okşamaktasınız. Şimdi çocuktan onu nazikçe kucaklamak için izin isteyeceksiniz, hoyratça değil. Hoyrat bir kucaklama çocuğu ürkütür, bu yüzden ona, "Seni şefkatle kucaklamama izin ver," diyorsunuz. Sonra bunu yapıyorsunuz. Çocuğu şefkatle kucaklayın. Çocuğu kollarınızın arasına alın ve onunla konuşun, "Benim bir parçam olduğun için teşekkür ederim. Seni seviyorum ve acı ve ızdırap çekmene yol açan tüm birikmiş anılar için özür diliyorum. Lütfen, lütfen beni affet."

Bunu yaptıktan sonra, çocuktan size elini vermesini istiyorsunuz. "Lütfen bana elini ver ki onu şefkatle tutayım." Eli sevecenlikle okşuyorsunuz. "İstediğin elini ver bana lütfen."

Böylece zihninizden o ele uzanıyor, nazikçe tutuyor ve okşuyorsunuz ve bir kez daha çocuğun sizin bir parçanız olduğunu dile getiriyorsunuz: "Ah, benden bir parça olduğun için sana teşekkür ederim. Bugüne kadar seni pek önemsemediğim için özür dilerim. Lütfen, lütfen beni affet. Seni seviyorum."

Sonra başka bir envanter çıkarıyorsunuz. Bunu mali açıdan yapmak isteyebilirsiniz. Çocuğa şöyle diyorsunuz: "Pekâlâ, sorun olan YALNIZCA anılar. Bunlardan kurtulmanı istiyorum. Lütfen bunlardan kurtul." Sonra da döküm çıkarıyorsunuz. Şu anda yaşamakta olduğunuz mali konular her neyse. Vergi konuları üzerinde durmak isteyebilirsiniz. Eve gelen haciz ya da benzeri konular olabilir.

Konuşmaktasınız çünkü sorun haciz değil. Sorun mali değil. Burada acıları asıl depreştiren anılar. Ruhunuzun ipotek altında olması ve siz ipoteğe sıkıca tutunmuş olan çocuğun bunu salıvermesini istiyorsunuz. "Lütfen salıver gitsin. Bankadaki paramızdan fazlasını harcadık," ya da, "Para konusunda yanlış davrandık. Para ile ilgili, mali konularla ilgili, arazi konularıyla ilgili yanlış davranışlarımız nelerse, o anıları salıver, lütfen."

Sonra çocuktan diğer elini vermesini istiyorsunuz. "Lütfen bana öteki elini ver." Sonra hayalinizde öteki eline uzanıyor, onu nazikçe tutuyor ve okşuyorsunuz. Şunu açıkça kavramanızı istiyorum; bütün sorunların biriktiği yer bu çocuktur. Bu yüzden onunla iyi ilişkiler oluşturmak istiyorsunuz ki bir şeylerden kurtulsun ve işi Tanrı'ya bıraksın.

Bu yüzden onu kucaklıyor, elini okşuyor, sonra kendinize bakıyor ve içinizde belli insanlarla sorun yaşamanıza yol açan neler olup bittiğinin envanterini çıkarıyorsunuz. Yani yaşamınızdaki sorunlardan söz ediyor ve şöyle diyorsunuz: "Pekâlâ, hangi anıların söz konusu olduğunu bilmiyorum ama falanca kişiyle birlikteyken sıkıntılı ve gergin oluyorum, buna neyin yol açtığını bilmiyorum ama bu benim içimdeki anılardan kaynaklanıyor, onun için lütfen onları salıver."

Bir anı bankası olan çocukla konuşuyorsunuz. "Lütfen salıver." Bu yüzden anne ile çocuk arasındaki bu ilişki en önemli olandır ve tüm varoluşun özüdür. Eğer anne çocuğun gönlünü kazanırsa özgür olacaktır. Çocuk onun arınmasına yardım edecek, salıvermeye istekli olacak ve onu, "Oluyor. Ha gayret!" diye yüreklendirecektir.

Çok teşekkürler. Şimdi çocuktan omuzlarını tutmak için izin isteyeceksiniz. "Lütfen omuzlarını tutmama izin ver." Böylece onun omuzlarına uzanacak ve yeniden sohbete başlayacaksınız. Bu sohbet sevgi konusunda olacak. Çocuğun varlığını tanıma konusunda. "Seni seviyorum. Teşekkür ederim, çok teşekkür ederim, benim bir parçam olduğun için teşekkür ederim. İçimde olduğun için çok minnettarım ama ezelden beri sana gerekli ilgiyi göstermemişim. Seni görmezden geldiğim, ilgilenmediğim, sana büyük zarar verdiğim, seni acı ve üzüntüye boğduğum için lütfen beni affet. Özür dilerim. Seni seviyorum. Benim bir parçam olduğun için teşekkür ederim."

Sonra omuzlarına uzanıyorsunuz. Şöyle diyorsunuz: "Lütfen omuzlarını tutmama ve sana sınırsız sevgi vermeme izin ver." Eğer bir iş ortağı arıyorsanız, çocukla oluşturduğunuz bu ilişki var olan en iyi iş ortaklığıdır.

Eğer anne ile çocuk arasında bu ilişki kurulabilirse, bu her alanda işe yarayacaktır. Şimdi onun omuzlarını tutuyor, gözlerinin içine bakıyor ve itirafta bulunuyorsunuz: "Seni görmezden geldim. Sana acı ve üzüntü çektirdim. Özür dilerim. Lütfen, lütfen beni affet. Seni seviyorum. Anıları salıvererek ikimizi de özgür kıldığın için teşekkür ederim. Artık sen ve ben el ele İlahi Varlık'a ve Amakua'nın aydınlığına doğru yürüyebiliriz."

Bunu sabah yapabilirsiniz. Akşam yapabilirsiniz. Yoğun programınız içinde birkaç dakika ayırıp bağlantı kurabilirsiniz. Yeniden bağlantı kurmaya istekliyseniz içinizdeki çocuk sizin ortağınız olacak. Şimdi yedi kez soluk alıp vereceğiz. İki ayağınız da yere bassın, başparmağınızı işaret parmağınızla birleştirin ve her iki elinizi dizlerinize ya da kucağınıza koyun ve nefes alıp verin.

Çocuk nefes alıp verme ve arınma sürecinin değerini bilecektir. İşte ilk soluk alıp verme yönteminiz. Nefes alırken yediye kadar sayıyorsunuz, yediye kadar sayarken nefesinizi tutuyorsunuz ve verirken de yediye kadar sayıyorsunuz, bir sonraki nefesi almadan önce tekrar yediye kadar sayıyorsunuz. Bunu yedi kez tekrarlayın lütfen.

Şimdi çocuğunuza bir isim verme konusundan bahsedeceğim. Dört olasılık var, sonra dört tane daha. Bu YALNIZCA bir öneri, tamam mı? İşte bilinçdışına verebileceğiniz bir isim; size bunu açıklayacağım, sonra da kendi başınıza bunu yapmanın yolunu bulmanız gerekecek.

Çocuğa verebileceğiniz ilk isim, Hawaii dilinde "güneş" anlamına gelen Kalā. Ka "belirtme sıfatı", lā da "güneş" demek. Bunu doğru telaffuz ettiğinizden emin olun. Bu dili bilen biriyle konuşurken bunu yanlış söylerseniz zor durumda kalabilirsiniz. "Kala" derseniz bu "para" demektir. "Kalah" derseniz bu "affetmek" demektir. Güneş Kalā'dır. Misyonerler ikinci "a"nın üzerine şapka geçirdi, buna uzatma işareti denir. Dolayısıyla bu Kalā olarak telaffuz edilir.

Bir başka olasılık, karşılığı "hayat" olan Keola'dır. Dolayısıyla yapmanız gereken şu; öncelikle içinizdeki çocukla çalışacağız, bu yüzden biraz gevşediyseniz gözlerinizi kapayın. Şimdi, bilinciniz durmadan konuşmaktayken, tüm anıları ve yükü taşıyan ve acı çeken içinizdeki bu çocukla sohbet edeceğiz. Bu nedenle, gevşeyin ve dikkatinizin dağılmaması için gözlerinizi de kaparsanız iyi olur.[7]

Önce bu çocuğa şunu söyleyeceğiz: "Aman Tanrım, hayatımda ilk kez 'senin' içimde olduğunun farkına varıyorum." Şimdi Unihiipili'nin, yani bilinçdışınızın ve benim çocuk olarak adlandırdığım şeyin varlığını fark edeceksiniz. YALNIZCA, "Aman Tanrım, ilk kez daha önce hiç dikkat etmediğim, ihmal ettiğim ve kendi yararıma kullandığım bir parçamın var olduğu gerçeğinin bilincine varıyorum ve çok özür dilerim," diyeceksiniz. Yani bu çocuğun varlığını kabulleniyor ve ona şunları söylüyorsunuz: "Seni seviyorum, seni seviyorum. Benim bir parçam olduğun için teşekkür ederim, çok teşekkür ederim ve bunu anlamakta bu kadar geç, bir ömür boyu geç kaldığım için özür dilerim ve şimdi 'senin' içimde olduğunu öğrendiğime göre senden sorumluyum. Seni bu kadar ihmal ettiğim için özür dilerim; lütfen beni affet. Seni böyle kendi yararıma kullandığım için özür dilerim, lütfen beni affet. Bütün fedakârlıkların için özür dilerim. Başkalarını senden fazla önemsedim."

Sonra çocuktan onun başını okşamak için izin isteyeceksiniz. "Lütfen sevgi, özen ve ilgi ile başını okşamama izin ver." Sonra bunu yaparak süreci başlatacaksınız. Hayalinizde çocuğun başını okşayın. Okşarken de onunla konuşun; o artık sizin ortağınız. Bu ortak olmadan, bu parçanızla ilişkiye geçmeden

---

7 Dr. Hew Len içinizdeki çocuk için diğer iki ismi açıklamadı. Benim tavsiyem içinizdeki çocuğun size bir isim önermesine olanak tanımanız.

ne kadar para kazanırsanız kazanın, her zaman mutsuz olursunuz; asla yeterli paranız olmaz. Kimlerle gezerseniz gezin, beni ilgilendirmez ancak bu çocukla iyi bir ilişki kurarsanız her şeye sahip olabilir, yeteri kadar para kazanabilir ve sizin için doğru ilişkiler kurabilirsiniz ama bunu bu çocukla birlikte gerçekleştirmek zorundasınız.

Evet, çocuğun başını okşuyor ve onunla konuşuyorsunuz. "Seni seviyorum; teşekkür ederim; şu anda yaşamakta olduğun tüm acı ve ızdırap için lütfen beni affet; böylece arınabileceğiz." Neyle karşılaşırsak karşılaşalım ona, "Seni seviyorum; teşekkür ederim" diyeceğiz; mavi buz, güneşte bırakılan mavi su, bunların hepsi temel araçlardır ve bir çocuğa bunu nasıl yapacağını öğretme sürecine başladığınızda, o bunu yapacaktır. Öte yandan o sizden bunu yapmanızı beklemektedir, bu bir; öğretmenizi beklemektedir, bu iki; sizin ne yapacağınızı ve arınmayı yapıp yapmayacağınızı görmek için beklemektedir.

Evet, onu şefkatle okşuyorsunuz ve sonra ona şöyle diyorsunuz: "Dinle, eğer sana verilmesini istediğin bir isim varsa bunun hangi isim olduğunu merak ediyorum." Sonra dört isimden söz ediyorsunuz. "İlk isim Kalā ve güneş anlamına geliyor. Bu iki isimden biri ilgini çekiyor mu? İki isim daha var, bu dört seçenekten birini isteyip istemediğini görelim. Diğer bir isim Keola ve 'hayat' demek. Bunlardan biri sana yakın geliyor mu? Gelmiyorsa söyle, o zaman başka isimler arayabilirim ya da sen bana hangi ismi istediğini söyleyebilirsin."

Zaten onu hazırlamış durumdasınız ama yine de ona soruyorsunuz, "Bir isim bulalım." Sonra ikinci sürece geçiyorsunuz; çocuğu şefkatle kucaklıyorsunuz, kısa süre önce şakacımızın dediği gibi sımsıkı sarılmıyorsunuz. Burada amaç izin istemektir.

"Lütfen seni şefkatle kucaklamama izin ver" deyip sonra bunu yapıyorsunuz. "Seni şefkatle kucaklıyorum."

Bilinçdışının özelliklerinden biri aklının olmayışıdır; tekrar söylüyorum, aklı yoktur. Dolayısıyla bir anı ortaya çıkarsa onu taklit eder. Bir esinlenme gelirse onu taklit eder, bu yüzden ona anı ile esinlenme arasındaki farkı algılamasında yardımcı olmanız gerekiyor. Bunu yapmanın yolu da YALNIZCA arınmadır. Çocuğa sarılıyor, onu kollarınıza alıyor ve "Seni seviyorum, seni seviyorum" diyorsunuz. Tüm kusurlarınızı itiraf ediyorsunuz, "Üzgünüm, seni ihmal ettiğim, kendi çıkarım için kullandığım ve seninle ilgilenmediğim için lütfen beni affet."

"Bu arada sana bir isim bulmamız gerek, bu yüzden hangi ismin uygun düşeceğine bir bakalım." İsmi seçen çocuk olmalıdır, anne değil. Bilinçli zihin YALNIZCA birtakım önerilerde bulunur ama kararı veren çocuk olmalıdır, bu arada siz zaten onunla konuşmaktasınız: "Bende şu dört isim var, belki başka isimler de vardır ama biz senin için bir isim arıyoruz."

Sonra çocuktan elini tutmak ve şefkatle okşamak için izin istiyorsunuz. Bu arada aklınızdan, "Hangi elini vermek istersen onu okşamama izin ver," diye geçiriyorsunuz ve sonra uzanıp elini alıyor, nazikçe tutuyor ve okşamaya başlıyorsunuz. Bu arada eğer başınız ya da sırtınız ağrıyor ya da buna benzer bir şey yaşıyorsanız, veriler su yüzüne çıkıyorsa, çocukla konuşun. "Özür dilerim, lütfen şu anda baş ağrıları ya da bedenindeki ağrılar olarak deneyimlediğin verileri yarattığım, benimsediğim ve biriktirdiğim için beni affet," diyerek YALNIZCA onunla konuşmaktasınız: "Bu sorunu deneyimlememiz için içimizdeki hangi bilgi gündemdeyse, lütfen salıver." Bunları salıverebilmenin yolu da bu bilgiye şunları söylemek: "Seni seviyorum; teşekkür ederim; mavi güneş suyu, lütfen beni affet; özür dilerim, mavi mısır unu." Tek yapmanız gereken şunu aklınızdan geçirmeniz, "Çilekler, yaban mersinleri" ve sonra çocuğa şöyle demek: "Artık bunu sen de söyleyebilirsin. Böylece eğer bir şey ortaya çıkarsa, bilincinde olmadığım milyonlarca şeyden biri belirirse, sen bizim için arınabilirsin, arınmayı sen yapabilirsin."

Böylece çocuğa nasıl arınılacağını öğretiyorsunuz ki sizin takıldığınız noktada o sizin yerinize arınmaya başlasın. Sonra çocuktan öbür elini tutmak için izin isteyin. "Şimdi lütfen öbür elini tutmama izin ver"; o eli nazikçe tutup şefkatle okşar ve aynı işlemi tekrarlarsınız. Bir kez daha onunla konuşursunuz. Eğer herhangi bir nedenle sıkıntıdaysanız, bu mali bir konudan ya da yoğun duygularla başa çıkmaktan kaynaklanıyor olabilir, çaresiz hissedebilirsiniz. Kendimi çaresiz hissettiğimde çocuğa "Ah, bunun nedeni YALNIZCA yeniden baş gösteren anılar," derim.

"Dolayısıyla içimizde kendini gösteren bilgi her ne ise, lütfen onu salıver. Ortaya çıkmasına izin ver ki onu dönüştürmesi için İlahi Varlık'a gönderebilelim." Şimdi siz çocukla sevecenlikle ve yalın biçimde konuşmaktasınız ve bu YALNIZCA bir veri. Onu bildiğinizi düşünerek çaresizliğe kapılmak istemiyorsunuz, YALNIZCA dile getiriyorsunuz. "Bir şeyler oluyor, içimizde birtakım bilgiler ortaya çıkarak bu sorunu yaşamamıza yol açıyor, onun için lütfen bunu salıver." Bunu salıvermek için, "Seni seviyorum ve teşekkür ederim" diyebilirsiniz, o zaman bu ortaklığı oluşturursunuz ve çocuk arınmanızda size yardımcı olacaktır, uyuyor ve birtakım düşler görüyor olsanız bile, konuşun ve ona, "Ah, bunu salıverebiliriz," deyin.

Şimdi de çocuktan omuzlarını tutmanıza izin vermesini istiyorsunuz. "Lütfen omuzlarını tutmama izin ver," ve çocuğun gözlerinin içine bakıp, "Seni seviyorum, benim bir parçam ol-

duğun için teşekkür ederim," der, sonra da çocuğa kurtulmak istediği herhangi bir şey, bilinçdışında keder, üzüntü ya da benzeri bir bilgi olarak yaşadığınız bir şey olup olmadığını sorarak şöyle diyebilirsiniz: "Bunu salıverebiliriz." Yeniden baş gösteren veri ya da bilgi her ne olursa olsun, depresyona girmenize ya da benzer bir durum yaşamanıza yol açar.

Sonra çocuğa yeniden anımsatırsınız: "Haydi, sana bir isim bulalım. Dört öneri var ama eğer aklında başka bir isim varsa bunu bana söyleyebilirsin. Lütfen bana kendin için en doğru olduğuna inandığın ismi söylemekten çekinme."

Şimdi bu konuda arınmaktasınız; çocuğa herhangi bir zorlamada bulunmayacak kadar arınmak durumundasınız çünkü çocuk kendi ismini seçmek zorundadır.

İşiniz bittiğinde çocuğa teşekkür ediyorsunuz. "Beni ziyarete geldiğin için teşekkür ederim; teşekkür ederim; teşekkür ederim. Bana gelmeye istekli olduğun için sana çok minnettarım. Seni seviyorum; seni seviyorum; seni seviyorum."

Şimdi yedi kez soluk alıp vereceğiz; her iki ayağınız yere bassın, iskemlenizde doğrulun, omurganız aileniz, akrabalarınız ve atalarınızdır, dolayısıyla nefes aldığınızda akrabalarınız ve atalarınız için nefes almış olacaksınız. Ayaklarınızı yere basın, eğer ayaklarınız yere ulaşamıyorsa onların yere bastığını hayal edin ki nefesiniz Tabiat Ana'dan, minerallerden ve hayvanlar âleminden gelsin. Parmaklarınız birbirine değsin, işaret parmaklarınız birbirine değecek şekilde elleriniz kucağınızda olsun ve sonra yedi kez nefes alıp verin. Nefes alırken yediye kadar sayın, sonra yediye kadar sayarken nefesinizi tutun ve nefes verirken yediye kadar sayın, bir sonraki nefesi almadan önce tekrar yediye kadar sayın. Lütfen bunu yedi kez tekrarlayın.

Bir yaz akşamı korkunç bir fırtına başladı ve bu fırtına sırasında bir anne oğlunu yatağına yatırmaktaydı. Tam ışığı söndürecekken oğlan hafifçe titreyen bir sesle, "Anne, bu gece benim yanımda yatar mısın?" diye sordu. Anne gülümsedi ve oğlunu yatıştırmak için kucakladı.

"Maalesef, canım," dedi. "Babanın odasında yatmak zorundayım."

Uzun bir sessizlik oldu sonra küçük, titrek bir ses duyuldu: "Koca korkak."

EK F

Ho'oponopono Ayrıntılı Açıklama Listesi

Yazan: Saul Maraney[8]

- Bir sorun fark ettiğimde, KENDİME şöyle sorarım: "İçimde ne oldu da buna sebep oldu? Ve İÇİMDEKİ bu sorunu nasıl düzeltebilirim?"
- Benim işim kendimi arındırmaktır. Kendimi arındırırken dünya arınır çünkü ben dünyayım. BENİM dışımdaki her şey bir yansıma ve yanılsamadır.
- BENİM içimde deneyimlediğim her şeyi İlahi Varlık ile bağlantı kurarak düzeltmek benim sorunluluğumdur. İlahi Varlık'ın dışarıdaki her şeyi düzeltmesi için ona "seni seviyorum" derim.
- Ben BENİM anılarımı arındırıyorum.

- BENİM içimdeki acı, ORTAK bir anıdır. (Dr. Hew Len hastalarının davranışlarının bir programdan kaynaklandığını biliyordu. Kontrol onların elinde değildi. Onlar bir program içinde tıkılıp kalmışlardı.) Bir sorunun varlığını hissedince arınırım.
- Ben BENİM bilinçdışımda depolanmış eski anıları temizliyorum.
- İlahi Varlık'a hitaben AKLIMDAN sürekli tekrarladığım dört cümle zihnimdeki gevezeliği durduruyor:

  1. Seni Seviyorum.
  2. Özür dilerim.
  3. Lütfen beni affet.
  4. Teşekkür ederim.
- Neyin anı, neyin esin olduğu konusunda hiçbir fikrim bulunmadığından, her şeyle ilgili sürekli arınıyorum.
- Zihinlerimizin dünyaya baktığı görüş alanı çok ufaktır.
- Bizler bilinçli olarak ne yapacağımıza karar vermeden ÖNCE, beynimiz bize ne yapmamız gerektiğini söyler. Bu da niyetlerin BENİM bilinçdışımdan geldiğini, SONRA bilinçli farkındalık alanıma ulaştığını gösteriyor.
- Çok sayıda deney, yanılma payı olmaksızın beyindeki bir eylem dalgasının niyetten saniyenin 1/3'ü kadar ÖNCE başladığını ortaya koymaktadır.
- BENİ harekete geçiren sinyalin kaynağını kontrol EDEMEDİĞİM kanıtlanmıştır.
- HİÇBİR niyet bilinçte oluşmaz.
- Niyetler önsezidir: Onlar, gerçekleşmek üzere olabilecekleri belirtmek üzere bilincin bir köşesinde parıldayan ikonlardır.
- Niyetlerin kesinlikle BENİM seçimim olmadığının farkına vardım.
- BENİM yaşadıklarımı YALNIZCA iki kanun etkiler: İlahi Varlık'tan gelen esin (yeni) ve bilinçdışımda biriken anılar (eski).

- Sıfır Noktası BENİM ve İlahi Varlık'ın yuvasıdır. Burası tüm nimetlerin, zenginliğin ve huzurun akıp geldiği yerdir.
- Ben esinlenmeyi görmezden geliyor ve Kaynak'a yöneliyorum: Sıfır Noktası'na.
- KENDİ endişelerimle ilgili olarak seviyor, affediyor ve teşekkürlerimi sunuyorum.
- BENİM anılarımın arınmasıyla, İlahi Varlık'ın bana esin verme şansı doğuyor.
- Para kaygıları YALNIZCA anıların tekrarlanmasıdır. Bu anılar Sıfır Noktası'nın (BENİM) yerini oynatırlar. Sıfır Noktası'na geri dönmem için, İlahi Varlık'ın BENİM para kaygılarımın gerisindeki anıları silmesi gerekir.
- Para kaygıları bir programdır.
- Anılarla ilgili sorunları yok etmek için onlardan arınıyorum. Yeniden huzura kavuşuyorum.
- Niyet, esinlenmeyle kıyaslandığında, eski bir paçavradır.
- Esinlenmeye teslim olurum.
- Esinlenme, birkaç saniye içinde, birdenbire gelir.
- Esinlenmeden kaynaklanan fikirleri kabullenirim.
- Niyet belirtmek yerine fırsatları yakalarım.
- Zero Limit'i olan Sıfır Noktası'ndan geldiğimde niyetlere ihtiyacım olmaz, YALNIZCA gelen esinlenmeler doğrultusunda harekete geçerim ve mucizeler gerçekleşir.
- Özgür irade, bir şey yapma dürtüsünü hissetmemden SONRA –bunu yapmamdan ÖNCE– söz konusudur.
- İster esinlenmeden, ister anılardan kaynaklanmış olsun, bütün düşüncelerimi SÜREKLİ arındırırsam, o an için doğru olanı seçebilirim.

- Para sorunları BENİM anılarımdaki programlardır, İlahi Varlık'tan gelen esinlenmeler değil.
- Eriyip gitmeleri için, KENDİ anı programlarımı sevmem gerekiyor; bu olduğunda, geride YALNIZCA İlahi Varlık kalır.
- Gördüğüm ve yaşadığım her şey BENİM içimdedir.
- Eğer bir şeyleri değiştirmek istiyorsam bunu KENDİ İÇİMDE yapmalıyım.
- KENDİ hayatımın tamamından %100 ben sorumluyum.
- Ne zaman bir sorunum olsa, ben de hep oradayım.
- İnsanların bir anı/program gereğince davrandıklarını anlıyorum. Onlara yardım etmek için programı ortadan kaldırmak zorundayım. Ve bunu yapmanın tek yolu arınmak:
  - Seni seviyorum
  - Özür dilerim
  - Lütfen beni affet
  - Teşekkür ederim
- Doğru yapıyorum.
- Dengesizliğe yol açan acı verici düşüncelerin (anıların) enerjisini SALIVERİYORUM.
- Tüm sorunlar BENİM İÇİMDE çözülüyor.
- KENDİ anılarımı ve programlarımı siliyorum.
- BENİM hayatımda ortaya çıkan her şey YALNIZCA benim programlarımın bir YANSIMASIDIR.
- Her şey hizalanmış durumda:
  - Bilinçdışı (Çocuk)
  - Bilinç (Anne)
  - Bilinç üstü (Baba)
- Bütün düşünceler acı veren anılarımız aracılığıyla bize aşılanır.

- Zihin tek başına çalışarak bu sorunları çözemez çünkü zihin YALNIZCA yönetir.
- Ben BÜTÜN eski anılarımdan kurtulmak istiyorum.
- Ho'oponopono yapıldığında, İlahi Varlık bütün acı veren anılarımızı ALIR, etkisiz hale getirir ve siler.
- İnsanlar ve nesnelerle ilişkilendirdiğim enerjiyi ETKİSİZ KILIYORUM.
- Enerji etkisiz hale getirilince, serbest kalır ve tamamen yeni bir dönem başlar.
- İlahi Varlık'a içime girmesi ve ışığıyla oradaki boşluğu aydınlatması için izin veriyorum.
- Bir sorunun varlığını fark edince arınıyorum.
- AFFEDİLMEYİ istemekle, şifanın/iyileşmenin yolundaki engelleri temizlemiş oluyorum.
- Daha iyi durumda olmayı engelleyen sevgi eksikliğidir. AFFETMEK sevginin yeniden içeri girmesine izin verecek kapıyı açar.
- KENDİ yaşamımdaki her şeyden % 100 sorumluyum.
- % 100 sorumlu olmalıyım.
- Eğer bir sorunu çözmeyi istiyorsam KENDİ üzerimde çalışmalıyım.
- Biri BENİ sinirlendirdiğinde kendime şunu sorarım: "İÇİMDE, bu insanın BENİ sinirlendirmesine yol açan neler olup bitiyor?"
- Bütün olanlar için ÖZÜR DİLERİM. Lütfen beni affet.
- Eğer birinin sırtı ağrıyorsa, kendime sorarım: "İçimde, bu insanın sırt ağrısı olarak kendini gösteren neler olup bitiyor?"
- KENDİ üzerimde çalışıyorum.
- Aslında, hepimiz İlahi Varlık'ız.
- Programlar TESPİT EDİLDİ ve ben bunlardan arınmalıyım.

- Sevgi'den BENDEKİ hataları düzeltmesini rica ediyorum. Bunun için şöyle diyorum: "ÖZÜR DİLERİM. Lütfen, içimde olan ve bu sorun biçiminde tezahür eden her neyse, bunun için beni affet."
- O zaman, BENİM içimde bulunan ve dışarıda sorun biçiminde tezahür eden bu hataları DÖNÜŞTÜRMEK Sevgi'nin sorumluluğu oluyor.
- Her sorun arınmak için bir fırsattır.
- Sorunlar YALNIZCA, onları Sevgi gözüyle görme ve ESİNLENEREK eyleme geçme şansını bana bir kez daha tanıyan, geçmişteki anıların yeniden canlanmasıdır.
- KENDİ yaşamımın bütün sorumluluğunu üstleniyorum.
- BENİM hayatımdaki insanların yaşadığı her şeyin bütün sorumluluğunu almak zorundayım.
- Seni seviyorum, iyileşmenin kapısını açan şifredir.
- "Seni seviyorum" sözlerini KENDİME söylüyorum. Herkesin sorunları BENİM sorunlarımdır.
- KENDİMİ iyileştirmek zorundayım.
- Ben bütün deneyimlerin kaynağıyım.
- Ya anılarla (düşünerek) ya da esinlenmeyle (algılayarak) eyleme geçiyorum.
- Eğer anılarım müzik çalarsa, esinlenmenin sesini duyamam.
- Programlar bir İNANÇ gibidir. Benim zorlu görevim, bütün programları TEMİZLEMEK ve böylece esinlenmenin bana ulaşabileceği Sıfır Noktası'na geri dönmektir.
- Bütün anılar ORTAKTIR.
- Benim işim anıları arındırmaktır, böylece o anı BENDEN ve diğer kişiden uzaklaşır.
- Ho'oponopono kararlılık gerektirir.
- İlahi Varlık, sipariş alma elemanı DEĞİLDİR.

- SÜREKLİ arınmaya, arınmaya, arınmaya odaklanmak gerekir.
- Gördüğüm ve hissettiğim kısıtlayıcı programların DAĞILMALARINI sağlıyorum.
- BENİM zihnimin olup bitenler konusunda hiçbir fikri yok.
- BENİM zihnimin bilinçli yanının kullanabildiği bilgi YALNIZCA 15 birim, oysa her an oluşan bilgi 15 milyon birim.
- İşi oluruna bırakmak ve GÜVENMEK zorundayım.
- Ben BU anda bulunuyorum.
- "Seni seviyorum" dediğimde o andaki her şeyi arındırmaya çalışmaktayım.
- "Seni seviyorum" dediğim zaman, Sevgi ruhunu, BENİM içimde bulunan ve dıştaki koşullarımı yaratan ya da bana çeken her neyse, onu iyileştirmeye DAVET EDİYORUM.
- HER İKİMİZİN de ortağı olduğu GİZLİ programı İÇİMDE İYİLEŞTİRMEKTEYİM.
- HUZURA kavuşmayı amaçlıyorum.
- Dışarısı diye bir şey YOK. Bakılacak TEK yer BENİM içimde.
- Plan yapmam; İlahi Varlık'a GÜVENİRİM.
- HER ŞEYİ seviyor, onaylıyor ve her şeyin değerini biliyorum.
- "Seni seviyorum" derken, İlahi Varlık'a BENİM bilinçdışımdaki anıları Sıfır Noktası'na kadar SİLMESİ ve BENİM ve herkesin ruhuna bunların yerine İlahi Varlık'ın düşüncelerini, sözcüklerini, eylemlerini YERLEŞTİRMESİ için YALVARMAKTAYIM.
- % 100 sorumlu davranıyorum.
- İlahi Varlık sıkışıp kalmış olan enerjiyi DÖNÜŞTÜRÜYOR.
- Kendimi arındırıyor ve soruyorum: "Başkalarında bu davranışların açığa çıkması için BENİM içimde neler oluyor?"
- Zihnimin bilinçli yanının neler olup bittiği hakkında hiçbir fikri YOK.

- Zihnimi HİÇBİR veri taşımadığı Sıfır Noktası'na GERİ götürüyorum.
- Ho'oponopono, Sıfır Noktası'na geri dönebilmem için SÜREKLİ olarak, hiç DURMADAN Sıfırlama sürecidir.
- YALNIZCA Sıfır Noktası'nda yaratım (esinleniş) gerçekleşebilir.
- KENDİME soruyorum: "Arındırmam gerektiğini bilmediğim şey ne? Olup biten hakkında HİÇBİR fikrim yok!"
- Aklım YALNIZCA anılara ya da esinlenişe hizmet edebilir. Ve her defasında YALNIZCA birine.
- İlahi Esin BENİM İÇİMDE.
- BENDE her şey aynı hizada:
  - Bilinç üstü (Baba), Amakua
  - Bilinç (Anne), Uhane
  - Bilinçdışı (Çocuk)—Unihiipili
- Sıfır Noktası'nda olduğum zaman HER ŞEY mümkün.
- Ben İlahi Varlık'ın GÖRÜNTÜSÜNDE yaratıldım: Boşluk ve Sonsuzluk.
- KENDİ anılarımı SALIVERİYORUM.
- Başka biriyle bir sorunum varsa, bu açığa çıkan bir ANIYA TEPKİ VERDİĞİM anlamına gelir. O kişiye DEĞİL.
- Şu Tanrısal soruyu soruyorum: "BENİM içimde bu insanın acı çekmesine yol açan neler oluyor?"
- Sonra şunu soruyorum: "BENİM içimdeki bu sorunu nasıl DÜZELTEBİLİRİM?"
- KENDİ üzerimde çalışıyorum, diğer insanların DEĞİL.
- Eğer üç arınmadan sonra bir fikir hâlâ oradaysa, bu konuda HAREKETE GEÇERİM.
- Ben plan yapmam, İlahi Varlık'ın sorunlarla (anılarla) ilgileneceğine GÜVENİRİM.

- Eğer bir şey BENİM yaşamımın içindeyse, onu arındırmam gerekir.
- BÜTÜN deneyimler ORTAKTIR.
- BENİM gerçekliğimdeki HER ŞEYİ ben yaratırım.
- KENDİ durumumu ben kendime çektim, kendimi ve sorunumu çevreleyen enerjiyi AFFEDİYORUM.
- KENDİ içimdeki enerjiyi DEĞİŞTİRİYORUM.
- Başkalarını sevebilmek için KENDİMİ seviyorum.
- GERÇEKTE kim olduğumu anımsıyorum.
- BENİM gerçek doğam SEVGİDİR.
- Yeni müşteriler BENİM etrafımda TOPLANIYOR.
- Başarı kolayca BANA doğru akıyor.
- KENDİMİ arındırıyor ve temizliyorum.
- HAYATIMIN TAMAMINDAN % 100 sorumluyum.
- KENDİ bilinçdışımdaki anıları SÜREKLİ olarak temizliyor ve arındırıyorum.
- Hayata yaklaşımımı DEĞİŞTİRDİM.
- KENDİ bedenimde ve zihniyetimde DEĞİŞİM oldu.
- Her zaman her şeyin (kötü yanını değil) İYİ yanını görmeye çalışırım.
- Olumlu yönlere odaklıyım.
- KENDİ görüş açımı DEĞİŞTİRDİM.
- YENİYE yer açmak için eskiyi TEMİZLİYORUM.
- Sorumluluğu % 100 üstlenerek Sıfır Noktası'na ulaşıyorum, İÇİMDE olduğunu fark etmediğim şeyler için ÖZÜR DİLİYOR ve AFFEDİLMEYİ talep ediyorum.
- KENDİ zihnimi BOŞALTIYOR ve Sıfır Noktası'na GERİ dönüyorum.

- Evren DAİRELER çizerek çalışıyor.
- Ben DAİRESEL bir yönde işliyorum.
- SALIVERİYORUM ve SIFIR NOKTASI'na dönüyorum.
- KENDİ bilincimde şu anda olup bitenlerden kendimi sorumlu hissettiğim için "ÖZÜR DİLERİM" diyorum.
- Bağlantıda olduğumu hissediyorum.
- Yaşamım DEVAMLI arınmakla geçiyor. Arındığımda Sıfır Noktası'na geri dönüyorum ve YAŞAMIM sorunsuz akıyor.
- KENDİ geçmişime sünger çekiyorum.
- KENDİ saçmalıklarım (anılar) dağılıp gitsin diye arınıyorum.
- Sıfır Noktası YÖNETİM merkezidir.
- KENDİ arınma işlemimi kendime saklıyorum.
- İnsanların değişmek için YALNIZCA BENİM sevgime gereksinimleri var.
- Ho'oponopono bir şifa ve AFFETME yöntemi ve felsefesidir.
- Kişinin adını oku, netleşme ve birliğe ulaş. O kişi için sevgini dile getir.
- Zamanın ve mikrobiyolojik yaşamın BAŞLANGICINDAN itibaren, geçmişten bugüne KENDİM ve BENİM atalarım tarafından bilinçli VEYA bilinçsizce yapılmış her haksızlık için AF diliyorum.
- Bunu söylememin nedeni İlahi Varlık ile GERÇEK ilişkiyi yeniden kurmak istememdir.
- Her yemekten ÖNCE su içiyor ve fazlalıkları TEMİZLİYORUM.
- Ho'oponopono çeşitli sorunlar halinde kendini gösteren KENDİ İÇİMDEKİ olumsuz unsurları NASIL SİLECEĞİM konusunda beni UYANDIRDI.
- % 100 SORUMLULUK üstlenince durumlar DEĞİŞEBİLİYOR.
- Kim olduğumu anlamaya başlıyorum.

- Açığa çıkan bir şeyler HER ZAMAN olacak. Ben bunlardan % 100 sorumlu olduğumu (suçluluk duymadan) söylüyorum ve YALNIZCA arınıyor, salıveriyor ve İlahi Varlık'ın gerekeni yapmasına izin veriyorum.
- "Nasıl? Ne zaman? Kim?" sorularıyla zaman yitirmiyor, YALNIZCA yapıyorum! Böyle yapmakla da, KENDİ KENDİMİN yolundan çekiliyorum. KENDİ İÇİMDEKİ sorunları salıveriyorum.
- KENDİME yönelik yargıda BULUNMADAN devam ediyorum.
- Ho'oponopono arınmamdan bir dizi sonuç ELDE EDİYORUM.
- Dünyanın günahlarını (herkes gibi) RUHUMDA taşıyorum.
- Mantık/zihin; deliliğe, akıl karışıklığına ve kararsızlığa neden olur.
- Anılar SORUNLARDIR.
- KENDİ İÇİMDEKİ İlahi yanı BULMAK üzere bilinçdışımdaki anıları siliyor ve onlardan arınıyorum.
- Herkes ZATEN kusursuzdur, PROBLEM olan anılardır.
- PROBLEM, başka insanlarla PAYLAŞTIĞIM KENDİ bilinçdışımda hareket eden hatalı bir anıdır.
- Ho'oponopono ile Öz Ben-lik yöntemi, herkesin KENDİSİNE uygulayabileceği PİŞMANLIK, BAĞIŞLANMA ve DÖNÜŞÜM aracılığıyla SORUN ÇÖZME SÜRECİDİR. Bu süreçte, İLAHİ VARLIK'tan bilinçdışımızdaki hatalı anıları Sıfır'a döndürmesi TALEP EDİLİR.
- Bilinç CAHİLDİR, olup bitenler hakkında HİÇBİR ŞEY bilmez.
- Bu nedenle, BENİM Unihiipili'mde (bilinçdışımda) harekete geçen anıları Sıfır'a döndürmesi için (her şeyi bilen) İLAHİ VARLIK'a BAŞVURURUM.
- Beklentilerin ve niyetlerin İlahi Varlık üzerinde hiçbir etkisi YOKTUR. İlahi Varlık GEREKENİ, GEREKTİĞİNDE ve kendi belirlediği ZAMANDA yapar.

- İlahi Varlık'ın İÇE AKIŞ yolunun AÇILMASI için ÖNCELİKLE anıları yok etmek gerekir.
- Anılar (blokajlar/kısıtlamalar) BENİM bilinçdışımda var oldukları sürece, İlahi Varlık'ın BANA günlük ESİNLERİMİ göndermesini ENGELLERLER.
- Arınınca, benliğin Zero Limit halindeki mutluluğunu yaşamaya daha fazla YAKLAŞIRIM.
- KENDİ önüme çıkan fikirlerle HAREKETE GEÇERİM.
- Fikirler BENİM zihnimde belirir ve ben bunlarla harekete geçerim.
- Arınmak her şeyden DAHA ÖNEMLİDİR. Ben arındıkça BANA fikirler VERİLİR.
- Ceeport® = Limana yani "Sıfır haline" GERİ DÖNERKEN Sil, sil temizle.
- DAHA ÇABUK sonuçlara ulaşmanın TEK yolu arınmaktır.
- Giderek DAHA BÜYÜK zenginlik elde ediyorum. Gözümü "beyzbol"dan (İlahi Varlık) ayırmıyorum. Sıfır'a geri dönmeye ODAKLI kalmalıyım. Anılar YOK, programlar YOK.
- Burada yapmak üzere olduğum şeyin TAMAMI arınmadır.
- SALIVERİYORUM ve İlahi Varlık'ın BENİM için en iyi olanı yapmasına izin veriyorum.
- Niyetler KISITLAMALARDIR. Arınıyorum ve bunları SALIVERİYORUM.
- HER ZAMAN sorunlarım olacak, bu yüzden arınıyor, arınıyor, arınıyorum.
- Sorunlar nedir? Sorunlar TEKRAR HAREKETE GEÇEN anılardır; anılar PROGRAMLARDIR. Onlar YALNIZCA benim DEĞİL, onlar ORTAKTIR. Anıdan KURTULMANIN yolu İlahi Varlık'a SEVGİ GÖNDERMEKTİR.

- İlahi Varlık söylenenleri duyar ve HERKES için en iyi ZAMANDA, HERKES için EN İYİ biçimde karşılık verir.
- Seçim yaparım ama karar VERMEM.
- İLAHİ VARLIK KARAR VERİR.
- Ben Arınır, Arınır, Arınırım.
- Bir şey satmaya çalışmıyorum; TEK YAPTIĞIM ARINMAK, ARINMAK, ARINMAK.
- BÜTÜN gün arınıyorum. Hiçbir şeye niyetlenmiyorum ve hiçbir beklentim YOK.
- BENİM yaşamımdan TAMAMEN ben sorumluyum. Hepsi BENİM İÇİMDE. İstisna YOK!
- Bununla ilgili arınmam gerek, YOKSA o ARINMAZ.
- EĞER bunu BEN yaşıyorsam, arınmayı da BENİM yapmam gerek.
- Anıları TEMİZLEDİĞİMDE, yerlerine esinlenme gelebilir.
- İÇSEL arınmanın DIŞSAL sonuçları olacağını ve DIŞSAL sonuçların neler olacağına benim karar VEREMEYECEĞİMİ biliyorum. SEÇEBİLİRİM ama KARAR VEREMEM.
- Ben YALNIZCA arınmak için buradayım, böylece İlahi Varlık buraya YAPMAK üzere yollandığım şeyi YAPMAM için BANA ESİN VEREBİLİR.
- ARINMAMA yardımcı olması için bir kurşun kalemin silgili ucunu kullanıyorum. Bu, belleği TEMİZLEYEN PSİKOLOJİK bir TETİKLEME.
- BENİM banka hesabımı, BENİM zihnimde, içinde MEYVE bulunan bir bardak SUYA batırıyorum ve ne olacağına bakıyorum.
- İnsanlar KENDİLERİ için bir şeyler yaparlar. Benim TEK yapmam gereken arınmak.
- EVE dönüş yolu bana ANIMSATILDI.

- GERÇEK BENLİĞİM inanılmaz, ölümsüz, sınırsız, tam, bütün, boş, SIFIR, BÜTÜN HUZUR BURADAN YAYILIYOR: "YUVA".
- Nerede bir sorun varsa, ben oradayım.
- ARINMA ve DÖNÜŞÜM için bütün GİZLENMİŞ anılarımı ve yargılarımı BULUP ÇIKARIYORUM.
- İÇİMDE bir şey DEĞİŞTİ.
- Anılarımın İYİLEŞMESİ için büyük KARARLILIK ve ÇABA gerekiyor.
- BENİM için şifa GERÇEKLEŞTİ.
- Kurşun kalemin silgili ucuyla vurarak, "Çiy Damlası" deyin.
- Anlaşmazlığı ÇÖZÜYORUM.
- Yaşamın AMACI, SEVMEK için anbean ESKİ HALİMİZE DÖNMEKTİR.
- Bu amacı GERÇEKLEŞTİRMEK için, YAŞAMIMI şu an olduğu gibi YARATMIŞ OLMAKTAN % 100 SORUMLU olduğumu KABUL EDİYORUM.
- YAŞAMIMIN şu anki halini YARATANIN, BENİM anlık DÜŞÜNCELERİM olduğunu kavradım.
- Sorunlar; insanlar, mekânlar ya da durumlar DEĞİLDİR, daha çok ONLARLA İLGİLİ DÜŞÜNCELERDİR.
- Dışarısı diye bir şeyin OLMADIĞININ farkına vardım.
- BENİM yaşamımın KALİTESİ belirgin biçimde DEĞİŞTİ!
- Bilinçli YA DA bilinçsiz olarak deneyimlediğim, İÇİMDE olup biten şey HER NE İSE, bunun için DURMADAN bir PİŞMANLIK, BAĞIŞLANMA ve DÖNÜŞÜM süreci olan Ho'oponopono ile Öz Ben-lik yöntemini uyguluyorum.
- Yaşadığım sorunlara NEDEN OLAN İÇİMDEKİ şeyleri temizlemek için KENDİ adıma % 100 SORUMLULUK alıyorum.

- Ben KUSURSUZUM! Kusursuz olmayan; yargı, kırgınlık, öfke, kızgınlık ve BENİM ruhumda taşınan BAGAJIN geri kalanı olarak KARŞI ÇIKAN ve HAREKET EDEN anılardır (SAÇMALIKLAR).
- İnsanların açık oluşları BENİM bir YANSIMAMDIR.
- DIŞIMDAKİNİ değiştirmek için İÇİMDEKİNİ DEĞİŞTİRİYORUM.
- BENİM İÇİMDE olan şeyin DIŞARIDA gördüğüm deneyimle ORTAK olduğunu anlamak üzere KENDİ İÇİME bakıyorum.
- Benim ilgilendiğim biri ya da bir sorun DEĞİL; ben DENEYİMLEDİĞİM DUYGULAR ile ilgilenirim.
- Ben BENİM İÇİMDE olanı arındırdığım ZAMAN, onlar DA TEMİZLENİP ŞİFA BULACAK.
- Sırf BENİM DENEYİMLEDİKLERİM sayesinde, HERKESİN söylediklerinden ve yaptıklarından BENİM SORUMLU OLDUĞUMU fark etmeye başladım.
- EĞER ben KENDİ gerçekliğimi yaratıyorsam, O ZAMAN gördüklerimin HEPSİNİ, HOŞLANMADIĞIM bölümleri bile ben yarattım.
- İnsanların yaptıkları önemli DEĞİL; ÖNEMLİ OLAN BENİM NE YAPTIĞIM.
- İlahi Varlık'a şöyle diyerek PAYLAŞILAN ENERJİYİ ARINDIRIYORUM:
  - Seni seviyorum
  - Özür dilerim
  - Lütfen beni affet
  - Teşekkür ederim
- Şifayı herhangi bir şey elde etmek için YAPMIYORUM! Kimsenin onu BİR DAHA deneyimlemesi gerekmesin diye, PAYLAŞILAN ENERJİYİ ARINDIRMAK için yapıyorum.

- Ho'oponopono ile Öz Ben-lik bir ARINDIRMA SÜRECİDİR ve bunu yapmayı ASLA BIRAKMAM.
- EĞER bir şey BENİM farkındalık alanımda belirirse, onu ARINDIRMAK ve ŞİFALANDIRMAK BANA düşer.
- BENİM yaşam deneyimimin parçası olan HER ŞEYİ arındırmak zorundayım.
- EĞER ben KENDİ deneyimimin yaratıcısıysam, o zaman BU benim SORUMLU olduğum bir şeydir.
- Ho'oponopono ile Öz Ben-lik Süreci TÜMÜYLE SEVGİDEN İBARETTİR. DEVAM EDER ve ben TAMAMEN SORUMLUYUM.
- BENİ arındırması için İlahi Varlık'a aşağıdaki sözleri söylüyorum:
  - Seni seviyorum
  - Özür dilerim
  - Lütfen beni affet
  - Teşekkür ederim
- İlahi Varlık ŞİMDİDEN Sıfır Noktası'nda BANA SEVGİ yağdırıyor ama ben henüz orada değilim.
- Şunları söyleyerek:
  - Seni seviyorum
  - Özür dilerim
  - Lütfen beni affet
  - Teşekkür ederim

  BENİM Sıfır Noktası'nda olmamı ENGELLEYEN, İÇİMDEKİ programları ARINDIRMAKTAYIM.
- İlahi Varlık'ın BENİM Ho'oponopono ile Öz Ben-lik oluşturmama ihtiyacı YOK; buna benim ihtiyacım var!
- Birisini ŞİFALANDIRMANIN TEK yolu, KENDİMİ ARINDIRMAKTIR. BENİM gerçekliğimdeki sorunlu kişiler BENİMLE

bir programı PAYLAŞMAKTALAR. Bir zihin virüsü gibi buna YAKALANDILAR. SUÇ ONLARDA DEĞİL!

- Benim TEK yapmam gereken KENDİMİ arındırmak çünkü ben KENDİMİ arındırırken ONLAR DA ARINIYORLAR.
- Ben PAYLAŞTIĞIMIZ programları arındırırken, bunlar BÜTÜN insanlığın üzerinden KALDIRILIYOR.
- TEK yaptığım arınmak, arınmak, arınmak.
- ARINMAK benim en içtenlikle yapabildiğim şey. GERİSİ İlahi Varlık'a bağlı.
- BENİM gerçekliğimin bir parçası olan HER durumu ben yaratıyorum çünkü o BENİM deneyimimin bir parçası.
- Onu arındırmam gerek.
- BEN KENDİMİ ŞİFALANDIRIRKEN, sorunu olan kişi ve programı PAYLAŞAN herkes DAHA İYİ olacaktır.
- Seçimin bir KISITLAMA olduğunu biliyorum. SİHRİ ve MUCİZELERİ deneyimliyor ve yaşam nedeniyle COŞKULU hissediyorum.
- HER ŞEY HAYAT DOLU.
- ENERJİ ile DOLUP TAŞIYORUM.
- YAŞAMIMI kontrol etmeye ÇALIŞMIYORUM. OLURUNA BIRAKMAK ZORUNDAYIM. Yaptığım tek şey ARINMAK, SİLMEK ve Sıfır Noktası'na geri dönmeye NİYETLİ olmak.
- ETEKLERİM ZİL ÇALIYOR.
- Yarattığım HER ŞEY BENİM çocuğum. BÜTÜN "ÇOCUKLARIMI" SEVMELİYİM.
- Geçmişte sorunları çözmeyi denedim AMA bugün ONLARI OLURUNA BIRAKIYORUM. Şimdi onlara NEDEN olan anıları temizliyorum.
- Ben arınırken, BENİM sorunlarım ÇÖZÜLÜYOR.

- İnsanları değiştirmeye ÇALIŞMIYORUM, KENDİ üzerimde çalışıyorum.
- ÇÜNKÜ diğer insanların acılarını hissetmemin onlarla AYNI PROGRAMI PAYLAŞTIĞIMIZ anlamına geldiğini ve bunu arındırmam gerektiğini biliyorum. Ben arınırken HEM ben HEM DE onlar o sorundan kurtulacak.
- DEĞERBİLİRLİK, SAYGI ve DÖNÜŞÜM HER ŞEYİ DEĞİŞTİREBİLİR.
- Şu cümleler, Evrenin şifreli kilidini AÇAN SİHİRLİ SÖZCÜKLER gibidirler:
    - Seni seviyorum
    - Özür dilerim
    - Lütfen beni affet
    - Teşekkür ederim
- Bu cümleleri söylediğimde, ŞİMDİ BEN olmamı ENGELLEYEN TÜM PROGRAMLARI (ANILARI) SİLMESİ ve BENİ ARINDIRMASI için KENDİMİ İlahi Varlık'a AÇIYORUM.
- Dünyada insanlara virüs gibi BULAŞAN anılar (programlar) var.
- Biri buna yakalanır ve ben bunun farkına varırsam bu benim DE yakalandığımı gösterir.
- Önemli olan % 100 SORUMLULUK almaktır.
- KENDİMİ arındırırken HERKESİ bu anıdan (programdan) arındırmaktayım.
- Sıfır Noktası'na ulaşmak için çok sayıda arınma uygulamam gerekiyor.
- HER BİRİMİZİN istediği şey SEVİLMEK!
- ARINMAK YAŞAMDAKİ TEK SEÇENEĞİM çünkü SEVGİ ve ESİN gelmesini istiyorum.

- EĞER arındıysam, ESİN GELDİĞİNDE hemen harekete geçerim, üzerinde düşünmem GEREKMEZ.
- BEN anılarımdan arındığımda, başka seçeneğim YOKTUR, ESİN gelir ve HİÇ DÜŞÜNMEDEN ONA GÖRE DAVRANIRIM. BU BÖYLEDİR!
- Herkesin çaldığı KENDİNE ait bir enstrümanı vardır. KİMSE birbirinin aynı değildir.
- Ben KENDİ rolümü oynamak zorundayım, başka birininkini DEĞİL.
- TEK yaptığım KENDİM olmak. Ben Evrenin senaryosunda KENDİ rolümü oynuyorum.
- Ben KENDİ rolümü oynadığımda, dünya DÖNER!
- TAMAMEN ÖZGÜR İRADE sahibiyim. Soluk ALIRKEN yaratıyorum AMA Sıfır Noktası'nda yaşamak için BÜTÜN anılarımı SALIVERMELİYİM.
- BENİM bilincim her şeyi ANLAMAYA ÇALIŞACAKTIR AMA HER an 15 milyon birimlik bilgi OLUŞURKEN, BENİM bilincim YALNIZCA on beş birimin farkındadır.
- Bilimcimin gerçekte neler olup bittiği konusunda en ufak bir fikri yoktur.
- Anılar parayı UZAKTA tutar. Para konusunda ARINIRSAM, param OLACAKTIR.
- Evren, EĞER BEN ONU KABUL EDERSEM, BANA para VERECEKTİR. Paranın BANA gelişini de, BENİM bunu görmemi de engelleyen BENİM anılarımdır.
- Sıfır Noktası'nda iken, Zero Limit'im olur ve para BANA gelebilir AMA eğer anılarıma gömülürsem bunu engellerim.
- Para konusunda BİRÇOK anı var ve ben bunlardan arınırken HERKESİ arındırıyorum.

- KENDİMİ arındırdığım zaman bulunduğum mekân bunu HİSSEDER.
- Parayı cömertçe VERİRİM. O YALNIZCA para.
- Evren cömertliğimi ÖDÜLLENDİRİR. Ben VERİRİM, Evren de karşılığında BANA ESİN verir.
- Karşılık olarak ESİN alırım.
- Evrenden gelen fikirlere AÇIK olduğum sürece, bu fikirler GELMEYE DEVAM EDER.
- Arındığımda ve KİŞİSEL gereksinimlerimden KURTULDUĞUMDA, FİKİRLER bana ulaşır.
- Herkesin BÜTÜN istediği SEVİLMEKTİR. Başkalarını SEVMELİYİM.
- Başkalarını SEVMELİYİM çünkü onlar YAŞAMIMIN bir PARÇASI ve ONLARI sevmekle ONLARIN yaşamında harekete geçen anıların silinmesine, temizlenmesine ve arınmasına YARDIM ediyorum.
- ASIL KONU, BENİM sorunum olarak gördüğüm şey DEĞİL. O YALNIZCA BENİM bilincimin olayları YORUMLAMASI. Gerçekte olanlar BENİM farkındalığımın DIŞINDA. BENİM öyküm yalnızca BAŞLANGIÇ noktası.
- Ben yalnızca SÜREKLİ olarak İlahi Varlık'a "Seni Seviyorum" diyor, arınması gereken şeylerin ARINACAĞINA İNANIYORUM.
- Kişinin YAYGIN bir ismi varsa, bu DAĞILMIŞ bir kişilik YARATIR. Herkes doğum adına sahip olmalıdır.
- GEVŞEMEYE ve YENİDEN BÜTÜNLEŞMİŞ hissetmeye başlıyorum.
- Terapistler insanlara YARDIM etmek ya da onları KURTARMAK için var olduklarını düşünürler. Oysa gerçekte onların görevi, hastalarında gördükleri programlardan (anılardan) KENDİLERİNİ iyileştirmektir.

- Bu anılar terapistte ORTADAN KALDIRILDIKÇA hastalarda da ORTADAN KALKAR.
- Benimle olan insanları sevmem ÖNEMLİDİR.
- ÇÜNKÜ gördüğüm insanlar BENİM AYNAMDIR ve DENEYİMLEDİKLERİ BENİMLE PAYLAŞTIKLARIDIR; PAYLAŞILAN programın arınmasıyla HEPİMİZ iyileşiriz.
- Bilinçli aktörler olduğumuzu zannederiz AMA YANILIYORUZ! Bir bakıma içimizde ENERJİ olarak bulunan ve iplerimizi ÇEKEN İlahi Varlık'ın KUKLALARIYIZ.
- Ben İNANÇ güdümlü bir dünyada yaşıyorum. Neye inanırsam öyle OLACAK. Gün boyunca BENİM yanımda olacak ve deneyimlerimi BANA MANTIKLI gelen ALGILAR ÇERÇEVESİNE OTURTACAK.
- Ho'oponopono ve niyetler ANCAK BEN KENDİ YOLUMDAN çekildiğimde işler.
- BENİM zihnim olayların DOĞAL AKIŞ YOLU üstünde engeldir.
- Anılarla DOLU bir zihin, bu anın MUTLULUĞUNU DENEYİMLEMEYİ önleyen bir PARAZİTTİR.
- İlahi Planın PARAZİTLERİNİ GİDERMEK için arınma yöntemleri uygularım.
- BENİM DÜRTÜLERİM İlahi Varlık tarafından BANA GÖNDERİLMİŞTİR. Bu konuda BENİM kaygı duymam parazit oluşturur.
- Paraziti yok ettiğimde, Kukla ve Kuklacı örneğindeki gibi, YENİDEN İlahi Varlık'ın yanında BEN olduğum hale DÖNERİM.
- Dünyaya İÇİMDE bir Armağan ile geldim. ARMAĞANIMDAN yararlanmamın önündeki ENGELLERİ ORTADAN KALDIRINCA, bunu KULLANMAYA başlayacağım.
- KENDİ yaşamımın kuklacısı İKEN İlahi Varlık'ın kuklası olacağım.
- TEK SEÇENEĞİM kendimi akışa BIRAKMAK.

- Üstüme İTAAT EDEREK HAREKETE GEÇERİM.
- Zihnimin paraziti OLMADAN, fikirlere göre HAREKET EDERİM.
- Sonuçların oldukları gibi olmalarına İZİN VERİR, bunun Evrenin DAHA BÜYÜK resminin bir parçası olduğunu BİLİR ve buna GÜVENİRİM.
- HAREKETE GEÇERKEN OLURUNA BIRAKIRIM.
- Herkesin kendi ARMAĞANI ve oynayacağı bir rolü vardır.
- KENDİ rolüme DİRENMİYORUM.
- Tehlikeli olan yiyeceğin kendisi DEĞİL, benim onun hakkında ne DÜŞÜNDÜĞÜMDÜR.
- Bir şeyi yemeden önce, ZİHNİMDEN yiyeceğe "Seni seviyorum" derim.
- Dr. Hew Len için ANAHTAR, HER ŞEYİ SEVMEKTİR. Bir şeyi sevdiğimde, o DEĞİŞİR.
- Her şey DÜŞÜNCE ile BAŞLAR ve en büyük şifacı SEVGİDİR.
- KENDİ yaşamımın ve deneyimlediklerimin sorumluluğunu % 100 üstleniyorum.
- Başkalarında ne görüyorsam bunun BENİM içimde olduğunu biliyorum.
- DIŞARIDA HİÇBİR ŞEY YOK, HEPSİ BENİM içimde.
- Her ne deneyimliyorsam, KENDİ İÇİMDE deneyimliyorum.
- İnsanları BENİM içimde deneyimlerim, dolayısıyla İÇİME bakmadığım TAKDİRDE onlar YOKTURLAR.
- Arınma YUVAYA giden yoldur.
- KİMSE bir sonraki düşüncesinin ne olacağını TAHMİN EDEMEZ çünkü düşüncelerin kendileri BİLİNÇALTINDAN KAYNAKLANIR.
- BENİM düşüncelerim üzerinde kontrolüm YOK, TEK SEÇENEĞİM onlar ortaya çıktığında harekete geçmek (ya da geçmemek).

- DAHA İYİ düşüncelerim olsun DİYE, KENDİ bilinçdışımı arındırıyorum.
- KENDİ zihnimdeki program DEPOSUNU TEMİZLEMEK üzere arınıyorum.
- Ben arındıkça, DOĞAN düşünceler DAHA OLUMLU, ANLAŞILIR ve SEVECEN oluyor.
- % 100 SORUMLULUK ÜSTLENMEK ve Sıfıra ulaşmakla, başkalarının anılarının (programlarının) BENİM programlarım olduğunu FARK EDİYORUM.
- Diğer insanların fikirlerini BENİMLE PAYLAŞMALARI durumunun kendisi, BENİM bunu onlarla PAYLAŞTIĞIM anlamına geliyor.
- Ben kendi programlarımdan ARINDIKÇA başkaları da arınacak.
- BEN ve Sıfır ARASINDA bulunan her şeyi DURMADAN temizlemeye ve silmeye ÇALIŞIYORUM.
- Sıfırdan geldiğim ZAMAN, SENKRONİZASYON olacağını biliyorum.
- Sıfır'da bulunmakla, İlahi Varlık'ın BANA ESİN VERMESİNE İZİN VERİYORUM.
- GÜCÜN TAMAMI İlahi Varlık'a aittir, BANA DEĞİL.
- İLAHİ VARLIK'ı duyabilmek ve ona itaat edebilmek için arınıyorum.
- Kişisel gelişim alanında çalışan uzmanların HİÇBİRİ ne yaptığını bilmiyor.
- Dr. Hew Len'in çalışmaları BANA işleri OLURUNA BIRAKMAYI ve İlahi Varlık'a GÜVENMEYİ, bu arada İlahi Varlık'ı duymamı ENGELLEYEN TÜM düşüncelerden kurtulmak için SÜREKLİ arınmayı ÖĞRETTİ.
- SÜREKLİ arınarak yaşamı KOLAYLIK ve GÜZELLİK ile daha iyi İDARE EDEBİLMEK İÇİN anıların köklerini TEMİZLEYEBİLİRİM.

- İlahi Varlık'ın bir kapıcı OLMADIĞINI biliyorum. Ondan bir şeyler İSTEMİYORUM. YALNIZCA arınıyorum.
- Arınmayı SÜRDÜRÜYORUM.
- BENİM yaşamımdaki HER ŞEYDEN ben SORUMLUYUM ve herhangi bir şeyi ŞİFALANDIRMANIN en basit yolu şunları söylemek:
  - Seni seviyorum
  - Özür dilerim
  - Lütfen beni affet
  - Teşekkür ederim
- KENDİMİ deneyimlerimin KAYNAĞI olarak görüyorum.
- Bunu deneyimlemem için BENİM İÇİMDE olup biten her neyse, onun için ÖZÜR DİLERİM.
- Dr. Hew Len'in anlattıklarının ÖZÜ, HİÇBİR ŞEYİN bizim DIŞIMIZDA OLMADIĞIDIR.
- Ben % 100 sorumluyum.
- Dışarıdaki duruma YOL AÇAN, İÇİMDEKİ her ne ise, bunun için BAĞIŞLANMAYI DİLİYORUM.
- Şunları söyleyerek İlahi Varlık'a TEKRAR BAĞLANIYORUM:
  - Seni seviyorum
  - Özür dilerim
  - Lütfen beni affet
  - Teşekkür ederim
- Bunun ötesinde yapılacak şey İlahi Varlık'a GÜVENMEK çünkü BEN İYİLEŞTİKÇE dış dünya da iyileşecektir.
- HER ŞEY HİÇ İSTİSNASIZ BENİM İÇİMDE.
- GERÇEK GÜÇ kaynağının ESİNLENME olduğunu biliyorum.
- Ben hayatı KABULLENİYORUM, onunla ZITLAŞMIYORUM.

- AKIŞA UYARAK İLERLİYORUM, bu arada ortaya çıkan şeyler için SÜREKLİ arınıyorum.
- OLURUNA BIRAKIYOR, İlahi Varlık'ın benim ÜZERİMDE etkisini göstermesine İZİN VERİYORUM.
- Arınma boyunca, DAHA İYİYE doğru tam bir DEĞİŞİM görüyorum.
- KENDİ zehirli düşüncelerimi temizliyor, yerlerini SEVGİ ile DOLDURUYORUM.
- İnsanlarda HİÇBİR sorun yok. TEK sorun BENİM hatalı anılarım.
- BEN HER ŞEYİ SEVİYORUM.
- Ho'oponopono ile Öz Ben-lik Süreci KENDİ adıma % 100 SORUMLULUK ALMAMI ve BENİM içimdeki olumsuz, istenmeyen enerjilerin YOK EDİLMESİNE İZİN VERMEMİ gerektirir.
- İçim rahat ve KEYFİME BAKIYORUM.
- BOL BOL GÜLÜYOR, EĞLENİYOR ve yaptığımdan KEYİF ALIYORUM.
- BENİM için bir şeyler DEĞİŞMEYE başladı.
- BİLİNÇLİ BİR ÇABA HARCAMAM GEREKMEDEN yaşamım YOLUNA GİRİYOR.
- İÇİMDE olup bitenleri arındırıyorum.
- KENDİ üzerimde çalışarak başkalarına yardımcı oluyorum.
- DEVAMLI arınıyor ve ÖNÜME çıkan FIRSATLAR ve FİKİRLER doğrultusunda HAREKETE GEÇİYORUM.
- GELECEKTE olacağım yer neresi olursa olsun, oranın şimdi HAYAL edebildiğimden ÇOK DAHA İYİ olacağını biliyorum.
- Bir sonrakinden çok BU dakika ile İLGİLİYİM.
- Dikkatimi BU dakikada toplarken, gelecektekilerin hepsi GAYET HOŞ biçimde gözümün önüne serilmekte.

- KENDİ egomu ve onun isteklerini BİR YANA BIRAKTIĞIMDA, İlahi Varlık'ın BANA REHBERLİK ETMESİNE İZİN VERİRİM.
- NİYETLERİMİN birer KISITLAMA OLDUĞUNU kavradım çünkü HER ŞEYİ KONTROL EDEMEM.
- Kontrolü "Daha Üstün Bir Güce" BIRAKTIĞIMDA, MUCİZELERİN gerçekleşebileceğini biliyorum.
- OLURUNA BIRAKMAYA ve İNANMAYA başlıyorum.
- İlahi Varlık ile BAĞLANTIMI sağlamaya başlıyorum.
- ESİN geldiğinde FARK ETMEYİ ve ona göre HAREKET ETMEYİ öğreniyorum.
- Seçim yapabileceğimi AMA zihnimin BENİM kontrolümde OLMADIĞINI kavradım.
- Yapabileceğim en harika şeyin her dakikayı KABULLENMEK olduğunu biliyorum.
- Bu aşamada MUCİZELER MEYDANA GELİR ve bunlar olurken beni devamlı HAYRETE DÜŞÜRÜRLER.
- UYANIŞ bir kez gerçekleştiğinde, geriye bakmak YOK.
- BÜTÜN yapabileceğim, BU anın MUTLULUĞUNU DENEYİMLEMEK için arınmayı SÜRDÜRMEK.
- Her zaman sorunlarımız olacaktır ve Ho'oponopono ile Öz Ben-lik bunları ÇÖZMEYE YARAYAN bir Süreçtir.
- Arınmaya devam ettiğim sürece, Zero Limit bölgesine DÖNERİM.
- Şunları DURMADAN söyleyerek kendimi SEVGİYE ayarlıyorum:
    - Seni seviyorum
    - Özür dilerim
    - Lütfen beni affet
    - Teşekkür ederim
- Ben arınmaya devam EDERKEN, SAF ESİNLENMEYE ayarlanıyorum.

- Ben esinleniş doğrultusunda HAREKET EDERKEN, düşleyebileceklerimden daha iyi MUCİZELER gerçekleşiyor.
- Ho'oponopono ZAMAN ALDIĞI için, TEK YAPMAM GEREKEN BUNU SÜRDÜRMEK.

Not: Saul Maraney, Güney Afrika'da, Johannesburg'da yaşayan bir Ho'oponopono meraklısıdır. Dr. Ihaleakala Hew Len ve Dr. Joe Vitale tarafından yetiştirilmiştir; makaleler yazmakta ve Ho'oponopono ile Çekim Yasası'nı bir araya getiren ürünler yaratmaktadır. 2006 yılından beri Ho'oponopono konusunu araştırmaktadır.

EK G

Başarı Öyküleri

İşte çeşitli alanlarda Ho'oponopono kullanımıyla ilgili gerçek deneyimler. *Zero Limit*'i okuyanların binlerce öyküsü var. İşte aralarından seçilen birkaç tanesi (yazarlarının izniyle yayınlanmaktadır).

İlahi Esinlenme İle Hareket Etmek

Merhaba Dr. Joe Vitale ve Dr. Ihaleakala Hew Len,

Benim adım Darren. 19 yaşındayım ve İrlanda'da yaşıyorum. Size anlatacak harika bir öyküm var. Her şey *Zero Limit* kitabını okuduktan sonra başladı. Her gün, her saniye, "Seni seviyorum, özür dilerim, lütfen beni affet, teşekkür ederim" mantrasını söyledim; başlangıçta hiçbir şey olmadı ama olduğunda şok geçirdim.

İşte öyküm: Bir gün içimden Nike Golf web sitesine bakmak geldi ve site açıldığında buradaki bir yarışma gözüme çarptı. "Yeni *Nike Dymo Str8-Fit* golf sopası satın alır ve sopanın üstündeki şifreyi internete girerseniz otomatik olarak ücretsiz ödül çekilişine katılabilirsiniz!" yazıyordu.

Söz konusu ödül Tiger Woods ile golf oynamaktı ve buna kurayı kazanan ile bir konuğunun ABD'ye gidiş-dönüş *business class* uçak bileti, dört yıldızlı bir otelde tam pansiyon iki kişilik bir oda, tam kapsamlı seyahat sigortası, cep harçlığı ve Amerika'da belirlenen havaalanından şoförlü transfer dâhildi.

Yeniden esinlenme geldi ve bana, "Yap bunu!" dedi (Tıpkı Nike'ın "YALNIZCA Yap!" sloganı gibi)—bu yüzden de bunu yaptım. Ertesi gün yataktan kalktım, buradaki golf mağazasına gittim, *Nike Dymo Str8-Fit* golf sopası aldım ve şifreyi girdim. Bir gün sonra içimden bir ses pasaport almamı söyledi. Başvuru formunu alıp doldurdum ve pasaport için fotoğraf çektirip gönderdim. 10 gün içinde pasaportum geldi.

Aynı gün TV izlerken kalkıp yukarıya odama çıktım ve orada duran bir bavul gördüm; kız kardeşim odasını temizlemekteydi ve bu arada bavulu benim odama koymuştu. Kendi kendime, "Tiger Woods'la golf oynayacağıma göre bavulumu hazırlayayım," dedim. Golf kıyafetimi, güneş kremimi ve ABD'de ihtiyaç duyacağım bir sürü şeyi bavula yerleştirdim.

Bunu neden yaptığımı açıklamam zor ama içimden öyle geldi ve ben de yaptım. Her gün her saniye "Seni seviyorum, özür dilerim, lütfen beni affet, teşekkür ederim" demekteydim. İlham geldiğinde YALNIZCA benden isteneni yapıyordum. Birkaç hafta geçti, "Seni seviyorum, özür dilerim, lütfen beni affet, teşekkür ederim" cümlelerine odaklanmayı sürdürdüm.

Bir gün içimden e-postalarıma bakmak geldi ve işte oradaydı; Nike Golf'tan bir e-posta. Şunlar yazıyordu: "Sevgili Darren Byrne, Tebrikler... *NikeGolfSTR8-FIT* yarışmasına katıldınız ve kazandınız! Bu mektubu *Nike Golf* sayesinde 2009'da ABD'de Tiger Woods ile golf oynama şansını yakaladığınızı bildirmek için yazıyorum. Bir *STR8-FIT* golf sopası satın alıp şifreyi internete girdiğiniz için otomatik olarak ücretsiz bir ödül çekişine katıldınız ve kazanan siz oldunuz.

Lütfen bu iletiyi aldığınızı belirtin ve ilgili işlemleri yapabilmemiz için bize adresinizi ve telefonunuzu bildirin. Tekrar tebrikler, Nike Golf."

Bu ne kadar harika, değil mi Joe ve Dr. Hew Len; Tiger Woods ile golf oynayacağım! Henüz gitmedim çünkü Nike Golf bana Tiger'ın 2009 yılında tamamen dolu olduğunu bildirdi, bu yüzden 2010 yılı içindeki bir tarihte onunla golf oynuyor olacağım. Bu arada Nike Golf beklemek zorunda kaldığım için bir kutu dolusu malzeme gönderdi. Kutuda Nike golf kıyafetleri, golf ayakkabıları, golf topları ve daha bir sürü şey var. Joe ve Dr. Hew Len, bana yardımcı olduğunuz için size teşekkür etmek istiyorum. Yaşamıma büyük mutluluk kattınız ve ben henüz 19 yaşındayım. İlahi Varlık'ın benimle ve yaşamımla ilgili daha neler planladığını görmek için sabırsızlanıyorum! Size de mümkün olan en iyi yaşamı diliyorum. Sizi seviyorum, özür dilerim, lütfen beni affedin, teşekkür ederim.

—Darren Byrne

İlahi Esinlenmeyle Hareket Etmek

Sevgili Joe,

Benim Ho'oponopono serüvenim *Secret* filmini izledikten ve sizin e-posta listenize girdikten sonra başladı. *Zero Limit*'i satın aldım ve şimdi her yıl iki kez Ho'oponopono atölye çalışmalarına katılıyorum. Ben dünya çapında iki binden fazla müşteriye sahip bir enzim terapistiyim ve Ho'oponopono benim, ailemin, dostlarımın ve müşterilerimin yaşamını değiştirdi. İlham geldiğinde Ho'oponopono'yu müşterilerimle paylaşıyorum ve onların da yaşamında birçok olumlu gelişme gerçekleşti.

Benim birçok deneyimim oldu ama size anlatmak istediğim benim için şaşırtıcı, beklenmedik bir sürpriz oldu, yeniden doğuş gibi. Dördüncü Ho'oponopono seansından döndüğümde oturma odasında arkadaşlarımla rahat bir şekilde, hiçbir şey düşünmeden otururken eşim John içeri girdi ve yeni tanıştığımız bir dostumuzun görüp dinlemesi için elindeki kaseti videoya yerleştirdi.

"Harika Geceler" adındaki bu kasette John'un 19 yıl boyunca derlediği, Kuzey Işıkları ile ilgili 83'ü aşkın fotoğraf var. Bunları birçok kez izlediğim için artık alışmıştım ve itiraf edeyim ki tüm vaktini fotoğraf çekmekle geçirip bir kez bile bunları satmayı düşünmemesine biraz içerliyordum. Aman Tanrım!

Eşim "Başlat" düğmesine basıp kaset çalışmaya başladığında, gök gürültüsü gibi bir ses, "Bu bir arınma aracıdır," dedi. Dilim tutuldu ve sonunda konuşabildiğimde ise kimse sesimi tanıyamadı. Bu fotoğrafları 19 yıldır gördüğüm halde bunu fark etmemiş olduğuma şaşırdım.

Bundan sonra atacağım adımı düşünmeme gerek yoktu. Kapsamlı bir internet sitem var. Joel Andrews'ın Altın Arp ile çaldığı büyüleyici, rahatlatıcı müziği eşliğinde birtakım DVD'ler hazırlayıp bunlarla birlikte Kuzey Işıkları fotoğraflarından Aziz Michaell'in Alevi adını verdiğim ve (bana öyle görünüyordu) son derece olağanüstü olanını seçip web siteme yerleştirdik. İşte yedi dakikalık bu Göksel Manzaralar içeren DVD'nin bağlantı adresi: www.litlee.com/SFP_shopexd.asp?id=427.

İnsanların durmadan "Harika Geceler" DVD'sini satın almaları bizi çok sevindiriyor. Kutsal Ruh beni John'un harika iyileştirici videosunu dünya ile paylaşmaya yönlendirdiği için çok mutluyum.

İşte size birkaç kısa öykü daha:

- Sağlık merkezi sahibi bir meslektaşımla Ho'oponopono'yu paylaştıktan sonra arkadaşım beni aradı; ağlıyor ve kelimelerin boş ve anlamsız olduğunu, bir sinir krizinin eşiğinde olduğunu söylüyordu. Ona, "Hayır, bir dönüm noktasının eşiğindesin," dedim. Bir sonraki karşılaşmamızda bana işyerinde 15 dakika kadar Ho'oponopono uygulamasının ardından onu sık sık kovmakla tehdit eden ve kendisinin "sürüngen" olarak nitelediği patronunun nasıl birden değiştiğini anlattı. Bir gün onun çalıştığı bölüme gelmiş ve, "Biliyor musun, tartıştığımız için gerçekten özür dilerim. Çok iyi fikirlerin olduğunu biliyorum ve onları benimle paylaşmanı istiyorum," demiş.

- Markette alışveriş yaparken bir yandan da Ho'oponopono uygulamaktaydım. Alışveriş sepetimi arabama taşırken bir aracın sinir bozucu alarm sesi kulağımı tırmaladı. Hiç düşünmeden sesi izledim ve pencereleri hafif aralık bir arabaya ulaştım. İçeride minik bir köpek isterik bir biçimde zıplıyor ve durmadan havlıyordu. Çılgın havlamaları alarm sesi yüzünden duyulmuyordu. Arabaya dokundum, alarm sustu ve köpek havlamayı, zıplamayı kesti. Onu sakinleştirmek için camın aralığından elimi uzatınca parmaklarımı yaladı. Kuşkucu biri buna rastlantı diyebilir ama bence değil! Çalışmaların için teşekkür ederim, Joe. Seni tanıyan herkese esin kaynağı oluyorsun.

  Sevgi ve iyi dileklerimle,

—Dr. Lita Lee

www.litalee.com

İlahi Esinlenmeyle Hareket Etmek

Bu yöntemin uygulanmasıyla gerçekleşen çok sayıda mucize var, burada anlatılamayacak kadar çok. Bununla beraber, bu yöntem sayesinde Ho'oponopono hakkında bir çocuk kitabı yazma konusunda nasıl esinlendiğimden söz etmek istiyorum. Çocuklara bunu öğretmekten daha iyi ne olabilirdi?

İlham geldikten sonra kitap bir gün içinde kendi kendini yazdı ve yakında yayımlanacak. Bu yöntemi çok seviyorum ve çocuklar son derece masum varlıklar; bunu erken yaşta öğrenirlerse yaşamlarında çok yararını görürler ve bizler de daha huzurlu bir dünyaya kavuşuruz.

Dr. Hew Len'e yazıp bu kitaptan söz ettim, bana eğer esinlenme geldiyse her şeyin yolunda olduğunu söyledi. Biliyorum, arınmadan YALNIZCA "Ben" sorumluyum. Benim için bu çok şaşırtıcı bir serüven oldu ve olmaya devam ediyor. Çocukların dünyasına ulaşacak olan bu kitap için arınmayı sürdürüyorum. Bana bunu paylaşma fırsatı tanıdığın için sana teşekkür ederim, Joe.

—Charan Surdhar

Hayvanlar

Benim adım Madeline Tutman. 20 yaşındayım ve Maryland'de yaşayan bir üniversite öğrencisiyim. Kısa süre önce *Çekim Yasası Sırrı* isimli kitabınızı okudum ve birçok yönden aydınlandım. Daha önce yaşamın gerçekte içimde tuttuklarımın bir yansıması olduğunun farkında değildim ve son olayların ışığında bu önemli:

Arkadaşımın köpeği Sable tanıdığım en tatlı köpeklerden biri. Dün öğleden sonra mahallemizdeki iki köpeğin saldırısına uğradı; daha sonra bu köpekler yakalanıp incelenmeye alındı. Sable minik bir Avustralya çoban köpeği; bu yüzden aşırı hırpalanmış durumda; veteriner onun yaşayacağını sanmadığını, yaşasa bile bacağını kesmek zorunda kalabileceğini söyledi. Bu haberi duyunca şok geçirdim ve mahvolduğumu hissettim. Böyle bir şeyi yaşamıma nasıl çektiğimi anlayamıyordum ama sonra bir şey fark ettim...

Birkaç hafta önce izlediğim bir TV programında bir kadının yavru köpeğine bir Haski saldırıp öldürdü. Bunu izlerken son derece öfkelendim ve duygularımın bana egemen olmasına izin verdim. Düşünceler gerçekten nesnelere dönüşüyor! Bu yüzden Sable'a olanları duyar duymaz kendi yarattığım bir durumu yok etmem gerektiğini anladım. *Çekim Yasası Sırrı*'nda önerdiğiniz yöntemleri denedim... "Metni" yüksek sesle tekrarladım; Sable ile birlikte koştuğumu düşledim ve onu son gördüğümde de olduğu gibi neşeli ve sağlıklı olarak hayal ettim. Kendime bacağının tedavi edildiğini ve birkaç fizik tedavi seansı ile tamamen iyileşeceğini söyleyen bir ileti gönderdim. Daha da önemlisi, Sable'ın bir fotoğrafına yapıştım ve 10 dakika kadar tekrar tekrar, "Seni seviyorum, lütfen beni affet, özür dilerim" deyip durdum.

Bu akşam annem yatak odama geldi ve Sable'ın ameliyatının başarılı geçtiğini ve bacağının kurtulduğunu söyledi; birkaç kez fizik tedavi görecek, sonra tamamen iyileşecekmiş. Annemin kullandığı sözcükler neredeyse tamamen benim kendime yolladığım iletidekilerle aynıydı!

Sable 24 saatten kısa bir sürede iyileşti, benim enerjimdeki bir değişim sayesinde.

Çok teşekkür ederim, Dr. Vitale. Kitabınız birçok yönden hayatımı kurtardı ve daha da önemlisi Sable'ın hayatını. :)

Eğer yaşamınızla ya da ne yaptığınızla ilgili bir kuşkuya kapılırsanız bunu asla bir daha düşünmeyin. Benim gibi insanların sizin sözcüklerinizi okumaya gereksinimi var; siz yaşamları değiştiriyorsunuz.

Teşekkürler, teşekkürler, teşekkürler.

—Madeline Tutman
Bowie, Maryland

İş/Kariyer

Sevgili Joe,

Daha geliştirilmiş bir Ho'oponopono kitabının yayımlanmak üzere olduğunu duyunca çok heyecanlandım. Yıllardır bu inanılmaz arınma ve temizlenme yöntemini kişisel yaşamımda uygulamaktayım ama YALNIZCA son altı aydır işimde de kullanmaya başladım ve tek söyleyebildiğim VAY CANINA!

İşte olanlar: Olağanüstü hassas ve samimi bir kadın olarak, Ho'oponopono'dan esinlenilmiş 20 dakikalık müşteriyle bağlantı meditasyonumu dinlerken arınma ve temizlenme sürecine başlıyorum. Bu beni öylesine derin huzur ve sevgi dolu bir yere götürüyor ki meditasyonun sonunda gelecekteki müşterilerimle gerçekten kalpten kalbe bir bağlantı kurduğumu hissediyorum. Meditasyonu dinledikten hemen sonra (tüm önyargılarımdan ve beklentilerimden arınmış olarak) onların web sitelerini ziyaret ediyor ve 10 dakika kadar onların kim olduğunu, neyi başarmak istediklerini ve nelerin ters gittiğini sezmeye çalışıyorum. Böylesine açık ve yansız bir konumda olduğumda fikirler rahatlıkla bana ulaşıyor. Sonra elime bir kâğıt alıyor ve aynı satıra ismimi (adımı, soyadımı) ve az bir aralık bırakarak onların isimlerini (adlarını ve soyadlarını) yazıyorum.

Örneğin: Georgina Sweeney Joe Vitale

Daha sonraki günlerde ya bir silgi ile isimlerimiz arasında (bizim aramızda) oluşan blokları siliyor ya da Ho'oponopono'nun sözcüklerini tekrarlarken zihnimde o aralığın temizlendiğini görüyorum. Buluşmamızdan hemen önce gözlerimi kapatıyor, aklımdan onların isimlerini geçiriyor ve Ho'oponopono sözcüklerini tekrarlıyorum. Sonra Yüksek Benliğime çıkıp onların yüksek benliği ile bir toplantı yaptığımı hayal ediyorum.

Toplantı sırasında içtenliğe dayalı bir süreç izleyerek herhangi birimizin üstünde bir baskı oluşmasını engelliyorum. Bunun ardından, onlara e-posta ile teklifimi göndermeden önce yeniden arınıyor ve isimlerini söyleyerek Ho'oponopono cümlelerini tekrarlıyorum. Huzura kavuştuğumu ve tüm beklentilerimden ya da işbirliği yapma ısrarımdan kurtulduğumu hissedince GÖNDER'e basıyorum. Artık tüm isteğim, işbirliğinin ancak hepimizin hayrına olacaksa gerçekleşmesi.

Bu yöntemi uygulamaya başladığımdan ve Ho'oponopono'dan esinlenen meditasyonuma kulak verdiğimden beri olası müşterilerimle ilişkilerimde inanılmaz bir değişiklik oldu. Artık reddedilmekten korkmuyor ya da endişeye kapılmıyorum ve üstelik olağanüstü başarılı durumdayım. Bugüne kadar bu yöntemi paylaşmadım ama umarım şimdi paylaşmam başkalarına da yararlı olur ve onların da işlerini Ho'oponopono sayesinde zarafet ve kolaylıkla yürütmelerini sağlar.

Bütün yaptıklarınız ve olduğunuz kişi için sonsuz minnet ve sevgilerimle.

—Georgina Sweeney

İş/Kariyer

Sevgili Joe,

Ho'oponopono yöntemin, *Zero Limit* CD'si ve kitabı beni ÖZGÜR kıldı (hem gerçek hem de mecazi anlamda)! *Ruhsal Pazarlama* isimli kitabına ve Hipnozla Yazma Sihirbazı programı dâhil inanılmaz ürünlerinin çoğuna sahip olmaktan gurur duyuyorum. Etkin arınma yöntemlerinden biri olarak yaşamı değiştiren EFT: Duygusal Özgürlük Yöntemi'ni önerdiğin için teşekkür ederim. İzlenimlerimizi iletmemizi isteyen mektubundaki şu cümle İlahi Varlık'tan esinlenme ve Ho'oponopono ile arınma deneyimimi paylaşmama yol açtı: "İnsanlar takılıp kalıyorlar ve özgürleşmeleri gerekiyor."

Altı yıl boyunca EFT uygulayan biri olarak, sekiz haftalık bir hazırlıktan sonra 2009'da EFT kurucusunun sınavını verip resmen EFT belgesini aldım. İki ay sonra kurucu emekliye ayrılacağını ve müşterilerimin yüzde doksanını oluşturan internet sitesini kapatacağını bildirdi. Son derece üzgün ve korkmuş bir halde Dr. Hew Len'in önerdiği gibi her gün Ho'oponopono ile arındım, arındım, arındım.

Tanrı'ya ne yapmam gerektiğini sordum: "EFT'yi mi sürdürmeliydim yoksa daha iyi bir şey mi oluşturmalıydım?"

Bu arınma sonunda Ocak 2010'da FREED: Duygusal Enerji Boşalımını Hızlandırmak adında bir yöntem geliştirdim. Karmaşık EFT dokunuşları yerine FREED tek eli kullanarak Yönetsel Damar Meridyeni (GVM)'ni arıtıyor. İnsanlarda ya da hayvanlarda GVM'yi arındırırken çakraları tıkayan belli korkulara ve acı veren duygulara odaklanmak, duygusal gerilimi birkaç dakika içinde yok ediyor. FREED aynı zamanda kuşaklar boyu süregelen ve istenmeyen DNA kalıntılarını, günlük yaşamda davranış bozukluklarına yol açan geçmişten kalan korkuları, korku içinde donup kalmamıza neden olan duygusal engelleri temizliyor; parçalanan ruhumuzu bütünlüyor; gelirimiz, işimiz ve hayatımızla ilgili savurduğumuz lanetleri tersine çeviriyor. Ho'oponopono cümlelerini söylerken GVM'nizi arındırmak, arınmak, arınmak, arınmak için hızlı, kolay ve güçlü bir yöntem. Böyle çabuk, kolay ve etkili bir değişimi kim istemez? İnsanlar, "Bunun için yapabileceğim hiçbir şey yok," dediğinde onlara FREED ve Ho'oponopono uygulayarak kendi enerji sistemlerini durmadan arındırmalarını öneriyorum, sevdiklerininkini de.

İleri Düzey Ho'oponopono ve Zero Limit'in Ötesinde çalışmaların beni çok heyecanlandırdı, Joe. Mahalo! Ao Akua! Başarılarının devamı dileğiyle!

—Colleen Flanagan

EFT Cert-1/FREED Kurucusu ve Joe Vitale'nin büyük hayranı! Phoenix, AZ, ABD

Not. Ufak bir mucize: Bir sabah yürüyüş yaparken cep telefonunda bağırıp çağıran, öfkeli, yirmi yaşlarında bir genç ile karşılaştım. Galiba bir alacaklı genci spor arabasına el koymakla tehdit ediyor, o da yeni bir işe girdiğini ve iki hafta içinde borcunu ödeyeceğini söylüyordu. Delikanlının işine gidip gelmek için arabasına ihtiyacı vardı. Bu konuşmaya durumu iyileştirmem için tanık olduğumu biliyordum.

Üç kez kendi kendime Ho'oponopono cümlelerini tekrarlamamın ardından delikanlı rahatladı, bağırıp küfretmeyi bıraktı. Dördüncü tekrarımda delikanlı ile alacaklısı durumu saygı çerçevesinde konuşuyorlardı. Arizona güneşi kadar parlak bir gülümseme ile yoluma devam ettim.

İş Ortamı/Mali Ortam

Merhaba, benim adım Sergio Lizarraga; Meksika'da yaşıyorum. Üç yıl önce *Zero Limit* kitabının kasetini alıp iPod'umda dinledim. Yaşamımızdaki sorunların YALNIZCA İlahi Varlık'a yöneltilen dört cümleyi tekrarlayarak esinlenmek, ortaya çıkan anıları temizlemek ve kendi gerçeğimizi yaratmak suretiyle çözümlenebilmesini hem ilginç hem de şaşırtıcı buldum. Ho'oponopono'nun sonuçlarına tanık olduğum bir sürü olay anımsıyorum, işte bunlardan ikisi:

İşim gereği üretici firmaların yöneticileriyle görüşmem gerekiyor. Bu kez herkesin anlaşmaya varmanın çok zor olduğunu söylediği bir yönetici ile buluşacaktım. Görüştüğü kişi ya da iş konusu hoşuna gitmediğinde derhâl toplantıyı terk etmesiyle ünlüydü.

İçimden cümleleri tekrarlamaya başladım ve Tanrı'dan bu yöneticiyle görüşmemi etkileyecek anıları silmesini istedim. Toplantı saati geldiğinde kendimi rahat ve güvenli hissediyordum. Adam geldi ve konuşmaya, görüş alışverişinde bulunmaya başladık, bir de baktım öğlen olmuş. Şaşırtıcı biçimde, adam beni yemeğe davet etti ve sonra yeniden toplantı odasına dönüp anlaşmayı imzaladık. Beklendiği gibi, o günden bu yana iş ve kişisel ilişkilerimiz mükemmel. Buna tanık olan birçok kişi bunu nasıl başardığımı soruyor. Onlara YALNIZCA onunla karşılaştığımda temiz olduğumu söylüyorum... Ho'oponopono ile arınmıştım!

Aldığım ev kredisini geri ödemeye uğraşıyordum. Aylardır gecikmiştim ve ödeyeceğim miktar faiziyle birlikte sürekli artmaktaydı. Bir gün, böyle evrak işleriyle ilgili tekrarlanan durumların anılarını, ilgili belgelerin üzerine kurşunkalemin silgisiyle vurarak ve aynı zamanda o dört cümleyi söyleyerek arındırılabileceğini okudum. Bunu uygulamaya başladım ve bir gün bankadan bir telefon geldi. Bu farklı bir telefondu; gidip onlarla konuşarak kendilerinden bir teklif almam isteniyordu.

Aklımdan o cümleleri geçirerek toplantıya gittim ve tekliflerini duyunca çok şaşırdım! Banka geçmiş borçlarımı silmeyi ve aynı zamanda gayet uzun bir süre için faizlerde ve taksitlerde indirim yapmayı öneriyordu. Böyle bir teklifin benden gelmediğine dikkatinizi çekerim! Buna bir mucize diyebilir miyiz? Kesinlikle!

Bu iki öykü Ho'oponopono uygulamamın sonucunda yaşamımda neler olduğunun YALNIZCA ufak örnekleri. Eşim, kızım ve oğlum da bunu okullarında, kilisede, dostlarıyla ve günlük yaşamlarında uygulayarak çok iyi sonuçlar elde ettiler.

Son olarak, ortağım Gisel Sotelo ile birlikte Ho'oponopono'yu web sitemizdeki konferanslar aracılığıyla İspanyol halkına sunduğumuzu paylaşmak istiyorum (web sitemiz: http://www.libemo.com). Bu paylaşımı "Zero Limit"e dayanarak yaptık ve aynı zamanda Haiti ve Şili için (depremler nedeniyle) *online* toplu dua çalışması yürüttük.

Joe, kitabın ve çalışmalarınla Ho'oponopono'yu dünyaya duyurduğun için teşekkürler! En iyi dileklerimle.

—Sergio Lizarraga

Aile

Benim Ho'oponopono Mucizem: 25 yıllık evlilikten ve dört çocuktan sonra boşandığım adam çok iyi kalpli ve sevecen biriydi ve ben de iyi kalpli ve sevecen bir kadınım.

Biz herkesin hayran olduğu bir çifttik ve her zaman birbirimize saygılı davrandığımız için kimse böyle bir sonuç beklemiyordu; biz de öyle. Mutsuzdum. Sıkıntılı bir duruma düşmüştüm. Boşanmayı ben istedim.

Bunun üzerine, tüm yaşamım boyunca beni iyi bir dost, iyi bir eş, iyi bir anne olarak görmüş olan ailem ve dostlarım benim aşağılık biri olduğuma karar verdiler. Eşimin kardeşlerinden ikisi dostça davranıyordu ama diğerleri bana düşman oldular. Geniş ailesinin ona sadık kalmalarını anlayışla karşılıyordum ama yine de inciniyordum çünkü uzun yıllar bu insanları sevmiş, onlarla ilgilenmiş ve hepsini ailem saymıştım.

Yıllar geçerken bazıları hastalandı ya da sıkıntıya düştü ve ben günlük meditasyonlarımda ailemi ve kendimi arındırırken o ailenin her bireyi için de Ho'oponopono uyguladım.

Bu uygulamaya başlamamdan birkaç ay sonra eski kayınpederim vefat etti. Cenaze törenine giderken ailenin tepkileri konusunda endişelerim vardı ama bunu yapmam gerektiğini de biliyordum. Bu törene katılmakla hayatımın en iyileştirici olayını yaşama fırsatını bulacağımı bilemezdim. Ya benim ya da bazı durumlarda kendilerinin sohbeti başlatması sonrasında, aile bireylerinin her biri, kardeşleri, teyzeleri, dostları benimle özel olarak konuştular. YALNIZCA benim onlara olan sevgi ve yakınlığımı dile getirmeme izin vermekle kalmadılar, aralarından biri geçmişteki düşmanca tavırları için özür diledi.

Böylece, bir daha benimle asla konuşmayacaklarına inandığım aile bireyleri ile ilişkilerimiz yeniden düzeldi. En çılgın hayallerimde bile böyle bir barışmanın gerçekleşebileceğini düşünemezdim. Bunun benim Ho'oponopono uygulamalarımın sonucu olduğunu biliyorum. Başka bir açıklaması olamaz. Arınırken hepsinden af diliyor ve sevgi ve minnetimi yolluyordum; böyle yaptığım için de karşılığını aldım.

—Nancy Palese

Para

İki yıl önce Ho'oponopono konusunu öğrendiğimden beri her gün uygulamaktayım ve sorunlarımın eriyip yok olduğunu görüyorum. Yaşam koçu olduğum için bunu dostlarım ve müşterilerimle de paylaşmaktayım. Benim yaşamdaki amacım insanlara yardım etmek, hem fiziksel hem de ruhsal olarak.

Ho'oponopono öğrettiğim müşterilerimden biri üç aydır eşiyle birlikte yaşadıkları özel bir soruna bunu uygulamakta olduğunu söyledi. Üç ay önce muhasebecileri onlara çok büyük bir vergi borçları olduğunu bildirmiş. Bu onlara büyük bir darbe olmuş, buna hiç hazırlıklı değillermiş; bunu ödemeye kalkarlarsa tüm birikimleri ellerinden gidecekmiş. Alışık oldukları konforlu yaşam tarzı aniden bitecekmiş. Her ikisi de büyük strese girmişler: Uyuyamıyor, doğru dürüst çalışmıyorlarmış. Muhasebecileri bu zavallı çift için bir çıkar yol bulmaya çok uğraşmış ama başaramamış.

Kadın ona öğrettiğim Ho'oponopono uygulamasına başlamış. Her gün, her gece, "Özür dilerim, lütfen beni affet, teşekkür ederim, seni seviyorum," diye tekrarlıyormuş. Üç ay boyunca hiç durmadan bunu yapmış. Muhasebeciye gidip ödemelerle ilgili çekleri imzalayacakları tarihten bir gün önce onu tekrar arayarak bu parayı ödememenin bir yolunu bulup bulamadığını sormuşlar. Adam çok özür dilemiş ve hiçbir çıkar yol olmadığını söylemiş.

O gece yatarken bu lüks yaşamın son gününe geldiklerini düşünüyorlarmış. Bununla beraber müşterim yılmamış ve arınma yöntemini sürdürmüş. Ertesi sabah o güne kadar çalışıp çabalayarak edindikleri her şeyden vazgeçmeye hazır olarak muhasebecinin bürosuna geldiklerinde adam onları ağzı kulaklarına vararak karşılamış ve tek söyleyebildiği, "BU BİR MUCİZE!" olmuş. Tabii onun neden söz ettiğini anlayamamışlar. Muhasebeci gece geç saatlerde mucizevi bir şekilde aradığı çıkış yolunu bulduğunu söylemiş. Çözüm beklenmedik bir şekilde gözlerinin önüne serilmiş! Son derece dikkatli ve titiz bir incelemeden sonra muhasebeci onlara o yıl için hiçbir vergi borçları bulunmadığını bildirmiş.

Şimdi, şunu anlamanız gerekiyor; son üç aydır muhasebecileri müşterimle eşini büyük bir ödeme yapacakları fikrine alıştırmaktaydı ve onlar da bunu ödemeye hazırdılar. Altı haneli sayılardan söz ediyorum. Ancak büyük zorluklarla kazandıkları bütün parayı verecekleri gün muhasebecileri bir çözüm buldu ve sonunda HİÇBİR ŞEY ödemediler. HİÇBİR ŞEY! Eğer bu bir mucize değilse, başka ne olabilir ki...

Kısa süre önce müşterimle tekrar buluştum. Bana dönüp, "Ernie" dedi, "sen benim hayatımı değiştirdin. Bunu bilmeni istedim." İnanın, bu, dünyadaki en güzel duygu, birinin hayatında bir fark yarattığımı bilmek. Teşekkürler Joe Vitale ve Dr. Hew Len, Ho'oponopono'yu dünya ile paylaştığınız için. Joe, kitaplarının çoğunu okudum, hayatımda bir fark yarattığın için sana teşekkür ederim.

Minnetle,

—Ernie De Minico

Başkalarına Vermek

Merhaba Joe,

Eşim Tim Seldin ile birlikte Hawaii'de seninleydik [2007'deki Zero Limit II için] ve o günden bu yana çok şey oldu. Yaklaşık iki yıl önce böbrek bağışıyla ilgili bir makale okudum, insanlar sevdikleri birine ya da bir yabancıya böbreklerini veriyorlardı. Aslında her türlü tıbbi işlemden ödüm kopar, bu yüzden internette böbrek bağışı programına kayıt yaptırarak kendimi bile şaşırttım.

New York'tan bir adam beni aradı. Böbreklerindeki rahatsızlık yüzünden ölmek üzereydi. Yaşamı acılar içinde ve diyaliz makinesine bağlı geçiyordu. Artık çalışamıyordu. Tüm aile bireyleri verici olmak istemişler ama şu ya da bu sebeple elenmişlerdi. Yaşayan birine uygulanan verici testi son derece yorucu ve uygun böbreği bir yabancıda bulma şansı ise çok zayıf. Aylarca teste tabi tutuldum ve tıbbi engelleri bir bir aştım. Atılacak nihai adım Florida'dan New York'a giderek nakli yapacak olan hastanede son bir dizi teste girmekti.

New York'a hareketimden hemen önce en iyi dostum olan ortağım son derece kötü işlere girişerek yıllardır titizlikle geliştirdiğimiz işimizi tümüyle mahvetti. Beni muazzam mali ve yasal zorluklar içinde bırakarak ortadan kayboldu. O gideli dokuz ay oluyor ve ben her gün onu zihnimde canlandırıyor, Ho'oponopono cümlelerini söylüyorum. Sanıyorum artık öfke duymuyorum ve Ho'oponopono'nun benim nefret ve kırgınlık duymamı engellediğine inanıyorum.

Bu arada böbrek bağışlamaktan vazgeçip durumumla ilgilenmem mi gerektiği konusunda karar vermek zorundaydım. Aslında bir çıkış noktam vardı. Bu arada Ho'oponopono mantrası kafamın içinde dolanıp durmaktaydı. Bu sayede sakin kalıp odaklanabiliyordum. Beynimin içindeki uğultuyu susturabildiğim anda içimden bir ses bana, "Yola devam," diyordu. Böbreğimin uygun olduğu anlaşıldı. İnternette kayıt yaptırdığım andan itibaren birinin bir yerlerde benim gereken adımı atmamı beklediğini biliyordum. Dindar biri değilim ve İlahi Varlık'ın benim aracılığımla çalıştığını hissetmek beklenmedik bir duyguydu. Bunu nasıl anlatacağımı bilemiyorum ama kendimi bütünlenmiş hissettim.

Nakil Ocak'ta gerçekleşti. Benim ameliyatım dört saat sürdü, alıcınınki ise daha fazla. Narkoz etkisini göstermeden önce son anımsadığım zihnimden geçen Ho'oponopono cümleleriydi. Artık benim için bir yabancı olmayan alıcı derhâl olumlu sonuçlar sergiledi. Nakilden birkaç dakika sonra rengi düzeldi, el ve ayaklarındaki şişlikler azaldı. Artık diyalize girmiyor, işine geri döndü ve bu yaz Fransa'da bir yürüyüş turuna çıkıyor. Geçen yaz ölümün eşiğindeydi ve hiçbir umudu yoktu. İki aylık bir nekahet döneminden sonra ben de yeniden yaşamıma geri döndüm. Aslında geçirdiğim ameliyat artık hemen hiç aklıma gelmiyor.

Hastaneden çıktıktan birkaç hafta sonra yaş günüm vardı. Alıcının ailesi bana üzerinde iki minik altın kalp bulunan bir kolye gönderdi. Onların ülkesinde doğan çocuklara küçük bir altın kalp takarlarmış. Ailelerimizin doğuştan değil tercihle bir araya gelmesini kutlamak için benim iki kalp sahibi olmamı uygun görmüşler. Ho'oponopono'nun zor zamanlarda benim yola devam etmemi sağladığına ve gerçekleşen mucizenin önünü açtığına inanıyorum.

—Joyce Seldin

Sağlık

2008 yılında, en az 10 hafta yatakta kalmama ve daha sonraki aylarda da zayıf düşmeme neden olan eklem romatizmasına tutuldum. Tek yapabildiğim yatağımdan bilgisayara kadar seke seke gitmek ve çaresi bulunmadığı söylenen bu hastalığa alternatif bir tedavi bulmaya çabalamaktı. Araştırmalarımda tuhaf biçimde sürekli Ho'oponopono ile karşılaşıyordum ve sonunda *Zero Limit*'i sipariş ettim. Kitap benim çok hasta olduğum ve tedaviden umudumu kestiğim bir dönemde bana ulaştı.

Kitabın kapağını gördüğümde ilk tepkim bunun çılgın bir Hawaii hokus pokusu olduğunu düşünmek ve onu rafa kaldırmak oldu. O yılın ilerleyen günlerinde en kötü dönemi geride bıraktım ama sağ diz eklemim hasar gördüğü için yürümek çok acı veriyordu.

O günlerde ve eşimle dağa gitmeden birkaç gün önce *Zero Limit*'i raftan indirdim ve okudum. Bu defa çok etkilendim, kitabı elimden bırakamadım. O cümleleri durmadan tekrarlamaya başladım ve bu bende müthiş bir hafifleme yarattı. Günlerce ömrüm boyunca karşılaştığım bütün yüzler aklımdan geçti ve hayatımda ilk kez onlarla aramdaki görünmez bağların farkına vardım. Dağdaki kulübede o kitaptan bazı bölümleri okuduğum eşim hemen uygulamaya geçmeye hazırdı. Ona Dr. Hew Len'in Ho'oponopono uygulayarak Hawaii Devlet Hastanesi'ndeki akli dengesi bozuk suçluları nasıl iyileştirdiğini anlattım. Yalnız bu gerçek bile bu uygulamanın gücü karşısında hayranlık duymamıza yetti.

Ertesi gün arabayla dağın çok güzel manzaralı bir bölümüne gittik. Dizim hâlâ zor kıvrıldığından yürümeye hiç niyetli değildim ama kendimi garip bir şekilde eşimin peşinden giderken buldum; yaklaşık 350 basamak indik. Basamaklardan inmeye devam ederken bir yandan artık durmam gerektiğini yoksa buradan hava ambulansıyla taşınmak zorunda kalacağımı düşünüyor, bir yandan da "özür dilerim, lütfen beni affet, seni seviyorum, teşekkür ederim" diyordum. Sonunda, son basamağın altında olağanüstü güzel bir manzara ile karşılaştık; nefes kesen bir çağlayan bir gelin duvağı gibi son derece dik bir yardan aşağı dökülüyordu, iki yanında eski, altın renkli, otlarla kaplı kumtaşından yamaçlar vardı. Öte yandan, bu yamaçlardan birinin yarısında bulunuyordum ve YUKARI çıkmanın tek yolu, o ana kadar kesinlikle kıvrılamayan bir dizle 350 basamağı tırmanmaktı.

Çekine çekine tırmanışa geçtim, bir yandan da aptallığıma kızıyor, her an dayanılmaz bir ızdıraba gömülmeyi bekliyordum, oysa attığım her adımın rahat ve acısız olduğunu fark ettim. Bu bir mucizeydi! Geçtiğimiz aylarda aynı dizim bir hindistancevizi kadar şişmiş ve dört kez içinde biriken sıvının boşaltılması gerekmiş, birçok kez kortizon iğnesi yapılmış ve hiçbir sonuç alınamamıştı (ve normalde her adımda çatırdayıp takırdamış, müthiş acı vermiş ve yukarıya doğru hareketi kesinlikle reddetmişti). Şimdiyse vadinin tepesine doğru uzanan 350 basamağı rahatlıkla çıkabilmekteydim.

O günden itibaren dizim tamamen iyileşti ve Ho'oponopono yaşamımın bir parçası oldu. O dört cümlenin bilincimize sızarak bizleri canlandıran evrensel iyileştirme titreşimleri taşıdığına inanıyorum.

Hangi dilde olursa olsun onların içerdiği teslimiyet, bağışlayıcılık, minnet ve sevgi, tanrısal gücün esrarengiz bir biçimde sizin ve yakınlarınızın yaşamına ışık tutmasını sağlıyor. Bu en değerli armağan için sizlere teşekkürler, Joe ve Dr. Hew Len. Sizi seviyorum.

—**Christine Scantlebury**

Sidney, Avustralya

Sağlık

Teşekkür ederim... Özür dilerim... Lütfen beni affet... Seni seviyorum.

Sevgili Joe,

2009 zorlu bir yıl oldu! Kitaplarının çoğunu okudum ve onları tekrar tekrar dinlemek için iPod'uma yüklemekten keyif alıyorum. *Zero Limit*'i satın aldım, hem de tam zamanında. Bu bir rastlantı mıydı? Hayır, sanmıyorum.

Geçen Mart'ta 10 santimlik bir tümörüm olduğunu öğrendim, gırtlak kanseriydim. Şok geçirdim ve tahmin edebileceğin gibi, böyle bir şeyin asla başıma gelmeyeceğine inanırdım. Ama oldu işte ve hiç de iyi olmadı. Eğer gırtlak kanseri hakkında bilgin varsa bilirsin, sağ kalma şansı çok az. İnternetteki araştırmalarımdan edindiğim bilgiler moralimi daha da bozuyor ve beni korkutuyordu. Bilgisayarımı kapadım ve doktorlarıma giderken iPod'umu açıp *Zero Limit*'i dinlemeye başladım. Operatörlere, doktorlara, kemoterapiye, radyoterapiye gitmek için randevu üstüne randevu alırken sana ve Dr. Hew Len'e kulak veriyordum. Arındım... arındım... ve arındım. Şaşılacak şey, benimle İLAHİ VARLIK arasında... sanki aramızda gizli bir şifre vardı. Mucize mi? Beni ameliyat edip yutak boruma baktılar ama tümörü bulamadılar. Yok olmuştu. Doktorlar şaşkına döndü. Tümör ortalıkta yoktu. Dört ay sonra tekrar bir test yaptılar ve kanserden kurtulduğumu söylediler... Oysa iki gün sonra bir başka şişkinlik hissettim... Her nasılsa meme kanserim gözden kaçmıştı. Tekrar arınmaya başladım ve devam ettim. Bu da üç ay sonra yok oldu.

Arınmak bana kabullenmeyi ve alçakgönüllü olmayı öğretti. Eskisinden çok daha fazla sevildiğimi hissediyorum ve son derece minnettarım. İlahi Varlık ile birlikte arınmak hayatımı kurtardı. Bundan sonra olacakları görmek için sabırsızlanıyorum.

Yeni kitabını sabırsızlıkla bekliyorum, böylece bir sonraki aşamaya geçebileceğim ama şunu kabul edelim Joe, yaşamda gerçekten mucizeler oluyor. Sana sen olduğun ve Evren'e verdiklerin için teşekkürler! Teşekkür ederim... Özür dilerim... Lütfen beni affet... Seni seviyorum.

—Gerry Davidson

Sağlık

Zero Limit'i okuduktan kısa bir süre sonra bir yıldır çektiğim alerjik sinüs sorunu yüzünden korkunç baş ağrılarım başladı. Kafamın çeşitli bölgelerinin röntgeni çekildi ve sinüslerimin gerçekten dolu olduğu görüldü. Her gün ağrı ve basınç hissediyordum. Doktor bana üç değişik ilaç ve ağrı kesici verdi. Belirtiler iki-üç hafta yok oluyor ve sonra tekrar tüm şiddetiyle geri geliyordu.

Bir gün rüyamda röntgenlerime bakarken elimde bir silgi tuttuğumu ve sinüsleri sildiğimi gördüm. Genellikle rüyalara dikkat ederim çünkü onları yorumlama alışkanlığım vardır. Bu rüya bana garip göründü ama o anda mesajı "almadığım" için herhangi bir işlemde bulunmadım. İlaçları almayı sürdürdüm ama sorunum çözülemedi.

Günler sonra *Zero Limit* kitabını açtım ve orada silinmesi gerekenler için arkasında silgi bulunan bir kurşun kalemin kullanıldığı bir Ho'oponopono yöntemi bulunduğunu anımsadım. Yaşasın! Bu çok mantıklıydı. Bir hafta boyunca her gece röntgenlerimi elime aldım ve onları kocaman bir silgi ile sildim. Aynı zamanda, "seni seviyorum, özür dilerim, lütfen beni affet, teşekkür ederim" dedim. Bunu 5-10 dakika boyunca yaptım. Bu arada parlak beyaz bir ışığın burnumdan girip başımın içini temizlediğini hayal ettim. Haftanın sonunda ne ağrı ne iltihap ne sümük hiçbir şey kalmadı! Bir iki ay sonra aynı belirtiler yeniden ortaya çıktı; yine aynı yöntemi uyguladım ve kendimi çok daha iyi hissettim. Aynı zamanda sinüslerimde birtakım anılar biriktirdiğimi de sezdim, bu yüzden onları da temizleyip yok etmem gerekiyordu. Bize bu harika yöntemi öğrettiğiniz için, teşekkürler Dr. Hew Len.

—Gisel Sotelo

Sağlık

Evet, HO'OPONOPONO YÖNTEMİ İLE BİR MUCİZE YAŞADIM. İlk defa 2007'de Ho'oponopono hakkında bilgi edindiğimde buna inanmadım ama neyse ki bu konuda açık fikirli davranmayı seçtim. Beş ay sonra, bu kez posta yoluyla bu konuda bilgi gelince, yaşamımda Ho'oponopono yöntemini deneyebileceğime gerçekten inandım.

Günler sonra bir konferansa katılmak için gittiğim bir başka kentteki bir otelde tek başıma yemek yerken kız kardeşim beni arayarak 65 yaşındaki dostumuz Acquiles'in çok hasta olduğunu bildirdi. Bir haftadır Mexico City'deki bir hastanede komada yatıyormuş ve doktorlar durumunun çok ağır olduğunu, çok az yaşama şansı bulunduğunu söylemişler; vücudu yapılan tedaviye yanıt vermiyormuş ve üç gün içinde ölebilirmiş.

Telefonu kapadıktan sonra aklıma Ho'oponopono geldi ve bu yöntemi uygulamaya karar verdim. İç dünyama dönerek İlahi Varlık'a (% 100 sorumlu olan) BENDE neyin Aquiles'in bu korkunç hastalığına yol açtığını sordum. Tam bir sessizlik içinde birkaç saniye meditasyon yaptım ve İlahi Varlık beni yanıtladı: "Yaklaşık 20 yıl önce sen Aquiles'in hasta olmaktan hoşlandığını düşünmüştün çünkü sürekli ilaçlardan, doktorlardan ve hastanelerden söz ediyordu."

Bu yanıtı alınca kendi kendime gerçekten bir zamanlar onun hakkında böyle düşünmüş olduğumu itiraf ettim. İlahi Varlık'tan özür dilemeye ve "Özür dilerim! Lütfen beni affet!" demeye başladım. Bir ses bana, "Pekâlâ! Bu silindi! Artık tümüyle unutuldu!" dedi. Tüm kalbimle, "TEŞEKKÜR EDERİM! SENİ SEVİYORUM!" diye karşılık verdim.

O günden sonra Aquiles'i her düşündüğümde aynı duygularla kendi kendime, "Özür dilerim! Lütfen beni affet! Teşekkür ederim ve seni seviyorum!" diyordum. Onu çevreleyen hastalık enerjisiyle ilgili duygu yok oldu ve yerini Aquiles'in sağlığının mükemmel olduğu duygusuna bıraktı.

İKİ GÜN SONRA kız kardeşim beni yeniden aradı ve Aquiles'in komadan çıkarak herkesi şaşırttığını ve doktorların yaşamsal belirtilerin güçlendiğini söylediklerini bildirdi, bu yüzden aynı cümleleri yinelemeyi sürdürdüm, ta ki Aquiles'in hastaneden çıkıp tamamen iyileşmiş olarak evine döndüğünü öğreninceye kadar.

Asıl şaşırtıcı olan, Aquiles'in bir ay sonra beni evinden arayıp hastaneye geldiğim için teşekkür etmesiydi. Komadan çıktığı an beni gördüğünü söyledi. Gerçekte onu hastanede görmeye gitmediğimi belirtmeliyim çünkü ben Guadalajara'da, Jalisco'da yaşıyorum ve Mexico City buraya pek yakın değil. Ho'oponopono'ya gerçekten inanıyorum. ONUN HARİKA BİR YÖNTEM OLDUĞUNU BİLİYORUM! Bunu başka koşullarda da kanıtladım.

—Elena Contreras P.

Sağlık

Sevgili Joe,

Önce kendimi tanıtayım. Adım Nata Touganova. Rusya'da yaşayan bir kişisel gelişim uzmanı ve yaşam koçuyum. Aynı zamanda, Mabel Katz'ın *The Easiest Way* ve *The Easiest Way to Understanding Ho'oponopono* isimli eserlerini İngilizceden Rusçaya çevirdim. Sayılamayacak kadar Ho'oponopono mucizeleri yaşadım, en sonuncusunu sizinle paylaşmak istiyorum.

2009 Mayıs'ında bir akşam öğrencilerimin birinden beklenmedik bir telefon geldi. Sesi endişeli ve altüst olmuş gibiydi. 10 yaşındaki yeğeni bahçede hoplayıp zıplayarak koşarken evin duvarına yaslanmış duran büyük bir demir kapı birden onun üstüne düşmüş ve başını ezmiş. Çocuk koma halinde hastaneye götürülmüş.

Teyzesi olan öğrencim benden yardım istemek için aramıştı. Ona YALNIZCA, "O dört cümleyi durmadan tekrarla; Seni seviyorum. Özür dilerim. Lütfen beni Affet. Teşekkür ederim!" dedim. Ben de uykuya dalıncaya kadar gece boyunca aynı cümleleri yineledim.

Ertesi gün öğleden sonra öğrencim tekrar arayarak bir mucize olduğunu söyledi. Çocuk komadan çıkmıştı, yiyecek bir şeyler istemişti ve tamamen iyiydi. Artık hayatı tehlikede değildi ve komada kalmasının olumsuz hiçbir etkisi görülmüyordu. YALNIZCA alt çenesi kırılmıştı. Doktorlar beyninin zarar görmemiş olmasına çok şaşırmışlardı ve bunun nedenini açıklayamıyorlardı. Öğrencim buna mucize diyordu. Ben ise "Ho'oponopono yöntemi" diyorum. Çok sevgiler! Teşekkürler! POI Nata.

—Natalia Touganova

Mal/Mülk

"Kayıp Sır" kursunu satın alıncaya kadar "olumlu titreşimler" ve yapıcı düşünceler oluşturmakta çok zorlanıyordum. Aynı dönemde Joe Vitale'in *Zero Limit*'ini keşfettim. Yaklaşık aynı günlerde ev sahibim bizi arayarak evimizi satın almak isteyen birini göndereceğini ve evi boşaltmaya hazırlanmamızı söyledi. Tahmin edeceğiniz gibi tüm bunlar bizi büyük strese soktu.

Siparişim geldiğinde paketi açarken ilk kez bir şekerleme kutusunu açan bir çocuk gibi heyecanlıydım çünkü içinde harika bir şey olduğunu ve bunun hayatımı değiştireceğini biliyordum. O gün kendimin en büyük düşmanı olduğumu öğrendim. Tüm endişelerim giderek daha fazla endişelenmeme yol açıyordu. Taşınma konusundaki olumsuz tavrım beni roman yazıp yayımlama amacımı gerçekleştirmekten alıkoymaktaydı. Bu kısa kursun bilincimi zenginleştireceğini, böylece engellerin üstesinden gelerek verimli olabileceğimi umuyordum!

Birkaç gün Ho'oponopono yöntemi ile sürekli arındıktan sonra kendimde olağanüstü bir değişiklik hissettim. Bir hafta içinde ne zaman arınıp temizlenmem gerektiğini ve ne zaman enerjimin "durağanlaştığını" fark etmeye başladım. Her sabah ve her akşam yatmadan önce ev sahibimin resmine bakarak arınıp temizleniyordum. Bu, yaşadığımız yerden ayrılmakla ilgili endişelerimi giderdi.

İki hafta sonra ev sahibimiz tekrar arayarak söz konusu alıcının vazgeçtiğini ve istersek evi satın alabileceğimizi bildirdi! Ailece sevinç içinde zıplamaya başladık çünkü buradan ayrılmak istemiyorduk. Bu bizim için çok şey ifade ediyordu. "Özür dilerim, lütfen beni affet, seni seviyorum, teşekkür ederim" sözcükleri tam zamanında aklıma gelmişti. Bu sayede evimize sahip olabilecektik. Uyurken rüyamda İlahi Varlık bana bir şiir kitabı yazmam gerektiğini söyledi; şimdi yeni projem bu. Aynı zamanda piyangoda kazanan numaralar kolayca zihnimde belirmeye başladı. Bundan böyle, İlahi Varlık bana bir fikir verdiğinde HAREKETE GEÇECEĞİM!

—Eva Wright

Mal/Mülk

Her zamanki gibi kendi kendime söylendiğim bir dönemde Ho'oponopono'yu keşfettim. "Sınırsız yaşamam GEREK! Bundan böyle sınırlarım sıfır olmalı," diye haykırdım. O dönemde sayılarla ilgili bir kitap okuyordum. Sıfır rakamı gibi olmak istediğimi fark ettim. O noktadan sonra herhangi bir şey olabilirdim!

Daha sonra, farklı bir hale geçtim. Son derece mutsuzdum ve aklım çok karışıktı. Bekârdım ve bebeğimi tek başıma yetiştirmeye çalışıyordum. Becerikliydim ama odaklanamıyordum. Sürekli gizli benliğimi arıyor, bir şeylere yaslanmaya gerek duyarak ve içim karardığından, her gün ONUNLA (ya da o parçamla) takılmaya çalışıyordum.

Zero Limit/Ho'oponopono ile karşılaşmadan önce bir üzüm bağı/soya fasulyesi çiftliğinde para ödemeden yaşama fırsatım oldu. Kızımla birlikte burada kalabilirdik. İdare edebilirdim. Yetişen ürünlerle beslenebilirdik. Kendimi sorgulamayı sürdürebilirdim.

Eski bir hesap uzmanı tanıdıkla para konulu sohbetimiz (daha çok yoksulluk konulu gibiydi) sırasında ona *Çekim Yasası Sırrı* ve "Eksik Anahtar"ı göndermeyi önerdim. Kitaplarımın arasından ona göndereceklerimi seçerken kendi armağanımı buldum: *Zero Limit*.

Çekim Yasası Sırrı, "Eksik Anahtar" ve şimdi de *Zero Limit;* artık üçlü ittifaka sahiptim. Ağır eserleri severim, bu yüzden bunlar ilgimi çekti ve bunu çok ciddiye aldım. Birdenbire yazılanları kelimesi kelimesine değerlendirmeye başladım. Bu eski çiftlik evi ile aramızda birçok ortak nokta vardı: Her ikimizin de kapsamlı incelenmesi gerekiyordu.

Arındım ve kitaba uydum. Arınırken kendim ve evle ilgili olarak o dört cümleyi kullandım. Evi temizledim; her şeyi derleyip toparlayarak düzene soktum. Bodrum katında kendime bir sanat atölyesi ve büro oluşturdum. Birinci kat tam YAŞANACAK bir yer oldu.

Yıllık kiracı teftiş zamanı geldi. Ev sahibi son derece etkilendi. Geldiğinde evin her tarafı pırıl pırıldı. Benim içim de tümüyle arınmış ve temizlenmişti. Kendimi harika hissediyordum. Yalnızdım ama yalnızlık hissetmiyordum.

Yıl sonu teftişinden sonra birkaç hafta geçti. Ev sahibim hâlâ orada kira vermeden oturmama karşın bütün sorumluluğu üstlenmem ve mülkün tamamını sahiplenmem nedeniyle şaşkındı! Sonra benden oradan taşınmamı istedi. Nasıl mı? Bana şunu önerdi: Başka bir binasına geçebilirmişim; arazi daha küçük ama ev büyükmüş, daha konforluymuş ve daha saygın bir muhitteymiş... Hem yine kira ödemeyecektim... Tek yapmam gereken, o an oturduğum yerde yaptığım gibi taşınacağım yeri temizlemekti [hem evi hem de kendimi temizlemek; bu benim sırrımdı].

Anlamışsınızdır... Reddettim! Taşınmayı kesin olarak reddettim. Ev sahibim şok geçirdi. Evimle uyum içinde olduğuma inanıyordum. Öte yandan, ev de benim taşınmamı istiyordu. Şaşkına dönen ev sahibim, "temiz tut, kira ödeme" teklifini daha da geliştirip tüm kredi kartlarımın borcunu ödemeyi ve bana yiyecek yardımı yapmayı önerdi (Ben YALNIZCA organik gıda tüketiyorum. Bunun faturası ÇOK, ÇOK büyük!)

Tabii ki teklifi kabul ettim ve taşındım ve arınıyorum. Yeni evimin temizliğini bitirmek üzereyken ev sahibim burayı doktorlara gösterdi. Bir zamanların bu "satılması zor" evi bana ya burayı satın almamı ya da kendime ait başka bir güvenli köşe bulup taşınmamı söylüyor.

—Edward IsÃWells

İlişkiler

Sevgili Joe,

Ben 80'den fazla gitar yapmış bir enstrüman yapımcısıyım; bunların arasında Steve Earle, Tish Hinojosa ve Hank Williams, Jr. için yaptıklarım da var. Aynı zamanda birden fazla kuruluşla çalışan bir radyo sunucusu/yapımcısıyım (programlarım her hafta 200'den fazla kamusal kanalda takip ediliyor) ve *20-20 Yaratıcılık Çözümü: Başarı, Mutluluk ve Huzur için Doğal Yaratıcılığınızı Odaklayın* isimli ilk kitabımı kısa süre önce tamamladım (http://the2020book.com).

Kitapta, Ho'oponopono da dâhil yıllardır uyguladığım ruhsal ve kişisel gelişim yöntemlerinden derlediğim alıştırmalar adım adım sunuluyor. En yararlı olduğuna inandığım yöntemleri alıp bir araya getirerek 20-20 Alıştırma adı altında topladım. Geceleri 20 dakika, sabahları da 20 dakika uygulanan bu alıştırmalar hem kolay hem de şaşırtıcı sonuçlar doğuruyor. Alıştırmaların amacı; düşünme, öz değerlendirme, değerbilirlik, özür dileme, bağışlama, planlama, sevgi yollama, imgeleme, olumlama, serbest-yazım, meditasyon ve mantra aracılığı ile engelleri ortadan kaldırıp gerçek yaratıcılığı ifade edebilmek (karmaşık gibi görünebilir ama aslında çok basit).

Sekiz ay önce kitaba daha başlamamışken Ho'oponopono ile şaşırtıcı bir deneyim yaşadım. Bu, *Zero Limit*'i okuduktan hemen sonra oldu. Arınıyordum ve aslında üç yıl önce boşanma sırasında yaşadığımız tatsız olaylardan dolayı eski eşimi affetmeye odaklanmıştım. Ho'oponopono uygularken enerjimin eski eşimi bırakıp o süreçteki rolümden ötürü beni affetmeye yöneldiğini fark ettim. Şaşılacak şey, tüm olanlara çok güzel bir ikili dans gözüyle bakmaktaydım (bunu bir yin-yang sembolü olarak görmekteydim) ve sonunda da o tatsız kavganın yerini kabullenme ve bütünleşme duygusu ve huzur veren ruhsal bir ortam aldı.

Dansta üstlendiğim kısmı sonlandırarak eski eşimi neredeyse sekiz yıldır zihnimde kira ödemeden işgal ettiği yerden nazikçe çıkartmayı başardım. Birkaç ay sonra, 4 Temmuz'da, şimdiki eşimle birlikte eski karımla yaşayan kızım ve oğlumu görmek için Kaliforniya'ya gittik. Eski eşim biz gelir gelmez çıkıp Las Vegas'taki evine gitmeyi planlamıştı. Her zamanki gibi, karşılaştığımızda "merhaba" ve o giderken de "güle güle" diyecektik.

Oysa bu kez biz gelmeden bir gün önce arabası arızalanmıştı ve tatil nedeniyle kapalı olan tamirci dükkânları açılana dek Kaliforniya'da beklemek zorunda kalmıştı. Ona bize katılmasını önerdik, o da kabul etti. Beşimiz plaja gittik, keyifli sohbetlerimiz oldu, güzel bir barbekü yaptık, hatta sonunda hep birlikte jakuziye girdik! Eski ve yeni eşlerim çok iyi anlaştılar. Şaşılacak şey! *Zero Limit* ve Ho'oponopono ile arınma süreci olmasaydı bunların hiçbirini yaşayamazdık. Teşekkürler, Joe!

—John Dillon

Ortak sunucu/yapımcı

Art of the Song: Creativity Radio—John Dillon

Maneviyat

Eksik halkayı buldum... Başarıya ulaşmak için atılması gerektiği öğretilen belli adımları kimi hedefler için ustalıkla ve kolayca kullanırım, kimi hedeflerde ise tüm çabalarıma karşın sonuç alamam. 1986 yılında Ho'oponopono ile tanışma şansım oldu ve bu uygulamayı güncelleştirip herkesin uygulayabileceği hale getiren Morrnah Simeona tarafından eğitildim. Eksik olan halka buydu.

Uygulamayı titizlikle yaparken daha önceki direnişin yerini rahatlamanın aldığını hissettim. Bunu fiziksel sıkıntılara, mali sorunlara, ilişkilere ve olaylara uyguladım. Ho'oponopono sürecinin yanı sıra Morrnah bana meditasyon yapıp İlahi Varlık'tan yardım istemeyi de öğretti. Tanrı bana ne yapmam ve yapmamam gerektiğini söyledi, önümdeki engeller konusunda beni aydınlattı, hangi konularda arınmam gerektiğini gösterdi ve zorluklar karşısında kullanacağım araçlar verdi.

Yıllarca New York'ta ağ oluşturma üzerine öğretmenlik yaptım ve sürekli olarak olaylara Ho'oponopono uyguladığım zaman ile uygulamadığım zaman arasında önemli bir fark olduğunu gördüm. Bu yöntemle titizlikle arındığım sınıflarda her şey çok farklı oluyordu. Kolayca ücretsiz park yeri buluyordum, konuyu seven yetişkinlerden oluşan bir sınıfım oluyordu ve eve mutlu dönüyordum. Bu uygulamayla gerçekleştirdiğim arınma sonucunda olağanüstü deneyimler başladı. Meleklerden, yükselmiş üstatlardan ve diğerlerinden mesajlar almaya başladım.

Bir gece, İncil'de adı geçen İşaya Peygamber, yeryüzündeki değişimlerle ilgili arınmam için beni uyardı. Bunların beni etkilemeyeceğini ama onlarla birlikte arınma yapmamı ve aynı zamanda eski bir Ho'oponopono eğitmeni olan Kamaka'yı çağırmamı istedi. O gece geç saatlerde yerel bir deprem yaşandığını öğrenmeden önce, birlikte yeryüzündeki değişimlerle ilgili arındık. Kamaka daha sonra bana, yönlendirilmiş olduğumuz bu arınmayı yapmasaydık, depremin çok daha ciddi sonuçları olacağını açıkladı.

Bu uygulama beni o kadar arındırdı ki zaman zaman doğrudan doğruya cenneti görebiliyor, kendimle ve başkalarıyla ilgili bilgiler edinebiliyordum. Ho'oponopono ile tanıştığım dönemde aynı zamanda geçmiş yaşamları anımsayabildiğimi de keşfettim. Daha da olağanüstü olan, daha önce olduğum kişilerin belirmesi ve bu süreçte ihtiyacım olan bilgileri bana vermeleriydi, onların anıları bugün bile beni etkilediğinden bu gerekliydi.

Endişem ya da sıkıntım ne olursa olsun Ho'oponopono uyguluyorum. Her sabah Ho'oponopono ile o gün karşılaşacağım insanlar, yerler ve nesnelerle ilgili arınıyorum. Bu, yaşamımda huzur ve denge sağlıyor. İnsanlar benim olağanüstü sakin olduğumdan söz ediyor. Her şeye uygulayabileceğim son derede yararlı bir araca sahibim. Ho'oponopono gibi bir armağana sahip olmasaydım kim, ne ya da nerede olduğumu bilemezdim. Tek bir uygulama ile birçok şeyi başarıyla arındırabiliyorum ve bazı alanlarda ortaya çıkmayı sürdüren unsurlar üzerinde çalışmaktayım. Öte yandan, sorun ne olursa olsun Ho'oponopono uyguladığım takdirde her şeyin arınıp yeniden dengeleneceğini bildiğimden kendimi şanslı hissediyorum.

—Joy S. Pedersen

Maneviyat

Ho'oponopono... ne kadar inanılmaz ve harika bir sözcük. O bizim ve başkalarının yaşamını ne kadar değiştirdi, teşekkürler, teşekkürler! Meslektaşım ve dostum Sue kısa bir süre önce içinde eski bir ev bulunan beş dönümlük bir arazi satın aldı. Eve girer girmez evin ve daha da önemlisi arazinin arınması gerektiğini fark etti. Bu arazi Yeni Zelanda'da Aucland'da.

Eşzamanlılık diğer insanları yaşamımıza sokarak nasıl bir tablo oluştururHsa, bu arazi ve civarında Maoriler döneminden başlayarak muazzam kavgalar ve ölümler yaşanmıştı. Bu araziyi kayıp ruhlardan temizlemek ve onların öldükleri toprağı kutsamak, daha geniş bir çevreyi arındırdı; daha önce bu bölgede bir sürü iflaslar, mutsuz evlilikler yaşanmıştı ve özellikle yirmi yaş altı gençler arasında intihar eğilimi çok fazlaydı.

Birlikte arazinin ortasında oturup arınmamızın can alıcı noktasına başladık. Buradaki çok güçlü ve Ruhun yuvaya dönmesini engelleyen bir ruhla iletişim kurmamız gerektiğinin farkındaydım. Benim çalışma yöntemimde, Ruh bana gelir, iletişim kurmaya zamanımız olur ve sonra O ışığa doğru gider. Ben bu bağlantıyı sağlama mücadelesindeyken, Sue ile birlikte Ho'oponopono'ya başladık ve onların çektikleri acılardaki kendi payımızı kabul ettik, birçok insanın yıllarca onların kemiklerinin üstünde hiçbir şey düşünmeden dolandıkları için ve onların ataları, bizim atalarımız ve hepimiz için bağışlanmayı diledik.

O anda muazzam bir enerji oluştu ve çok özel bir iletişim gerçekleşti; bu son derece etkileyici bir andı. Ben salıverme mücadelesine devam ederken, Sue kendini yeniden Ho'oponopono yaparken buldu ve o ruh Tanrı'nın lütfu ile ışığa gitti. O anda, yağmur altında oturup ağaçlar arasından uğuldayan rüzgârı dinlerken geriye doğru itildim ve sanki batı koridorundan bir sürü ruhun hızla geldiğini ve ışığın içinde gözden kaybolduğunu fark ettim. Teşekkürler, teşekkürler!

İkinci ve aynı derecede etkili bir anı da evde yaşadık. Maori kadını olduğunu sandığım, çenesinde bir Moko (dövme) olan yaşlıca bir ruhla bağlantı kurdum. Bir kez daha yoğun sevgi, kabullenme, bağışlanma ve onun yaşamının sorumluluğunu üstlenme sonrasında, inanılmaz bir an yaşandı. Onu salıverirken, tıpkı Maori kadınlarının keder ya da üzüntülerini dile getirirken yaptıkları gibi, ahenkli bir ağıt söylemeye (bir sızlanma ya da inleme) başladım. Ağıt gittikçe yükseldi ve sonra o gözden kaybolurken yavaş yavaş sona erdi. Daha önce basit bir melodi bile söyleyememiş olan ben; onun ışığa kavuşmasına yardım onurunu sağlayan bir sesim olduğu için o an büyük bir minnettarlık duydum. Mana (manevi kuvvet) ve saygı, bağışlama ve sevgi sayesinde o atalarının yanına, yuvasına döndü. Özür dilerim. Lütfen Beni Affet, Teşekkür Ederim, Seni Seviyorum.

—Maggie Kay

Şişmanlık

Ergenlik çağındaki inatçı oğlum uykudayken Ho'oponopono uygulayıp kutsal sözcükleri tekrarladım; ertesi sabah kalktığında beni kucakladı, uzun süreden beri ilk kez beni gerçekten kollarına aldı.

Hatta daha sonra para iştemeye de kalkmadı! :-) Bu olay, yaşamım boyunca süregelmiş obezite ile mücadelemde bu yöntemi uygulamak için beni yüreklendirdi. Sürekli neler yediğim konusuna saplanmak ve bunun için endişelenmekten kaynaklanan olumsuz enerjiden bıkıp usanmıştım, bu düşünceyle arınma yaptım.

O gün, daha ileri bir saatte, bir mesleki gelişim seminerine katılacaktım. Sunumumu yaparken arkamda birinin hareket ettiğini hissettim ve dönüp bakınca bir görevlinin arkamdaki masaya arada ikram edilecek olan kocaman bir tepsi çikolatalı kek ile küçük bir sürahi punç yerleştirdiğini gördüm. Yeniden önüme döndüğümde odanın olağanüstü sessiz olduğunu fark ettim. Sessizlikten kuşkulanarak etrafıma göz gezdirdim, herkesin bana bakmakta olduğunu sanıyordum. Kimsenin bana baktığı yoktu ve bu sessizlik beni daha da şaşırttı.

Bu konuda düşünmeye başladım ve sonra sessizliğin odada olmadığını fark ettim, insanlar gene iskemlelerini oynatıyor, içlerini çekiyor, kalemleriyle masaya vuruyor, boğazlarını temizliyorlardı; bir seminerde her zaman rastlanan sesler duyuluyordu. O zaman bu sessizliğin benim içimde olduğunu fark ettim ve birdenbire bunun nedeni kafama dank etti. Sessizlik kendim ile yiyecekler hakkında her zamanki diyaloğumun yokluğundan kaynaklanıyordu. Normalde, kekleri görür görmez beynimde müthiş bir gevezelik başlar: "Çok güzel görünüyorlar ama sen bir tane bile yiyemezsin", "Bunlardan birini yersen daha da şişmanlarsın", "Bunlardan biriyle, dün gece çektiğin sıkıntılar boşa gitmiş olur", "Şuradaki sıska cadıya bak... Büyük olasılıkla bunlardan dört tane yiyecek ve bir gram bile almayacak... Hayır, hayır, bahse girerim ömründe bir tek kek bile yememiştir çünkü benim gibi bir oburdan çok daha fazla irade sahibi," gibi.

Yemekle ilgili böyle içsel bir diyaloğa girmediğim başka bir dönemi anımsamadığımı fark ettim. O gün arkamdaki keklere baktım. Birini almayı istemedim çünkü çok güzel bir yemek yemiştim ve zihnimde YALNIZCA sessizlik hüküm sürüyordu. Gerçekten çok şaşırdım. Şimdi düzenli olarak Ho'oponopono uyguluyorum. Bunu kendime anımsatmak için bir ekran koruyucu oluşturdum. Üstünde sözcüklerin yer aldığı küçük suluboya resimler yaptım ve onları çerçeveleyip evin muhtelif yerlerine astım. Ho'oponopono sayesinde mükemmel değilim ama bir hayli ilerleme kaydettiğimin farkındayım. Haftanın her günü kaydedilen ilerleme mükemmellikten üstün çünkü bu gerçek.

—Tammy Blankenship

YAZAR HAKKINDA

Dr. Joe Vitale dünyaca ünlü bir yazar, konuşmacı, müzisyen, şifacı ve film yıldızı olup modern Ho'oponopono'nun ilk uygulayıcılarındandır. Aynı zamanda sertifikalı Reiki şifacısı, sertifikalı Chi Kung uygulayıcısı, sertifikalı klinik hipnoterapist, sertifikalı NLP (nörolingistik programlama) uygulayıcısı, yetkilendirilmiş vaizdir ve metafizik biliminde doktora yapmıştır.

Çekim Yasası Sırrı, Mucizeleri Beklemek, Zero Limit (Dr. Hew Len'le birlikte), *Uyanış Kursu, The Key* ve daha birçok kitabın yazarıdır.

New York Times çok satan e-kitabı *Attract Money Now*'a şu web sitesinden ücretsiz olarak ulaşılabilir: http://www.attractmoneynow.com

Dr. Vitale *The Secret, The Opus, The Compass, The Tapping Solution, Leap, Beyond Belief, The Meta-Secret* ve *Openings* gibi başarılı filmlerin önde gelen yıldızıdır.

The Missing Secret'tan *The Abundance Paradigm*'a kadar sayısız çok dinlenen radyo programları hazırlamıştır. (Hepsi Nightingale-Conant tarafından yayımlanmıştır.)

Kendisi aynı zamanda tanınmış bir şarkıcı, söz yazarı ve müzisyen olup *Strut!* ve *Sun Will Rise* dâhil olmak üzere şimdiye kadar altı albüm çıkarmıştır. Bestelerinin on tanesi pozitif müziğin Grammy'si olan Posi Ödülü'ne aday gösterilmiştir.

Kendisi Mucizeler Koçluğu (Miracles Coaching®) eğitimlerinin yaratıcısıdır. Eşi Nerissa ve evcil hayvanlarıyla birlikte Teksas'ta Austin dışında yaşamaktadır. Web sitesi: www.JoeVitale.com.

MUCİZELER KOÇLUĞU (MIRACLES COACHING®) ÖNERİSİ

Sahip olmayı, yapmayı ya da olmayı düşlediğiniz her ne ise, ona ulaşmayı nasıl hızlandırabilirsiniz?

Bir Mucizeler Koçu edinerek.

Kişisel değişiminiz üzerinde kendiniz de uğraşabilirsiniz ama Mucizeler Koçunuz ile işbirliği içinde çok daha hızlı ve güvenilir sonuçlara ulaşabilirsiniz.

Dr. Joe Vitale'in Miracles Coaching® programı için www.MiraclesCoaching.com adresi üzerinden ücretsiz danışmanlık alabilirsiniz.

Miracles Coaching® programının sonuca ulaştığının kanıtı için lütfen bakınız: www.MiraclesCoachingProof.com.